"十二五"国家重点图书出版规划项目

关学文库　总主编　刘学智　方光华

学术研究系列

李因笃评传

高春艳　袁志伟　著

西北大学出版社

总　序

张载(1020—1077),字子厚,宋凤翔府郿县(今陕西眉县)人,祖籍大梁,宋仁宗嘉祐二年(1057)进士。张载出身于官宦之家。祖父张复在宋真宗时官至给事中、集贤院学士,死后赠司空。父亲张迪在宋仁宗时官至殿中丞、知涪州事,赠尚书都官郎中。张迪死后,张载与全家遂侨居于凤翔府郿县横渠镇之南。因他曾在此聚徒讲学,世称"横渠先生"。他的学术思想在学术史上被称为"横渠之学",他所代表的学派被后人称为"关学"。张载与程颢、程颐同为北宋理学的创始人。可以说,关学是由张载创立并于宋元明清时期,一直在关中地区传衍的地域性理学学派,亦称关中理学。

关学基本文献整理与相关研究不仅是中国思想学术史的重要课题,也是体现中国思想文化传承与创新的重要举措。《关学文库》以继承、弘扬和创新中华文化为宗旨,以文献整理的系统性、学术研究的开拓性为特点,是我国第一部对上起于北宋、下迄于清末民初,绵延八百余年的关中理学的基本文献资料进行整理与研究的大型丛书。这项重点文化工程的完成,对于完整呈现关学的历史面貌、发展脉络和鲜明特色,彰显关学精神,推动传统文化创造性转化、创新性发展无疑具有重要意义。在《关学文库》即将出版发行之际,我仅就关学、关学与程朱理学的关系、关学的思想特质、《关学文库》的整体构成等谈几点意见,以供读者参考。

一、作为理学重要构成部分的关学

众所周知,宋明理学是中国儒学发展的新形态与新阶段,一般被称为新儒学。但在新儒学中,构成较为复杂。比较典型的则是程朱理学与陆王心学。南宋学者吕本中较早提到"关学"这一概念。南宋朱熹、吕祖谦编选的《近思录》较早地梳理了北宋理学发展的统绪,关学是作为理学的重要一支来作介绍的。朱熹在《伊洛渊源录》中,将张载的"关学"与周敦颐的"濂学"、二程(程颢、程颐)的"洛学"并列加以考察。明初宋濂、王袆等人纂修《元史》,将宋代理学概括为"濂洛关闽"四大派别,其中虽有地域文化的特色,但它们的思想内涵及其影响并不限于某个地域,而成为中华思想文化史上重要的一页,即宋代理学。

根据洛学代表人物程颢、程颐以及闽学代表人物朱熹对记载关学思想的理解、评价和吸收,张载创始的关学本质上当是理学,而且是影响全国的思想文化学派。过去,我们在编写《中国思想通史》第四卷、《宋明理学史》上册的时候,在关学学术旨归和历史作用上曾作过探讨,但是也不能不顾及古代学术史考镜源流的基本看法。

需要注意的是,张载后学,如蓝田吕氏等,在张载去世后多归二程门下,如果拘泥门户之见,似乎张载关学发展有所中断,但学术思想的传承往往较学者的理解和判断复杂得多。关学,如同其他学术形态一样,也是一个源远流长、不断推陈出新的形态。关学没有中断过,它不断与程朱理学、陆王心学融合。明清时期,关学的学术基本是朱子学、阳明学的传入及与张载关学的融会过程。因此,由宋至清的关学,实际是中国理学的重要组成部分,它是一个动态的且具有包容性和创新性的概念,它开启了清初王船山学术的先河。

《关学文库》所遴选的作品与人物,结合学术史已有研究成果,如《宋元学案》《明儒学案》《关学编》及《关学续编》《关学宗传》等,均是关中理学的典型代表,上起北宋张载,下至晚清的刘光蕡、民国时期的牛兆濂,能够反映关中理学的发展源流及其学术内容的丰富性、深刻性。与历史上的《关中丛书》相比,这套文库更加丰富醇纯,是对前贤整理文献思想与实践的进一步继承与发展,其学术意义不言而喻。

二、张载关学与程朱理学的关系

佛教传入中土后,有所谓"三教合一"说,主张儒、道、释融合渗透,或称三教"会通"。唐朝初期可以看到三教并举的文化现象。当历史演进到北宋时期,由于书院建立,学术思想有了更多自由交流的场所,从而促进了学人的独立思考,使他们对儒家经学笺注主义提出了怀疑,呼唤新思想的出现,于是理学应时而生。理学主体是儒学,兼采佛、道思想,研究如何将它们融合为一个整体,这是一个重要的课题。从理学产生时起,不同时代有不同的理学学派。

比如,在"三教融合"过程中,如何理解"气"与"理"(理的问题是回避不开的,华严宗的"事理说"早在唐代就有很大影响)的关系?理学如何捍卫儒学早期关于人性善恶的基本观点,又不致只在"善"与"恶"的对立中打圈子?如何理解宇宙?宇宙与社会及个人有何关系?君子、士大夫怎么做才能维护自身的价值和尊严,又能坚持修齐治平的准则?这些都是中国思想史中宇宙观与人生观的大问题。对这些问题的研究和认识,不可能一开始就有一个统一的看法,需要在思想文化演进的历史进程中逐步加以解决。宋代理学的产生及不同学派的存在,就是上述思想文化发展历史的写照,因而理学在实质上是中国思想文化的传承创新,具有重要的历史意义。

张载关学、二程洛学、南宋时朱熹闽学各有自己的特色。作为理学的创建者之一,张载胸怀"为天地立心,为生民立命,为往圣继绝学,为万世开太平"的学术抱负,在对儒学学说进行传承发展中做出了重要的理论贡献。北宋时期,学者们重视对《易》的研究。《易》富于哲理性,他通过对《易》的解说,阐述对宇宙和人生的见解,积极发挥《四书》义理,并融合佛、道,将儒家的思想提升到一个新的高度。

张载与洛学的代表人物程颢、程颐等人曾有过密切的学术交往,彼此或多或少在学术思想上相互产生过一定的影响。宋仁宗嘉祐元年(1056),张载来到京师汴京,讲授《易》学,曾与程颢一起终日切磋学术,探讨学问(参见《二程集·河南程氏遗书》卷二上)。张载是二程之父程珦的表弟,为二程表叔,二程对张载的人品和学术非常敬重。通过与二程的切磋与交流,张载对自成一家之言的学术思想充满自信:"吾道自足,何事旁求!"(吕大临《横渠先生行状》)

因为张载与程颢、程颐之间为亲属关系,在学术上有密切的交往,关学后传不拘门户,如吕氏三兄弟吕大忠、吕大钧、吕大临,苏昞、范育、薛昌朝以及种师道、游师雄、潘拯、李复、田腴、邵彦明、张舜民等,在张载去世后一些人投到二程门下,继续研究学术,也因此关学的学术地位在学术史上常常有意无意地受到贬低甚至质疑(包括程门弟子的贬低和质疑)。事实上,在理学发展史上,张载以其关学卓然成家,具有鲜明的特点和理论建树,这是不能否定的。反过来,张载的一些观点和思想也影响了二程的思想体系,对后来的程朱学说及闽学的形成也有重要的启迪意义,这也是客观的事实。

张载依据《易》建立自己的思想体系,但是,在基本点上和《易》的原有内容并不完全相同。他提出"太虚即气"的观点,认为没有超越"气"之上的"太极"或"理"世界,换言之,"气"不是被人创造出的产物。又由此推论出天下万物由"气"聚而成;物毁气散,复归于虚空(或"太虚")。在气聚、气散即物成物毁的运行过程中,才显示出事物的条理性。张载说:"太虚不能无气,气不能不聚而为万物,万物不能不散而为太虚,循是出入,是皆不得已而然也。"(《正蒙》卷一)他用这个观点去看万物的成毁。这些观点极大地影响了清初大思想家王船山。

张载在《西铭》中说:"乾称父,坤称母。予兹藐焉,乃混然中处。故天地之塞,吾其体;天地之帅,吾其性。民,吾同胞;物,吾与也。"天地是万物和人的父母,人是天地间藐小的一物。天、地、人三者共处于宇宙之中。由于三者都是气聚之物,天地之性就是人之性,所以人类是我的同胞,万物是我的朋友,归根到底,万物与人类的本性是一致的。进而认为,人们"尊高年,所以长其长;慈孤弱,所以幼其幼。圣,其合德;贤,其秀也。凡天下疲癃残疾、茕独鳏寡,皆吾兄弟之颠连而无告者也"。这里所表述的是一种高尚的人道主义精神境界。

二程思想与张载有别,他们通过对张载气本论的取舍和改造,又吸收佛教的有关思想,建构了"万理归于一理"的理论体系。在人性论方面,二程在张载人性论的基础上进一步深化了孟子的性善论。二程赞同张载将人性分为"天地之性"和"气质之性"。但二程认为"天地之性"是天理在人性中的体现,未受任何损害和扭曲,因而是至善无瑕的;"气质之性"是气化而生的,也叫"才",它由气禀决定,禀清气则为善,禀浊气则为恶,正因为气质之性不可避免地受到了"气"的侵蚀而出现"气之偏",因而具有恶的因素。在二程看来,善与恶的对立,实际上是"天理"与"人欲"的对立。

朱熹将张载气本论进行改造,把有关"气"的学说纳入他的天理论体系中。朱熹接受"气"生万物的思想,但与张载的气本论不同,朱熹不再将"理"看成是"气"的属性,而是"气"的本原。天理与万事万物是一种怎样的关系?朱熹关于"理一分殊"的理论回答了这一问题。他认为:"太极只是个极好至善的道理。人人有一太极,物物有一太极。"又说:"太极非是别为一物,即阴阳而在阴阳,即五行而在五行,即万物而在万物,只是一个理而已。"(《朱子语类》卷九四)"理一分殊"理论包括一理摄万理与万理归一理两个方面,这与张载思想有别。

总之，宋明理学反映出儒、道、释三者融合所达到的理论高度。这一思想的融合完成于两宋时期。张载开创的关学为此做出了重要的学术贡献。正如清初思想家王船山所说："张子之学，上承孔孟之志，下救来兹之失，如皎日丽天，无幽不烛，圣人复起，未有能易焉者也。"（《张子正蒙注·序论》）船山之学继承发扬了张载学说，又有新的创造。

三、关学的特色

关学既有深邃的理论，又重视实用。这可以概括为以下几个方面：

首先，学风笃实，注重践履。黄宗羲指出："关学世有渊源，皆以躬行礼教为本。"（《明儒学案·师说》）躬行礼教，学风朴质是关学的显著特征。受张载的影响，其弟子蓝田"三吕"也"务为实践之学，取古礼，绎其义，陈其数，而力行之"（《宋元学案·吕范诸儒学案》），特别是吕大临。明代吕柟其行亦"一准之以礼"（《关学编》）。即使清代的关学学者王心敬、李元春、贺瑞麟等人，依然守礼不辍。

其次，崇尚气节，敦善厚行。关学学者大都注意砥砺操行，敦厚士风，具有不阿权贵、不苟于世的特点。张载曾两次被荐入京，但当发现政治理想难以实现时，毅然辞官，回归乡里，教授弟子。明代杨爵、吕柟、冯从吾等均敢于仗义执言，即使触犯龙颜，被判入狱，依旧不改初衷，体现了大义凛然的独立人格和卓异的精神风貌。清代关学大儒李颙，在皇权面前铮铮铁骨，操志高洁。这些关学学者"穷则独善其身，达则兼善天下"，体现出"富贵不能淫，贫贱不能移，威武不能屈"的"大丈夫"气节。

最后，求真求实，开放会通。关学学者大多不主一家，具有比较宽广的学术胸怀。张载善于吸收新的自然科学成果，不断充实丰富自己的儒学理论。他注意对物理、气象、生物等自然现象做客观的观察和合理的解释，具有科学精神。后世关学学者韩邦奇、王徵等都重视自然科学。三原学派的代表人物王恕以治易入仕，晚年精研儒家经典，强调用心求学，求其"放心"，用心考证，求疏通之解，形成了有独立主见的治国理政观念。关学学者坚持传统，但并不拘泥传统，能够因时而化，不断地融合会通学术思想，具有鲜明的开放性和包容性特征。由张载到"三吕"、吕柟、冯从吾、李颙等，这种融会贯通的学术精神得到不断承传和弘扬。

四、《关学文库》的整体构成

关学文献遗存丰厚，但是长期以来没有得到应有的保护和整理，除少量著作如《正蒙》《泾野先生五经说》《少墟集》《元儒考略》等在清代收入《四库全书》之外，大量的著作仍散存于陕西、北京、上海等地的图书馆或民间，其中有的在大陆已成孤本（如韩邦奇的《禹贡详略》、李因笃的《受祺堂文集》家藏抄本），有的已残缺不全（如《南大吉集》收入的《瑞泉集》残本，现重庆图书馆存有原书，国家图书馆仅存胶片；收入的南大吉诗文，搜自西北大学图书馆藏《周雅续》）。即使晚近的刘光蕡、牛兆濂等人的著述，其流传亦稀世罕见。民国时期曾有宋联奎主持编纂《关中丛书》（邵力子题书名），但该丛书所收书籍涉及关中历史、地理、文学、艺术等诸多方面，内容驳杂，基本上不能算作是关学学术视野的文献整理。20世纪70年代以来，中华书局将《张载集》《蓝田吕氏遗著辑校》《关学编（附续编）》《泾野子内篇》《二曲集》等收入《理学丛书》陆续出版，这些仅是关学文献的很少一部分。全方位系统梳理关学学术文献仍系空白。

关学典籍的收集与整理，是关学学术研究的重要基础，文献整理的严重滞后，直接影响到关学研究的深入和关学精神的弘扬，影响到对历史文化的传承和中国文化精神的发掘。

现在将要出版的《关学文库》由两部分内容组成，共40种，47册，约2300余万字。

一是文献整理类，即对关学史上重要文献进行搜集、抢救和整理（标点、校勘），其中涉及关学重要学人29人，编订文献26部。这些文献分别是：《张子全书》《蓝田吕氏集》《李复集》《元代关学三家集》《王恕集》《薛敬之张舜典集》《马理集》《吕柟集·泾野经学文集》《吕柟集·泾野子内篇》《吕柟集·泾野先生文集》《韩邦奇集》《南大吉集》《杨爵集》《冯从吾集》《王徵集》《王建常集》《王弘撰集》《李颙集》《李柏集》《李因笃集》《王心敬集》《李元春集》《贺瑞麟集》《刘光蕡集》《牛兆濂集》以及《关学史文献辑校》。

二是学术研究类，其中一些以"评传"或年谱的形式，对关学重要学人进行个案研究，主要涉及眉县张载、蓝田吕大临、高陵吕柟、长安冯从吾、朝邑韩邦奇、周至李颙、眉县李柏、富平李因笃、户县王心敬、咸阳刘光蕡等学人，共11部。它们分别是：《张载思想研究》《张载年谱》《吕大临评传》《吕柟评传》

《韩邦奇评传》《冯从吾评传》《李颙评传》《李柏评传》《李因笃评传》《王心敬评传》《刘光蕡评传》等。此外，针对关学的主要理论问题与思想学术演变历程进行研究，共3部。这些著作分别是：《关学精神论》《关学思想史》《关学学术编年》等。

在这两部分内容中，文献整理是文库的重点内容和主体部分。

《关学文库》系"十二五"国家重点图书出版规划项目，国家出版基金项目、陕西出版资金资助项目，得到了中共陕西省委、陕西省人民政府和国家新闻出版广电总局的大力支持。本文库历时五年编撰完成，凝结着全体参与者的智慧和心血。总主编刘学智、方光华教授，项目总负责徐晔、马来同志统筹全书，精心组织，西北大学、陕西师范大学、中国人民大学、华东师范大学、郑州大学等十余所院校的数十位专家学者协力攻关，精益求精，体现出深沉厚重的历史使命感和复兴民族文化的责任感；他们孜孜矻矻，持之以恒，任劳任怨，乐于奉献，以古人为己之学相互勉励，在整理研究古代文献的同时，不断锤炼学识，砥砺德行，努力追求朴实的学风和严谨的学术品格。出版社组织专业编辑、外审专家通力合作，希望尽最大可能提高该文库的学术品质。我谨向大家卓有成效的工作表示衷心的感谢。由于时间紧迫、经验不足等原因，文库书稿中的疏漏差错难以完全避免。希望读者朋友们在阅读使用时加以批评指正，以便日后进一步修订，努力使该文库更加完善。

张岂之

2015年1月8日

于西北大学中国思想文化研究所

前　言

　　李因笃(1631—1692)，字天生，一字子德，又字孔德，陕西富平人，清初著名学者和诗人，关学大家，与李颙、李柏并称"关中三李"。他在经学、实学、史学、诗学等多个学术领域皆有相当造诣，其经学和音韵学成就堪与清初大家顾炎武相比肩。同时，他也是清初陕西最著名的诗人，闻名海内的文坛名家，享有"西京文章领袖"之美誉，堪称清初关中文坛盟主。此外，他还擅长书法，《瓯钵罗室书画过目考》赞其"行、楷书用笔秃率，意近颜真卿"。

　　李因笃的学术道路与其家庭、地域以及时代的变迁紧密相关。崇祯四年(1631)，他出生于富绅之家，书香门第，祖上曾为淮扬盐商，李因笃的父亲李映林笃信程朱理学，是明末大儒冯从吾的私淑弟子，不幸英年早逝。七岁时，李因笃受母亲教诲继承亡父遗志，遂与关学结缘。入清后，他坚守民族气节，无意科举，曾奔走塞上组织义士抗清未果，归来潜心为文论学，研习经典，著书立说，终成关中名儒。他与李颙、李柏、王弘撰等关中学人密切往来，同振关学，又借外出坐馆入幕、游走南北之机，广交顾炎武、傅山、屈大均、阎若璩、朱彝尊、王士禛等天下文人学者，相与切磋。康熙十八年(1679)，他被荐举为"博学鸿儒"，北上京师应试，系康熙皇帝称誉的"四大布衣"之一。高中一等第七名后，李因笃任职翰林院检讨，纂修《明史》，月余即上疏辞职归乡，名动天下。晚年长居关中，积极弘扬关学，曾在关中书院、岐山朝阳书院讲学，乃是清初关学的代表人物之一。

　　李因笃的著述有《诗说》《春秋说》《杜律评语》《仪小经》《受祺堂文集》《受祺堂诗集》三十五卷、《汉诗音注》十卷、《古今韵考》十卷，可惜《诗说》《春秋说》《杜律评语》业已亡佚。屈大均、陆陇其的著述中记载李因笃曾经纂辑《九经大全》《或问》《蒙引》《存疑》《浅说》等，但未见刊刻。作为清初著名学者，李因笃的学问得到了清初学者的高度评价。据《清史·儒林传》记载："(李因笃)深于经学，著《诗说》，顾炎武称之曰：'毛郑有嗣音矣！'又著《春秋说》，汪琬亦折服焉。"清代乾隆时期学者江藩《宋学渊源记》、沈德潜

1

《清诗别裁集》、李元度《国朝先正事略》、钱林《文献征存录》、刘绍攽《九畹文集·关中人文传》等诸多文献对李因笃皆有著录。后世对于李因笃的成就也有较高肯定。如《清史稿》称其"学问富赡,十三经贯穿"。梁启超曾说"康雍之际,三李主之于内,亭林、恕谷辅之于外,关学之广大,几埒江南、河朔",还将李因笃列为顾炎武的重要学侣,述及二人学术交谊。钱钟书先生曾赞李因笃曰"清初精熟杜诗,莫过李天生",清诗专家钱仲联先生也称誉李因笃为"爱国诗人"。

关于李因笃的学术研究,民国十七年(1928)出版的吴怀清《关中三李年谱》第六、七、八卷为《天生先生年谱》,对李因笃的家世生平做了概述,将其诗文按年分系,对相关人物事件进行考证,谱后附有相关的传记资料、笔记书信、赠答诗文以及散佚的作品。该年谱资料翔实,内容丰富,为研究李因笃提供了坚实的文献基础。1936年,宋联奎编辑《关中丛书》,重新刊刻了李因笃的《汉诗音注》《古今韵考》。学者赵俪生从四十年代起先后发表《清初山陕学者交游事迹考》《清初北方遗民奔走事迹考略》《顾炎武在关中》,主要探讨清初北方学者特别是遗民人士的社会交游活动,李因笃是其重点考察的对象。钱钟书在《谈艺录》中三次论及李因笃,对李因笃的"宗尚明七子"的主张及其杜诗学思想加以评价。八十年代以来,关于李因笃的专题研究逐渐增多。杨向奎《清儒学案新编》撰有《天生学案》,首次对李因笃的学术思想做了较全面的阐述,对著述种类进行列举汇总,同时附有李因笃文章数篇。祁恒文《顾亭林与李子德之交》对顾炎武、李因笃的交游活动予以梳理。至二十一世纪初,出现了一批较有影响力的学术论文乃至专著。赵馥洁《试论李因笃经世致用的价值追求》重点阐述了李因笃的人才观、政治观、学术观等。方光华《关学及其著述》第四章第三节《李因笃思想的实学特色》在系统梳理李因笃学术思想的基础上,重点阐发了他的实学、音韵学思想以及汉诗学成就。李世英《清初诗学思想研究》一书第五章第三节专论李因笃的诗学思想。蒋寅《清初李因笃诗学新论》一文肯定李因笃"是清初关中最著名的诗人,也是对诗学有专门研究的诗论家",在汉诗研究、诗歌音韵学研究方面独树一帜。孙微《清代杜诗学》则对李因笃的杜甫诗学做了较深入的研究,将李因笃视为与清初诗坛盟主王士禛齐名的杜诗学名家。高春艳的博士学位论文《李因笃文学研究》运用考论结合、诗史互证等研究方法,从家世生平、文学交游、学术思想、诗学主张、诗文创作等方面进行了研究,标举李因笃的关中文坛领袖地位,揭示了李因笃的文学成就及其在清初文学史上的影响。章蜜的硕士学位论文《李因笃〈汉诗音注〉和〈古今韵考〉研究》对李因笃的音韵学成就及其不足做了扎实细致的考辩阐释,肯定李因笃为清代前期古音研究的代表人物之一,在整个清代古音学发展史上有着不可磨灭的贡献。刘重喜《李因笃的杜诗评语》、徐朋彪《李因笃音韵学研究的得与失》等论文,也就相关议题做了进一步探讨。除以上专题论文外,亦有许多学者在其论文著作中援引了李因笃的著述和事例。尤需注意的是,除大陆之外,台湾以及海外学者也有相关研究。如1995年台湾师范大学王立霞的硕士学位论文《李因笃之生平及其音韵学》、台湾简恩定《清初杜诗学研究》、美籍学者谢正光《清初诗文与士人交游考》、白谦慎《傅山的交往与应酬》《傅山的世界:十七世纪中国书法的嬗变》等论文专著中,对于李因笃的音韵学、杜诗学,以及李因笃的交游活动皆有涉及。另据蒋寅一文所述,日本学者长谷部刚曾经撰写过《关于李因笃杜诗评语中的音注》一文,对李因笃的杜诗音韵学研究加以评论。

上述研究成果表明,李因笃研究正在日趋全面深入,他的文化学术成就及其影响逐渐为学界所认知。但从总体而言,李因笃的著述文献尚需系统整理,尚未出现对李因笃进行全方位深入研究的学术专著。

在新世纪的第一个十年来临之际,期盼已久的"十二五"国家重点图书项目《关学文库》顺利启动,为集中系统地研究李因笃提供了良好机遇。笔者立足已有的研究基础,借鉴近十年来李因笃研究的新成果以及关学研究的新进展,整合贯通,对李因笃进行更加全面的学术观照,试图以此展现李因笃的大儒风范和综合成就。该书主要内容和理论观点由高春艳提出并写作完成,部分章节由袁志伟修改和补充完全。具体执笔分工如下:前言、第一章、第五章、第六章、结语由高春艳完成;第二章、第三章、第四章初稿由高春艳执笔,袁志伟做了大纲修改调整,并修改增补第二章第二、三、四节,第三章第三、四节,第四章第一、二、三节等章节的部分内容,共计增加一万七千字。

如前所述,李因笃一生所学甚广,在经学、实学、史学、音韵学、文学创作、文学批评等多个领域皆有造诣,大体可以分为学术思想和文学两个板块。

一、学术思想

1. 经学:堪与顾炎武比肩的清初经学家

入清之后,学术界开始反思亡国之因,批评明儒高谈心性、束书不观的空疏学风,兴起了重考据、尚实证的朴学学术思潮。学者们将目光转向古代,因循汉儒解经之法,返古汲经,运用考据学、音韵学、训诂学等治学方法研究古代儒家经典,掀起了经学研究新高潮。李因笃即以其经学成就而为学界称道。王士祯称李因笃"博学强记,十三经注疏尤及贯穿"。据屈大均《翁山文外·宗周游记》记载,康熙五年(1666)他来陕游历,得与李因笃订交,"时天生方编《九经大全》未就"。汪琬又称:"世未尝无可师之人,其经学修明者,吾得二人焉,曰顾宁人、李子天生,皆与仆为友,仆老矣,虽不能师之,固所为欣然执鞭者也。"(《尧峰文钞·答从弟论师道书》)视李因笃和顾炎武为位居时代前列的经学大师,自己甘愿执鞭师之。阎若璩《尚书古文疏证》《潜邱杂记》中,也曾记录了他和李因笃商榷的条目。遗憾的是,李因笃的《九经大全》未见刊行,《诗说》《春秋说》业已散佚,今人无从尽知其精深造诣,但从他的书信文章,以及相关文献中仍可寻检出他的一些经学成果。总结李因笃的经学思想,主要有两个基本观点。一是经学为理学之本。二是以朱熹经学思想为宗。他在写给学者孙承泽的书信中,明确表达他的经学基本观点:"窃观当世儒者,亦有留心斯道,高谈孔朱如某某人,然皆撦拾语录,妄称性命之旨,而绝不知从事经学。自因笃论之,断未有不深于经学而能以理学名世者。汉唐诸儒岂无天资卓迈、出处较然者?而终不得列理学一席,非经学不纯之故乎哉?因笃不揣鄙陋,窃谓经学当折中朱子,而朱子则以《四书集注》为主。"(《续刻受祺堂文集》卷三《与孙少宰书》)首先,表明的是"断未有不深于经学而能以理学名世者""经学不纯,终不得列理学一席",主张理学应以经学为本,只有精通经学,才成为理学大师,对于妄谈性命者予以贬斥。这一主张与顾炎武的"经学即理学"的观点如出一辙,表明了他们从事经学研究的原因,体现了清初学界批判晚明理学空疏不学、倡导研习古代经典、返本开新的学术新风气,具有划时代的思想史意义;其次,表明他的经学以朱熹的经学思想为宗,且以《四书集注》为准。

基于上述经学思想主张,李因笃殊少专门谈论性命义理的理学文章。他更多地是将义理阐发与传注考证相结合,实现了经学与理学的贯通。他在大力振兴和弘扬关学的过程中,更多地是从经学的角度积极阐发关中理学,坚守儒学经典精神传统。他在《创建朝阳书院序》一文中梳理关中理学源流,积极肯定关学鼻祖张载复兴孔孟儒学传统、开创关学学派的历史功绩,揭示了张载对二程、朱熹思想的影响,批评陆王心学、佛学对理学的无形侵蚀,赞誉吕柟、王恕、冯从吾等人对朱熹经学传注思想也即理学正宗的恪守。宋振麟《朝阳书院奉迎李太史子德先生会讲录序》记叙了李因笃在岐山讲学的主要内容，称其"首发横渠以礼教人之旨，细论有守有为之义，而断之于审几，以着思诚之礼""论学必绾之以经，说经必贯之以诸史"。说明李因笃主要运用援引经典的方法来论述张载倡导礼教等思想，其中"有守有为""审几""思诚"等话语分别出自《尚书》《易经》《孟子》等经学典籍，主张为人有操守、真诚，也是理学中经常探讨的心性修养等义理，体现了李因笃理学以经学为本的思想特征。

李因笃的经学思想另一显著特征是以经学为实学之本。这一特征突出体现其《郊祀》《漕运》《治河》《荒政》《乐律》等策论文章中。这些策论的基本结构大体相同。首先，引经据典对该策论的议题进行源流考辩，发掘《周礼》《尚书》《易经》等经学典籍中的相关记载和论述；其次，梳理历史变迁，总结规律和经验；最后，针对现存问题以古鉴今提出改进策略，这些策略乃是李因笃实学思想的精华所在。从中可以看出，李因笃的经学研究并非单纯的学术考证，而是旨在为解决现实社会问题提供可资借鉴的经典依据，实现经世致用的价值追求。也正是基于这一动因，李因笃的经学研究取得了丰硕的成果，涵盖了政治、经济、文化等多个领域。

2. 史学：纵论史书得失与著史方法，贯通古今广泛涉猎不同专题的史学家

李因笃精研经史，对于历代史书烂熟于胸。在《史学》一策中，他从体例的角度总结出古代史书经历了"三变四体"，并对历代史书的得失进行评析，提出了撰写史书必须具备"简才"和"疟事"两个基础条件。其一，是指选择具有撰史才能的人，其二，是指广泛搜集翔实可信的史料。在撰写史书的过程中，他提出辨体、尚质、阙疑、治例、原赞、专任等六大要点，包括体裁、风格、材料、体例、评论等方面的写作原则，以及专人把关保持一致等具体要求。他本人也曾在任翰林院检讨期间短暂参与了《明史》纂修的工作，也撰写了渭南南氏家族、孙传庭、张勇等明清历史人物的传记。最具特色的史学成果，则是他充分利用自己史学方面的丰富积累，将"以史为据，以古鉴今"作为一种基本的治学方法，应用在他的史学和实学研究当中。在其十三篇策论当中，他对相关议题历史源流的梳理和历史经验教训的分析，从古代到清初，提纲挈领简明扼要，在其后的对策部分，他以历史为参照，提出解决方案，有时也会根据现实问题的需要，直接采纳一些历史上取得良好效果的成功举措。例如,《治河》一策回顾古代治理黄河的主张,归纳出司马迁之"论本质"、冯逡之"论其支"、李寻之"论其形"、贾让之上中下三策分别"论其性"、"论其情"和"论其权",关并之"论起属"、韩牧之"论其汇"、王横之"论其旧"、欧阳修之"论其上"、刘分之"论其下"、欧阳元之"论其术"、余阙之"论其理"、宋濂之"论其时"等十二家较有代表性的治河理论,并从利弊的角度将上述观点分为百世之利、百世之弊、一时之利、一时之弊四种类型。总结历史经验,他认为,正确的治河方略应当谋求百世之利,去除一时之害,进而提出十种具体的治河举措,其中包括西汉时期王延世运用竹落筑堤、明代宋礼、刘大夏等人疏浚河道等办法。这些历史论述,犹如一部自成一体的治河专题简史,既有宏观概括,也有微观事例,既有经验总结,也有现实应用。除了治河,还有漕运、荒政、屯田、乐律等十二个议题,涉及政治、经济、文化等不同领域。既体现了李因笃深厚广博的史学功底,也体现了他经世致用一以贯之的学术追求。

3. 实学:以古鉴今、经世致用、涵盖多个领域现实问题的实学家

明清之际,为了挽救社会危机,实学思潮勃然兴起。这一时期实学思想的基本特点是讲求经世致用,反对空谈心性,由学术思想领域至政治、经济、科学和文学艺术等多个领域,有力地纠正了晚明心学泛滥、空疏不学的学术风气,其后发展为对封建专制主义和封建蒙昧主义的批判,具有早期启蒙思想性质。李因笃一生对国计民生等社会问题十分关注,《受祺堂文集》卷一、卷二中收录的十三篇策论文《漕运》《治河》《荒政》《郊祀》《圣学》《史法》《天文》《历法》《盐政》《钱法》《乐律》《屯田》《用人》,集中展现了他的实学思想精华,晚清学者饶玉成主编的《皇朝经世文续编》中收录了《漕运》《治河》《荒政》《钱法》诸策。上述十三篇策论文内容涉及政治、经济、军事、文化、教育等多个领域,或是探讨祭祀天地的大礼、百姓生存的要务,或是探讨经筵讲学、人才选拔制度,或是探讨天文历法改革、重建礼乐制度、服务封建统治,皆是关乎国计民生的重要问题,集中展现了他发展社会经济、改良君主政治、复兴传统文化的改革策略。这些策略以经史为据,熔古铸今,条理分明,具有极强的系统性与针对性,其中有不少独到的见解。

例如,漕运、治河、荒政、钱法、屯田、盐政六篇策论,既讲全国漕粮运输、治理黄河水患、国家货币管理,又有民政救灾、垦荒屯田、官方盐务管理。这些皆与国家经济命脉运行息息相关,对于封建统治的稳定也有举足轻重的影响。清初康熙皇帝亲政后,曾将漕运、河务和三藩并列为首先要抓的三件大

事,书于宫中柱上。李因笃认为,漕运、治河、屯田等彼此密切相关,需要统筹规划。仅就漕运改革就提出了三项要点和五项措施:"盖漕之要有三,而其并行者有五。三者惟何?曰制用,曰恤役,曰议运。五者惟何?曰建仓,曰开渠,曰垦田,曰屯籴,曰复海运。"其中三项要点是指节约朝廷耗费,减少漕粮需求,改善漕丁待遇、降低运输成本。五项举措包括建设储备粮仓便于转运,开凿河渠保证运输畅通无阻,开垦荒田增加本地粮食供应,自行购买粮食,减少漕粮供应负担,开辟南北海运航线。此外,他还详细补充了六条具体建议,包括修筑堤堰、加强管理、疏通河道、招商经营、杜绝腐败等。

上述主张层次谨然自成体系,体现了李因笃运筹帷幄之清晰周密,许多观点切中时弊,颇具前瞻性,与清朝的漕运改革实践多有契合。例如,康熙皇帝曾就"恢复海运"进行过专门讨论,后因河道疏通而搁浅。道光年间,包世臣的漕运改革策略中也有恢复海运、屯田、治河与治漕统筹规划等相同主张。其后又在陶澍等人的积极倡导下,海运终于得以恢复通行。

尤为可贵的是,李因笃的实学思想始终贯穿着以民为本、利民便民的进步倾向。他反复强调统治者应当节俭廉洁,力戒奢靡,体恤民生,加强管理,裁撤冗员,杜绝官员腐败。在《盐政》一策中,他指出盐政"夺民以自便,出于霸者,功利之习而未有敢轻言报罢者也"。揭露了封建社会由朝廷垄断盐政、牟取暴利、剥夺百姓的本质。他批评当时的盐政存在"场灶之弊"和"中纳之弊"两大弊端,其中政府盐税过重、官员贪污腐败、豪强欺行霸市是致使灶丁贫困,私盐泛滥的根源。

针对弊端,他一方面建议朝廷提高灶丁的报酬,杜绝管理漏洞、严惩贪官,另一方面,建议改革盐政管理制度,降低盐税,打破政府垄断,扩大灶丁的自主权,允许民间商人按照相关规定参与盐务经营。这些举措表明,他对封建社会的高度集权专制、经济垄断的制度弊端已有较深刻的认识,他的改革举措能够有助于扩大民营资本的经营权,增加民众的收入,体现了对百姓权益的重视,对市场规律的尊重,具有一定的资本主义经济思想萌芽的色彩。

二、文学

1. 诗文创作

清初文坛流派纷呈,名家辈出。李因笃既是清初文坛名家,同时,也是陕西文学领袖,在诗文创作、诗文批评领域皆有相当成就。他自入清弃绝科举之后开始致力于诗文创作。顺治五年（1648），时年十七岁的他目睹战乱后残败的西安古城，满怀伤感地仿照杜甫撰写了七律组诗《秋兴八首》，以细腻凄美的文笔——描摹汉唐胜地昔盛今衰的景象，寄寓了深沉的亡国之痛，藉此成名诗坛。康熙六年（1667），他和屈大均在京师一起拜见了当时的诗坛盟主、刑部尚书龚鼎孳，龚对李因笃十分赏识，遂题赠"西京文章领袖"以示推许。尤为瞩目的是，傅山《为李天生作》一诗有句曰"何事亭林老，朝西拟筑坛"。句下自注曰："宁人（按：顾炎武）向山云，近日文章之事当推天生为宗主，历叙司此任者至牧斋，牧斋死而江南无人胜此矣。"（《霜红龛集》）据此可知，顾炎武曾推奖李因笃为继钱谦益之后海内文坛的领袖。又据李元度《国朝先正事略》称："时阮亭、尧峰主盟坛坫，先生与抗礼。"称康熙十八年（1679）李因笃在京师期间，与其时主盟文坛的王士禛、汪琬分庭抗礼。这些记载进一步说明了李因笃在当时文坛的影响力。

李因笃的《受祺堂诗集》共计三十五卷，系他本人晚年按创作时间次序汇编的诗歌全集，去世四年后方才刊行于世。现存诗歌两千六百五十多首，其中顺治十七年（1660）之前的作品被他早年焚毁几乎不存。观其诗集，内容上以追思故国、忧国忧民、反映百姓疾苦、咏史抒怀、歌咏亲情友情，描摹山水田园等题材为主，真实反映了他本人由明入清曲折的心路历程和丰富的生活见闻，从中可以真切感受到他安贫乐道、关心现实的儒者情怀，以及他对自然、对生活的热爱，代表作有《秋兴八首》《望岳》《纪别八首》等。他的诗歌宗法汉魏古诗和盛唐诗歌，尤以杜甫为典范，风格雄健质朴，讲究篇章结构，注重语言锤炼，善用经史典故，有学人之诗风范。潘耒赞曰："其诗本风骚，出入古歌谣乐府，而以少陵为宗，意象苍茫，才力雄赡，既与杜冥合，而章法句法讲之尤精，千锤百炼而出之，此学杜而得其神理，非袭其皮毛者也。"（《受祺堂诗集》序）他最擅长排律诗体，诗坛盟主王士禛评赞曰："富平李因笃天生，……长律得少陵家法，尝以四十韵赠曹秋岳（即曹溶），曹叹曰数百年无此作矣。"（《池北偶谈》卷十一）散文方面，他宗尚秦汉古文，对司马迁《史记》尤为推崇，重视文章的学问根基，著有《受祺堂文集》十五卷，惜生前未能及时刊刻，至道光七年（1827）、十年（1830）方才由乡人搜集整理刊行了《受祺堂文集》四卷、《续刻受祺堂文集》四卷。现存文章共计一百六十四篇，体裁共有疏、策、传、志、碑、记、序、书等，成就较高的是阐发其经世实务主张的策论文、谈文论道的序文和书信，以及记叙人物和事件的传记文等。其中，《乞终养疏》

系其上书康熙乞求辞职归乡,奉母终老的疏文,言辞恳切,情理并茂,最终感动了康熙帝而获准辞职西还,堪与李密的《陈情表》相比肩,被清初散文家钮琇《觚賸》誉为国朝两大文章之一。策论文更是出经入史,条分缕析,富有学者文章的魅力。学者江藩《宋学渊源记》赞之曰:"因笃诗文出唐入宋,乃一代作者。"

2. 诗学思想:标榜"清新蕴藉""真气候"的宗唐派

就诗学理论而言,李因笃没有系统、专门的著作传世,他的观点散见于诗文评论文章中。他继承并发展了明代前七子的复古思想和格调理论,主张学习《诗经》至盛唐的古代诗歌,对温柔敦厚、兴观群怨等传统儒家诗学主张表示认同,既与清初诗学主潮相一致,又有许多个人创见。他是清初宗唐派的代表人物,和他同一阵营的施闰章、朱彝尊、屈大均、徐乾学、申涵光等人皆是清初诗坛的知名人物。他借鉴严羽的"羚羊挂角,无迹可寻"主张,标榜"清新蕴藉"的诗歌之美,意即景寓于情,情景交融、清新雅致、含蓄朦胧,与王士禛的"神韵"说有异曲同工之妙。他主张诗人要有学问,以使诗歌富有内涵。他积极弘扬陕西地域文学传统,标榜"秦风",他认同"诗以道性情",更进一步提倡抒写真性情、真气候。最能显示他的真性情观念是一则汉诗评语:"往观汉诗至'荡子行不归,空床难独守',喟然叹曰:'惟守而后知其难,惟难则益见其贞,此意黄初以下,绝无津逮者。'谓汉人之深得其情,故其语真,语真则至也,夫人情本不相远,岂贞妇别具一肺肝?——出于自然哉!国风好色而不淫,小雅怨诽而不乱,知是解者,可与读使君之诗。"(《汉诗音注》卷十)对于汉诗中表达男女情欲的诗句给予肯定,认为它是人的自然本性的真实流露,颇有晚明个性解放的特点。无独有偶,近三百年之后,晚清国学大师王国维在其《人间词话》亦有相似评论:"'昔为倡家女,今为荡子妇。荡子行不归,空床难独守''何不策高足,先据要路津。无为久贫贱,坎坷长苦辛',可谓淫鄙之尤。然无视为淫词、鄙词者,以其真也。五代北宋之大词人亦然。非无淫词,然读之者但觉其亲切动人;非无鄙词,但觉其精力弥满。可知淫词与鄙词之病,非淫与鄙之为病,而游之为病也。"[1]同以"真"的缘故将这些诗排斥在淫鄙词之外,几与李因笃的评语如出一辙,可知李因笃见识之非凡。

3. 诗学批评:汉诗学、杜诗学名家

李因笃的诗学批评成就集中体现在他的汉诗学、杜诗学研究。他是清初

---

[1] 王国维:《人间词话·人间词》,合肥:安徽人民出版社,2005年版,第82页。

汉代诗歌研究最知名的专家,苦心孤诣研究汉诗四十年,完成了专著《汉诗评》(又名《汉诗音注》)十卷。该书体例为题下有解题、字下有音注、诗间有评说,融思想性和艺术性评析于一炉,研究方法和成果独具特色。他运用古音韵学知识,首次对汉诗进行系统的音韵注解,标明了诗歌的正确读音和押韵规律,方便后人正确识读汉诗。他从篇章结构、表达技巧、语言修辞等多个方面逐一对汉诗作品进行精细评析,运用儒家的"兴、观、群、怨"诗学观念阐发了汉诗的审美教化功能,认为汉诗除了质朴之外,还具有"奥"即深奥雄厚的独特风貌,称赞汉诗想象力丰富,描写细腻,善用反衬手法,语言"雅""真"。他结合作品认真梳理汉诗对于《诗经》《楚辞》等前代诗歌的继承,汉诗对杜甫诗歌的影响,生动展现了汉诗承上启下的诗歌史地位。他还敢于跳出官方正统观念,提出新锐之见。如他评项羽《垓下歌》:"雄深悱恻,与高帝《大风歌》相当。当世儒以成败论人,而太史公独尊为本纪,冠汉上,千古具眼人也;项王此歌兼高武之妙,深于汉者,当自知之。"认为项羽《垓下歌》堪与刘邦的《大风歌》相媲美,一如司马迁《史记》之秉笔直书,体现了知识分子尊重历史、不拘政治偏见的独立人格。他的这一评点后来遭到了四库馆臣的非议,认为"犹隆(庆)、万(历)后人好为高论习气也",愈加反衬出李因笃的可贵品质。李因笃以其全面精细的研究,不仅推动了清代汉诗学的发展,而且对后代的汉诗研究产生了广泛影响,迄今为止仍有许多汉诗学者不断引用其评语。蒋寅《李因笃诗学思想新论》称赞该书为"一部体例相当完善并富有学术价值的汉代诗选",堪称"汉诗研究之发轫",对其学术地位予以充分肯定。

杜诗学方面,李因笃亦是清初注杜名家,与顾炎武、王士祯等人相比肩,被钱钟书称为"清初精熟杜诗者"。他所著的《杜律评语》惜已散佚,不过,后世诸多注杜诗集,如仇兆鳌《杜诗详注》、杨伦《杜诗镜铨》、刘濬《杜诗集评》、时中书局石印本《诸名家评定本钱笺杜诗》等皆辑录有大量李因笃的评语,从中可以大体知悉其杜诗学成就。他以"温柔敦厚"为宗旨,注重对杜诗之忧国忧民、忠君爱国精神的阐发,藉此表明他本人的思想倾向。他的独到之处主要体现在他对杜诗艺术特征全面精细的评析。例如,他注释杜诗的音韵,评析杜诗格律,提出了一则广为流传的经典论断"杜甫近体诗出句末字仄声必上去入三声递用",而据王力先生考证,确有多数杜诗符合这一规律。他详细剖析杜诗篇法、句法、字法的高妙,展现杜诗谨严的结构艺术和高超的语言艺术。他赞许杜诗格高调雅,善于拈景,具有沉郁、雄浑、悲壮、古雅、清新、蕴藉、朴老、质拙、奇特等多样化的艺术风格。他自觉探求和梳理杜诗与前代诗歌之间的源流关系,结合具体的作品揭示杜甫诗歌对于《诗经》、楚骚、汉魏古诗、《文选》和六朝诗、陶渊明诗等古代诗歌优秀传统的继承,彰显杜诗之"集大成者"气象。他还将杜诗与《史记》、汉赋、韩愈之文相提并论,信手拈来相似篇目予以比附,发现彼此叙事艺术的契合点,进一步证实了杜甫"以文为诗"的特点,难得可贵的是,他并没有一味地偏向赞誉,而是依据自己的诗歌审美标准指摘杜诗中存在议论过多等艺术瑕疵。

4. 音韵学:清初古音学家,诗韵学研究的先驱

清初经学家解经所用的考据学研究方法,主要是通过文字、音韵、训诂等小学方法来考辩经传原意,使得清初的音韵学研究蔚然成风。李因笃受顾炎武的启发才开始致力于音韵学研究,著有《古今韵考》《汉诗音注》两部专著,成为清代前期古音研究的代表人物之一。由于他与顾炎武经常交流切磋,彼此影响颇深。顾炎武致信李因笃曰:"读九经自考文始,考文自知音始,以至诸子百家之书,亦莫不然。"(《亭林文集》卷四《答李子德书》)并对李因笃的音韵学造诣多有褒奖,将他比作东汉文字学大家"康成(郑玄)、子慎(服虔)之辈"。顾炎武《音学五书》写成后对李因笃说:"故吾之书……,非托之足下,其谁传之?"①视李因笃为海内知己。《音学五书后序》中又自叙曰:"李君因笃每与予言诗,有独得者,今颇采之。"②称其对于李因笃的音韵学成果多有借鉴。李因笃也从顾炎武处获益匪浅,他的古音学研究大都遵照顾炎武的观点展开,他在《古今韵考》中多处称引顾炎武《音学五书》的内容,这种称引对顾炎武的古音学思想有意无意地进行了维护与传播。如在古音观念上,他坚持《诗》本音说,四声一贯,古无叶音,将合韵视之于无韵等,在古韵分部上遵照顾氏的古韵十部说,在研究方法上赞同离析唐韵,被视为顾炎武的传声人。同时,李因笃对顾炎武的学说尚有拾遗补缺之功。例如,他反对"叶音"说,有着明确的古今音异观,在当时以毛奇龄为代表的古音通转说泛滥的学术背景下,为古音学走上科学的道路做出了一定的贡献。他的独特贡献在于他是诗韵研究的先驱,对汉魏六朝乃至唐人诗文用韵都有研究,尤其是对两

---

① 顾炎武:《答李子德书》,《顾亭林诗文集·亭林文集》卷四,北京:中华书局,1983年版,第73页。

② 顾炎武:《音学五书后序》,《顾亭林诗文集·亭林文集》卷二,第26页。

汉诗韵的研究具有开启之功。他首次以韵读的形式解析汉代诗歌的用韵情况，对汉诗的韵例进行探索，揭示了汉诗用韵的规律特征。他对唐代诗歌区分古体诗和近体诗，并归纳韵谱，旨在为时人写作古诗赋提供参考，实用性较强。他的《汉诗音注》之注音跳出了叶音及以今律古的藩篱，从古本音的角度为汉诗注音，极具考证功夫。他的注音体例丰富，显示了音韵学对文字训诂的作用，为经学研究提供了新路径，体现清代的朴学风尚。

当然，李因笃的音韵学也有不少缺失。据章蜜的研究结论可知，他的不足主要表现在古韵研究以实用为主，理论成就创见不大，古诗无叶音观念不彻底，对语音的历时变化缺乏清晰的认识，对语音的历史分期划分跨度太大，对汉诗"合韵"处理上有误，对上古声调没有深入的认识等。

综观上述，李因笃在诗文创作、诗学理论、汉诗学、杜诗学以及音韵学等方面堪称文坛名家。

就其当时影响而言，他与清初文坛诸多名家多有交游，尤与顾炎武、傅山、龚鼎孳、曹溶、朱彝尊、屈大均、潘耒等人交谊密切，其中，顾炎武、朱彝尊还是他的结拜兄弟。而在陕西，他是李颙称道的"风雅独步，气谊过人"（《二曲集》卷十七）的关中文坛盟主，与王弘撰、李楷、李柏、李念慈、康乃心等关中作家常相往来。在李因笃的诗文集中存有许多他与友人唱酬往来的作品，从中可以窥见清初关中文坛及其与海内文坛交流互动的历史风貌。

岁月流转，如白驹过隙。一代关学名儒李因笃于康熙三十一年（1692）辞世，距今已有三百二十二年之久。欣逢当前国家倡导"文化自觉""文化自信"，继承和弘扬中国优秀传统文化成为时代共识，此时此刻，我们更能感受到李因笃那一批知识分子当年苦心孤诣传承民族文化血脉的崇高境界和历史功绩。斯人已去，唯其道德文章依然彪炳史册，照耀今人。笔者才疏学浅，深知要想全面深入地展示李因笃的成就，研究者必须具备非常广博的知识，今不揣谫陋，勉力从之，旨在抛砖引玉，恳请方家批评指正。

高春艳

2014 年夏于西安

目 录

总　序 ·· 张岂之(1)
前　言 ·· (1)

第一章　"关西夫子"李因笃的生平与交游

第一节　家族身世 ······································ (1)
第二节　少年英才 ······································ (6)
第三节　遗民高士 ······································ (9)
第四节　客游南北 ····································· (19)
第五节　博学鸿儒 ····································· (35)
第六节　弘道关中 ····································· (41)

第二章　李因笃的经学思想

第一节　经学为理学之本 ······························ (49)
第二节　学宗朱熹，重视传注 ·························· (51)
第三节　远承张载，复兴关学 ·························· (55)
第四节　经学为实学之本 ······························ (59)

第三章　李因笃的史学思想

第一节　论史著得失与"四体三变" ····················· (75)
第二节　论著史方法与"撰史八旨" ····················· (78)
第三节　"表彰忠烈"的著史实践 ······················· (81)
第四节　"求实求用"的史学考证 ······················· (83)

第四章　李因笃的实学思想

第一节　发展社会经济 ······························· (100)
第二节　改良君主政治 ······························· (114)

第三节　复兴传统文化 …………………………………… (119)
　　第四节　重建礼仪规范 …………………………………… (124)

第五章　李因笃的诗学理论与批评

　　第一节　诗学理论:标榜"清新蕴藉""真气候" ……… (131)
　　第二节　诗学批评:汉诗学、杜诗学大家 ……………… (145)
　　第三节　音韵研究:诗歌音韵学先驱 …………………… (175)

第六章　李因笃的诗文创作

　　第一节　诗歌:意气苍莽,才学富赡 ……………………… (179)
　　第二节　散文:力追秦汉,经经纬史 ……………………… (205)

结语　李因笃与清代关学 ……………………………………… (225)

附录　李因笃生平活动简表 …………………………………… (228)

第一章 "关西夫子"李因笃的生平与交游

关于李因笃的传记,《清史稿》列传二百六十七《儒林一》有简要概述,吴怀清《关中三李年谱·天生先生年谱》对李因笃的生平行踪进行了较为详细的叙述,兼有丰富的传记文献、诗文系年、人物注释以及佚文辑录。此外,李因笃的诗文作品也是了解他生平活动的重要资料。他晚年整理诗稿时作诗抒怀,表示自己作诗"情寄信最深,勿论其妍丑。兼多俊豪共,尽是心血呕"。① 因此,他的诗文作品为今人深入审视他的心路历程、思想情感提供了途径。本章即以《天生先生年谱》为基础,运用诗史互证的方法,尝试深入解读李因笃诗文作品,参照相关史传、方志、笔记、诗文乃至野史传说等文献资料,详细考述李因笃源远流长的家世和跌宕起伏的人生。

第一节 家族身世

李因笃祖籍山西洪洞县。据《先府君孝贞行实》(以下简称《孝贞行实》)中称,金、元年间,其先人李义甫为躲避战乱,西迁至陕西美原县韩家村(今陕西省渭南市富平县薛镇韩家村)定居。明洪武年间,美原县并入富平县,遂为富平人。汉代富平一地称为频阳,因此,友人或以频阳指称李因笃。定居富平之后,经过几代繁衍,至李允夫,家业逐渐振兴,"行义修举,以财雄里中。"②再经李溢、李盘、李廷弼而至李因笃高祖李朝观,因经营边贸,豪富一时。《孝贞行实》述其富裕盛况时称:"月峰公(按:李朝观)起为边商,输粟延安之柳树涧上,主兵常谷数千万石,食安边、定边、安塞军数万人,通引淮扬,

---

① 李因笃:《病居承杜姻家方叔整辑诗稿感赋古体五百字》,《受祺堂诗集》卷三十五,清康熙三十八年(1699)田少华刻本,《四库全书存目丛书》集部第248册,济南:齐鲁书社(以下注释中《受祺堂诗集》均同此版本,不再注明),1997年版,第800页。

② 李因笃:《受祺堂文集》卷四,道光七年(1827)刻本(以下注释中《受祺堂文集》均同此版本,不再注明),第36页。

给冠带。自按部御史以下,率礼待之。"①纵观明朝历史,李朝观的经商致富,实与明朝陕西商帮崛起密切相关。有明一朝,陕西一省地处西北边陲,其所辖区域包括今陕西全境和甘肃大部。明朝修筑万里长城,部署有九边重镇,用以防范北方的鞑靼蒙古部族的入侵。其中榆林、固原、宁夏、甘肃等四个重镇皆在陕西省境内,战略位置极为重要,有几十万重兵驻守。凭借这一地缘优势,陕西商人得以就近从事粮草军饷的供应。为了调动商人积极性,朝廷实行"开中制",凡运粮至边关,即可获取相关票证前往江南淮扬按一定比例购买盐,赚取厚利。陕西商帮趁势勃兴,其气势尚在山西商人、安徽商人之上,以致有"西北大贾"的美称。如日本经济史专家藤井宏就曾认为:"在明代,陕西一地商人其势力曾经一度凌驾于山西商人之上,其老家是三原、泾阳、绥德州等地。"②朱正海《盐商与扬州》完整引用这段关于李朝观的话,用以说明陕西商人在扬州的显赫③。李刚在《陕西商帮史》中亦多次援引李朝观事迹作为陕西商人的经典案例。④

　　李朝观不仅财富雄厚,享有朝廷赠予的政治待遇,还以豪侠仗义闻名于世,为其家族博得了良好的社会声望。《孝贞行实》赞曰:"任侠好施,善骑射,几往来荒檄中。挽强弓,乘骏马,不逞之徒望风避匿。他商旅或假其名号以自免。"⑤顾炎武为李因笃父亲李映林所作的《孝贞先生墓志铭》中曾经称赏李朝观的侠义精神:"曾祖讳朝观者,为边商,以任侠著关中。"⑥不幸的是,李朝观晚年与另一豪绅争夺田渠而上诉官府,对方以重金贿赂官员赢得官司,他不甘受辱自缢身死。其子李希贤即李因笃曾祖,字星麓,诸生,只身一人光着脚奔走至京师,上书皇帝为父申冤,皇帝感其孝勇,下令地方重新严审,最终昭雪父冤,豪绅应罪伏法。这一案件影响很大,李家自此声名益盛。身为后人,李因笃曾经自豪地宣扬自家门庭曰:"李氏既世有隐德,又星麓公

---

① 李因笃:《受祺堂文集》卷四,第37页。
② 转引自聂敏等:《"内卷化"与陕西商帮在泾阳三原两县兴起原因探讨》,《安徽农业科学》,2005年第1期,第178页。
③ 朱正海:《盐商与扬州》,南京:江苏古籍出版社,2001年版,第67页。
④ 参见李刚:《陕西商帮史》,西安:西北大学出版社,1997年版,第102页、第107页。
⑤ 李因笃:《受祺堂文集》卷四,第37页。
⑥ 李因笃:《续刻受祺堂文集》卷四,道光十年(1830)刻本(以下注释中《续刻受祺堂文集》均同此版本,不再注明),第68页。

以纯孝著闻,自是,韩家村之李,与亭口王氏、磐石村之石氏,薛家村之路氏,鼎立为富平北乡四大姓,世相婚姻,他族不得与。"①康熙十六年(1677),顾炎武来访李因笃家,作《过李子德四首》,中有诗句曰:"侠气凌三辅,哀思叫九阍。向来多感激,不觉倒清罇。"②对李因笃两位先祖的高德懿行一表赞扬。祖上的传奇事迹作为家族荣耀久为后人传颂,积淀成为任侠尚义的家族精神传统,引领后辈子孙不断追摹与发扬,李因笃豪杰气质的养成自与两位先祖的精神熏陶深有渊源。只是经此波折,家道有所中落。

李希贤之子名李效忠,即李因笃祖父,字盛五,为武举。他继续经营边贸,重振家业,财产由原来的宅院一处、田地二百亩,增扩为别置新宅一所、田地八九百亩。李因笃对于家族中兴的这段辉煌历史曾经有过引以为傲的描述:"我李起盐笑,种粟于塞下,擅素封,历二百年,将帅比肩数十人,祖亦掇武科,自上郡、九原、南涉江淮,皆置园宅。"③从中可知,李因笃家族拥有近二百年的风光,无论塞上还是江南,皆有房产,可谓家富势强,地位显隆。

李希贤娶妻杨氏,乃明骠骑将军、世袭西安后卫百户杨卫国之女。杨氏未育,侧室任氏生三子,长子李映林,即李因笃之父。

李映林(1608—1634),字晖天,私谥"孝贞"。李映林平生志趣迥异于他的祖先,既不从商,亦不喜武,专好读书。朱树滋《李文孝(李因笃私谥之号)先生行状》(以下简称《行状》)传曰:"孝贞公好读书,不问家人产,致上郡、淮、扬产尽成瓯脱""自少而方刚,绩学不息""孜孜终夜,寒暑不少辍"。④可见李映林读书用功之勤。幸运的是,他十八岁时(1625)得遇晚明著名理学名家、关学大儒冯从吾,成为冯先生的私淑弟子。冯从吾(1557—1627),陕西长安人,官至御史,为人清拔不屈,正直有为。因犯颜直谏,被迫告归关中,与同道讲学于西安宝庆寺,并于万历三十七年(1609)创建关中书院,继续讲学,化育人才,旨在砥砺士风,敦化乡俗,拯救世道人心。冯从吾对李映林十分器重,临终之际,曾将其小像一幅托家人转赠李映林。在名师的指导下,李映林学益精进,未满二十,即以文补邑弟子员。李映林遵奉师训,嗜学好道,师法

---

① 李因笃:《受祺堂文集》卷四,第38页。
② 顾炎武:《顾亭林诗文集·亭林诗集》卷五,北京:中华书局,1983年版,第407页。
③ 李因笃:《受祺堂文集》卷四,第3页。
④ 吴怀清著,陈俊民点校:《关中三李年谱》,西安:陕西师范大学出版社,1992年版,第415页。

程、朱理学,在生活中知行合一,崇德守礼,为人所尊。顾炎武《孝贞先生墓志铭》赞之曰:"先生事亲孝,其于诸昆弟恭而有让。待人以严,而引之与道,治家冠姻丧祭,一如礼法。以是年少,乡人重之如王彦方、黄叔度焉","李氏之先以节侠闻,至先生乃续斯文。刊落百代,以入圣门。好义力行,乡邦所尊"。① 王弘撰《孝贞先生墓表》则称其"致知而力行,不傍趋,不躐等,所谓醇乎醇者。为文章有声庠序间。尤敦孝友居家之仪,准诸家礼,不苟同流俗,里党取法焉"。② 李映林的出现给素来豪富尚武的家族融入了尊儒尚文的书香新风,也给年少的李因笃树立了崇高的精神标竿。李因笃一生秉持气节操守,潜心学术研究,笃尊程朱理学,当与其父营造的家学背景密切相关。

　　李因笃的母亲田太孺人(1609—1684)也是出身富平当地的名门望族③,居住在距韩家村不远的董村。田氏家族是富平赫赫有名的书香门第,缙绅世家,在财富方面可能不如李家,但在科举仕宦方面则远远胜出。李因笃《邑文学竖元田公墓志铭》中论及田氏门第曰:"田氏,妫姓,齐之公族也。汉高帝九年从楚之昭屈景怀诸田关中,遂为关中人,繇富平之田村、流曲三迁至董村居焉。数百年间,其俗皆治诗书,崇礼让,子弟彬彬,有邹鲁之遗风,科第阀阅之盛,一邑莫比,即关以西论门望,必先田氏。"④ 将其宗族上溯至春秋战国时齐国的田姓,继而以科名望族自豪。《太孺人行实》亦称:"当是时,外氏门阀科名甲于郡邑。"⑤ 田太孺人的祖父田见龙,曾官至山西道监察御史。田见龙生有五子,长子田时震,明天启二年(1622)进士,曾官至山西右参政;次子田时需(?—1659)⑥,明诸生,李因笃外祖父;三子田时茂,贡生,官任汜水知县;四子田时益,贡生,官任广济知县。五子田时升,崇祯元年(1628)武进士,曾任山海关副将,五子皆有一定功名。受此家族熏陶,少年时期的李因笃亦以

---

① 李因笃:《续刻受祺堂文集》卷四,第69页。
② 李因笃:《续刻受祺堂文集》卷四,第70页。
③ 祁恒文:《顾亭林与李子德之交》一文中称:"子德父亲早丧,由山西外祖父抚育长大,授业其门,因此他长时期寄居山西代州(今山西代县)",错将李因笃的外家认定在山西代州,其实李因笃至顺治十七年(1660)底,才随陈上年来山西代州坐馆,参见《贵州文史丛刊》,1993年第5期,第23页。
④ 李因笃:《续刻受祺堂文集》卷四,第2页。
⑤ 李因笃:《续刻受祺堂文集》卷四,第61页。
⑥ 〔美〕谢正光:《清初诗文与士人交游考》第274页误作田时需(?—1643),卒年有误,南京:南京大学出版社,2002年版,第274页。

科举仕进作为未来的人生之路,渴望在政治上有所作为。其中,田时震、田时需对李因笃人生产生了重要而积极的影响。

田时震为官正直清廉,直言敢谏,屡触权贵,数黜数起,在明朝末年颇有清名。《明史》列传第一百五十二曰:

> 田时震,富平人。天启二年进士。历知光山、灵宝。崇祯二年入为御史,疏劾南京户部尚书范济世、顺天巡抚单明诩、御史卓迈党逆罪,而请免故御史夏之令诬坐赃,并从之。劾刘鸿训纳田仰金,嘱吏部尚书王永光用为四川巡抚,仰迄罢去。时震以发鸿训私,进秩一等。未几,又劾永光及温体仁,忤旨切责。御史袁弘勋者,永光心腹也,被劾罢职,永光力援之。时震言:"弘勋因阁臣刘鸿训贿败,辄肆渎辩。不知鸿训之差快人意者,正以能别白徐大化、霍维华诸人之奸而斥去之,安得借此为翻案之端耶?弘勋计行,大化、维华辈将乘间抵隙,害不可胜言。"因荐故光禄少卿史记事,萧然四壁,讲学著书,亟宜召用,帝不纳。
>
> 时震既屡忤永光,遂以年例出为江西右参议,调山西,就迁左参政,罢归。十六年冬,流贼陷富平,授以伪职,不屈死。

该传记主要记叙了田时震弹劾王永光、温体仁等明末朝廷权臣、后因坚贞不屈,拒绝接受李自成政权授予的官职而死的事例,诚乃清正忠贞的士大夫典范。

李因笃外祖父田时需为人也以正直刚强而著称。据《富平县志》记载:"田时需,山西右参政时震弟,增生。性坦直,内明外刚,临难不夺,遭闯乱,力拒伪命,弃诸生,尤有兄风。"①李因笃《寿外祖》曰:"娱情非带绂,托兴有松筠。粟里幽居径,桃源绝俗津。"②称赞其淡泊宁静的志趣。李因笃幼年时期因家族遭难,随母亲长期居住在外祖父家,一家人的生计全靠田时需的照顾。此外,田时需还是李因笃的启蒙老师,他亲自教授《大学》《中庸》等传统经典,让李因笃接受了系统的儒学教育。顺治十六年(1659),田时需去世,李因笃满怀深情写下长诗《旅夜追思外祖高士田公溃泪成八百字》以寄托哀思。诗曰:"忆我方襁褓,呱呱失所天。举家依外氏,衔恤倚翁怜。膝下亲授读,会

---

① 樊增祥、刘锟修纂:《富平县志稿》卷十,清光绪十七年(1891)刻本。
② 李因笃:《受祺堂诗集》卷一,第466页。

心亦偶然。解颐道我颖,佳誉为之延。时值翁暂出,走趋必随肩。道傍买果饵,恒累倾梦还。五岁就小塾,携持行相联。竹穴伴夜诵,汤饼尝满前。未夕来促坐,中星屡遗躔。娇痴至触首,起立多扳牵。"①诗中细致入微地回忆了外祖父精心培育他的感人情景,表达了他对外祖父的感恩之情。诗的下半篇叙述了田时需坚拒李自成大顺政权命令,断然放弃儒生资格的事情经过,刻画了田时需刚正果断的性格品质。田时震、田时需的品格风范对李因笃后来的为人处世具有重要影响。

李因笃的母亲田太孺人十六岁即天启四年(1624)嫁给李映林,生有李因笃、李因材兄弟二人,李映林早亡后,便携李因笃兄弟回娘家居住。她出身大家,见识不凡,以品德贤淑为人所敬。李颙《田太孺人墓志铭》曰:"事舅姑柔顺无违,察色听声,奉食饮起居,务承其欢。即一果一蔬,必手涤而后进。"②称赞田太孺人孝顺婆母。此外,田太孺人乐善好施,同情贫苦,尤能急人之所急,经常教诲李因笃要"敦伦睦族,乐善亲贤,受人之惠,不可忘报"。③她明察大体,胸襟开阔,生日时,李因笃仅能以一破皮袍作为寿礼,她不但面无愠色,而且勉励他们要努力学习。李因笃成人之后,喜好交游,常有朋友过访家中,宴饮唱酬。她不惜变卖发簪为来客置备酒饭。有一次,秋雨连绵长达半月,家中一时无柴可烧。当宾客夜半呼酒时,她竟然悄悄拆下阁楼外栏当作柴烧,为客人温酒。李因笃为人慷慨通达,敦睦亲友,当与母亲田太孺人的言传身教深有关联。

第二节 少年英才

李因笃出生于崇祯四年(1631),系李映林的长子。按照是时李田两族的实力和影响,李因笃应将享有较为优渥的童年时光,未来也将秉承家族传统,读书博取功名,光耀门第。但是,李因笃一家频遭不幸变故,生活境遇坠入困顿。而明末爆发的李自成农民起义更是给他的李氏家族带来了近乎毁灭性的打击,从而彻底改变了他的人生命运。

崇祯七年(1634)四月,青春正盛的李映林因遭风寒,一病不起,英年早

---

① 李因笃:《受祺堂诗集》卷一,第469页。
② ③ 李颙:《田太孺人墓志铭》,李因笃《续刻受祺堂文集》卷四附,第65页。

逝,年仅二十七岁,私谥"孝贞"。他的父亲李效忠不堪丧子之痛,月余继殁。两代男主人骤然辞世,李因笃一家顿时困境重重。田太孺人只好携带着年方三岁的李因笃和一岁的李因材回到娘家小住。

李因笃的出生年代已是明朝末年,此时的大明王朝已经内忧外患,危机四起。自万历朝以来,东北地区的满族后金政权在努尔哈赤的带领下日益壮大,不断入侵明朝。明朝选派多任官员长年抗击,未能奏效。常年的战争造成了国库空虚,百姓赋税沉重,加之晚明以来吏治腐败,官场党争不断,农民起义由是风起云涌,不可控制。

陕西一地正是农民起义的发源地和核心区,由于地瘠民贫,赋税剥削显得尤为沉重,连年加派的各种军饷更如雪上加霜。同时,陕西历来又是自然灾害肆虐之地,在万历朝四十七个年份间,有灾荒记载的竟占二十五年。至天启、崇祯年间,灾荒连绵,饥民成群,最终相聚为盗。此外,陕西作为边防重地,驻屯大量军队,因军饷匮缺,士卒不时逃亡,甚至聚众叛变,及至后来许多从辽东溃逃的士兵也纷纷占山为王,汇为流贼。基于种种原因,陕西成为明末农民起义的龙头。

天启七年(1627),白水农民王二在澄城起义,揭开了明末农民起义的序幕。后来,以陕北高迎祥、张献忠、李自成为首的农民军队势力日益强大。陕西官府调兵遣将,大力征剿。崇祯四年(1631),农民军主力被围困在陕南洋县的车厢峡,几濒绝境。就在李映林去世三个月之后,农民军采用诈降计谋,冲出秦岭,关中顿时大乱。其中一支部队进入富平,李因笃祖母杨氏率领族人避难于楼上。不料农民军纵火焚楼,杨氏同族人共计八十一人同时遇难。幸运的是,其时李因笃兄弟正巧随母亲田太孺人前往外家探亲,得以幸免。

经过数次突如其来的沉重打击,李氏一门元气大衰,曾经人丁兴旺的家族剩下孤儿寡母,豪富家产悉数崩破。李因笃《先母田太孺人行实》(以下简称《太孺人行实》)中称:"靖边不守,塞屯尽隳,淮扬之垒亦成殴脱。年饥赋迫,外侮频仍。"①母子三人只得暂时寄居外家,相依为命,其时李因笃年仅四岁。

在外祖父田时需的照料下,李因笃一家生活有所保障。田时需还亲自为李因笃讲授《大学》《中庸》等儒家经典,成为李因笃的启蒙老师。李因笃七

---

① 李因笃:《续刻受祺堂文集》卷四,第62页。

岁时,他的母亲田太孺人取出李映林读过的书籍和关学大儒冯从吾小像,流着眼泪对李因笃说:"此孔孟正传,若父畴昔之所潜心从事者也,小子以此自勖,若父为不亡矣!"①李因笃泣啼受拜,自此承继父志,读书益专,同时也为日后潜心学术、振兴关学奠定了基础方向。

李因笃天资聪慧,禀赋颖异。富平县民间至今流传着两则关于他的传奇故事。

一则是妙对春联。相传某年春节,李因笃前去给老师拜年,师生见面,格外高兴,就以互对春联逗乐助兴。老师见李因笃身穿蓝色缎袍,彬彬有礼,天真可爱,笑道:"三尺天蓝缎",李因笃抬头冥思苦想,忽然记起路至薛镇时所见药房招牌上的药名,随即对道:"六味地黄丸",引得举座大笑。此时,适逢师母上楼,老师闻声,再出一联:"登楼望南北",李因笃则从衣袋里掏出一把炒黄豆,边吃边答:"行路吃东西"。老师见其对答如流,便有意提高难度。他眺望门外,想起频阳河边桥年久失修即将断裂,遂出上联:"今日过断桥,断桥何日断?"孰料李因笃略加沉思,脱口而出道:"明朝盼明月,明月几时明?"老师又指着书桌上的蜡烛道:"红烛冲天亮光华射斗",李因笃随即取出手中炮仗点燃,只听"呼"的一声炮仗飞上天空,朗声答道:"爆竹落地响怒气冲天"。老师又出上联:"除夕月无光点数盏灯为乾坤增色",李因笃一时无对,双目四顾,突然发现上房台阶上有一小鼓,即刻快步上前,扬槌一击,对出下联"新春雷未动击一声鼓替天地扬威"。

另一则则是赞其记忆力超群。据说,李因笃家贫,无钱购书。每当路途遇着书贩,他就借口回家向母亲要钱拿走新书,途中匆匆阅读。他一目十行,过目成诵,通读一遍,便暗记在心,然后以家中无钱为由将书归还书贩。这些乡野传说,经过数百年来的口口相传,至今还在富平县广为传颂,真实程度固然无从查考,但是亦可视为家乡人对李因笃才华的肯定和赞誉。

李因笃五岁启蒙,在外祖父的悉心教育下,学业猛进,才华渐显。据《旅夜追思外祖高士田公溃泪成八百字》一诗回忆曰:"八岁通制义,濡毫预群贤。执经俨待侧,谆复破言诠。十岁解小论,初成《去台篇》。汇陈中兴佐,提掇冠邓偏。展视双眉动,方诸万斛泉。追随待御宅,习礼叨宾筵。谓我尤强记,藏书腹已穿。诸宾半信疑,即席分彩笺。哦华贾董策,续宾泳甫田。宾惊起举

---

① 吴怀清著,陈俊民点校:《关中三李年谱》,第415页。

爵,剩酒沾喉咽。"他八岁(崇祯十一年,1638)即能撰写制义文章,十岁(崇祯十三年,1640)即作《云台诸将论》,论述振兴国家之道。有一次,外叔祖田时震举办家宴,李因笃随外祖父前去参加,即席背诵了贾谊、董仲舒的策论文章,举座皆惊。十一岁时(崇祯十四年,1641),他参加了富平县童子试,县令崔允升见其年幼,戏问:"童子能文乎?"李因笃长揖对曰:"愿领教。"命题面试,立就二艺。崔揽卷叹曰:"旷世才也",遂拔置第一。① 不久,经陕西提学汪乔年按试取入西安邑庠。崇祯十六年(1643),十三岁的李因笃食饩,按照明朝科举制度,拥有廪生功名,在物质和社会地位等方面享有特殊待遇。

李因笃少年得志,抱负远大。康熙二年(1663),他与顾炎武初次相见,曾作《咏怀五百字奉亭林先生》长诗一首,诗的前三分之一篇幅集中叙述了他少年时期的生活经历和理想抱负:

> 少有四方志,临文生浩叹。肆其躬耕力,谬欲补宵旰。初授古尚书,都愈冀亲见。交臂多高侣,抗怀无近玩。每从诸耆旧,窃忧天下乱。虽蒙迂阔讥,中夜肠数转。岂难弃襦去,驰驱向弱冠。率由祖宗朝,不敢薄操缦。其时帝座清,坡度王居涣。誓当奋前期,置身在云汉。历观昭代才,廷对乃居半。何得执末流,概云始非善。……②

他坦言自己少时心怀济世安邦的志向,面对时局动荡,他忧心忡忡,希望能够辅佐宵旰勤政的崇祯皇帝,报效国家。他积极交往贤能前辈,纵论时事。即使有人讥嘲他理想迂阔,他仍旧忧肠百转,夜半不眠。通过这番陈述,可以看出,少年李因笃踌躇满志,颇有李氏家族的豪雄风范和田氏家族的刚正气概。

第三节 遗民高士

崇祯年间,陕西作为明末农民起义的策源地、主战场,一直处于社会动荡的旋涡中。崇祯四年(1631),明朝政府起用老谋深算的洪承畴任三边总督,强力剿灭农民军,李自成被迫转入河南。至崇祯十五年(1642),经陕西总督孙传庭等有为官员的苦心经营,陕西相对稳定,甚至一度被认为是明王朝仅

---

① 吴怀清著,陈俊民点校:《关中三李年谱》,第 415 页。
② 沈岱瞻:《同志赠言》,见录于《顾亭林集》第三册,清光绪十一年吴县孙谷槐庐家塾校,刊于上海扫叶山房。

有的稳固后方。时人认为孙传庭的手中"所有皆天下精兵良将,皇上只有此一副家当"①。崇祯十六年(1643)春,李自成在河南襄阳建立政权,农民起义再起高潮。朝廷令孙传庭出关作战,结果大败于河南。十月,潼关天险失守,孙传庭阵亡。十月十一日,李自成军队进入西安。十一月底,占领全陕。崇祯十七年(1644)正月初一,李自成在西安登基,建立大顺政权,定都西安,改称长安,号称西京。

在这突如其来的风云变幻中,身为明诸生的李因笃亲历这一剧变,理想中断,人生命运及其家庭境遇发生了根本性的逆转。

大顺政权建立之后,颁布了一系列建国大政。其中一项是开科取士,网罗人才。它强令原明朝官员担任政权官职,迫使明朝生员、士子应试。不少人为了避灾免难,勉强穿上大顺政权赐予的衣冠。按照当时的正统观念,农民军被视为"流寇""流贼",生性耿直的田时需坚决抛弃儒服,主动放弃生员身份。李因笃正在西安府学就读,对于大顺政权也不认同。他摒衣冠,弃诸生,回到家乡,以示对明王朝的忠贞。

为了保证财政来源,大顺政权实行的另一项政策是拷掠官绅,追赃助饷,即向所有的明朝官员缙绅追索所谓的赃款,以助军饷,如若不出,则残酷拷掠,严刑拷打。关中地区的官宦人家不分贪廉贫富,先后遭到传檄。不少家族因此家破人亡,例如,渭南南企仲被追饷银一百六十万两,因无力支付,遭炮烙而死。田氏一族同样在劫难逃。田时震年事已高,称病不出,他的儿子田而腴挺身代父领受刑罚,遂被挟持至长安狱中,次年被杀害于山西平阳红芝驿。田时震闻讯悲痛身亡,待田而腴棺椁归来,其妻徐氏随即殉节。李因笃再度经历了数位亲人惨痛辞世的变故,随外祖父躲入富平北山之中避难,观望时局的变化。

崇祯十七年(1644)是历史长河中颇为波谲云诡的一年,也是江山易代、明清政权更迭之年。三月二十九日,挥师北上的李自成农民军攻占北京,崇祯皇帝缢死在煤山,明朝灭亡。不久,山海关守将吴三桂投降了清朝,并引清军入关,与李自成农民军在山海关大战,最终李自成农民军兵败西逃,清朝军队乘势入主中原,在北京建立了清政权,中国历史掀开新的一页。

---

① 李长祥:《天问阁明季杂稿》卷上,转引自郭琦、史念海、张岂之主编《陕西通史·明清卷》,西安:陕西师范大学出版社,1997年版,第164页。

李因笃时年十三岁,他所在的陕西地区因系农民军的主要活动中心,在入清后成为清军与农民军决战的核心区域,历史形势较之江南地区等地有所不同。据《陕西通史·明清卷》记载,清军从陕北、潼关两路入陕,东、北夹击,于顺治元年(1644)十二月二十九日攻占潼关。顺治二年(1645)正月十八日,攻占西安。李自成据守陕西的计划宣告失败,被迫出走湖北,陕西各地纷纷掀起反清斗争。为镇压抗清义军,清廷任命勇猛异常的孟乔芳总督陕西,兼辖四川、甘肃、延绥三地巡抚,确保川陕统治的稳定。经数年征战,至顺治三年(1646)夏,关中地区宣告平定。顺治七年(1650),陕北局势宣告稳定。顺治九年(1652),陕南战事停息。至此,陕西全境方才基本平定。

在军事征服的同时,为了笼络汉族知识分子,新建的清朝实行明朝官员原职启用的政策,并沿袭明制,恢复了一度中断的科举取士制度,不承认明朝功名,鼓励士人学子参加新朝考试,给予各类功名以相应的待遇。就陕西而言,顺治二年(1645)闰六月,清廷批准陕西于当年十月举行首届乡试。顺治五年(1648),陕西增设辽学,每科中举两名,岁贡两名。这些政策的推出,意味着应试出仕者即可保有既得利益,相反,既不参加新朝考试,又不入仕清朝的原明朝士绅,将丧失一切政治地位和经济待遇,从而迫使士绅阶层在立场与利益间权衡利弊。陈寅恪先生谈到清初士绅应举的社会环境时说:"年少方壮之士子,苟不应科举,又不逃于方外,则为抗拒新政权的表示,必难免于罪戾也。"[1]

短短数月,天崩地坼,江山易代,异族入主,汉族知识分子或殉国战死,或屈节仕清,也有相当一批有志君子坚守民族气节,拒不与清廷合作。他们或者参加抗清斗争,或者避世隐居,成为备受瞩目的遗民群体。到底何去何从,十四岁的李因笃面临着人生抉择。

从现有相关传记文献来看,对于李因笃入清之后至顺治十六年(1659)的生平经历记载很少,近十六年几乎是空白。李因笃的诗文集也很少保留这一时期的作品,吴怀清《天生先生年谱》也是寥寥几笔概略叙述,难以确知其具体行迹。概括而言,有两种说法。

第一种说法是明末清初,天下大乱,李因笃曾经广结志士,谋求武力报国,举事不成,方才回家闭门读书,潜心治学。

---

[1] 陈寅恪:《柳如是别传》中册,上海:上海古籍出版社,1980年版,第715页。

最早提出这一观点的是乾隆年间著名学者江藩(1761-1830)。他在《国朝宋学渊源记》"李因笃"条下称："时天下大乱,因笃走塞上,访求勇敢士,招集亡命,歼贼以报国,无有应者,归而闭门读经史。"①此处所称之"贼",按照明清之际特定的政治环境和清人的习惯指称,应是李自成农民军。后来,民国初期清华大学教授易综夔在其《新世说》一书中称："因笃,……明季为诸生,见天下大乱,走塞上,访求奇杰以报国,无应者。归而键户,读经史。"②几乎全文转引江藩的话语,亦称李因笃曾经奔走至塞上,试图招集勇士以报效国家。区别在于江藩明确地说是"歼贼以报国",易综夔则只言"以报国"。建国后的几种文献则明确称李因笃曾经参加过抗清斗争。如二十世纪六十年代,北京大学邓之诚称："李因笃,究心经世之学。明季尝走塞上求勇敢士。入清,屡北游雁门,南游三楚,皆有所图。"③这段话不仅指出李因笃在明末曾有奔走塞上之事,还将康熙初年李因笃在山西雁门坐馆、康熙十年(1671)至十一年(1672)入幕湖北等活动与其早期奔走相连,认为李因笃一直在为抗清复明活动。赵俪生在其《清初明遗民奔走活动事迹考略》一文中表示,李因笃早年曾经有过抗清的行为。④ 王冀民注顾炎武《屈翁山大均自关中至》一诗曰："明末志士未冠而参与抗清斗争者,以夏完淳(1631—1647)、李因笃(1631—1698?)(按:原书为误,卒年应为1692)、屈大均(1630—1696)、朱彝尊(1629—1709)为最早。"⑤又注《酬李处士因笃》解题中曾有"及长,出陕游晋,访求奇杰之士,不得,退而读书"⑥等语,察其字句,仍当以江藩之说为最早渊源,只是在抵抗对象上有所差别。目前,这种说法时被学界所引用。如侯文正《傅山传》称："李因笃在明亡后,奔走各地,进行反清活动,在大同、代州一带活动尤多"。⑦ 比较上述关于李因笃抗清的提法,不同之处主要有两个方面。一是抗清时间。王冀民界定在入清之初,大概在李因笃弱冠之年即

---

① 江藩:《国朝宋学渊源记》卷上,太原:山西古籍出版社,1997年版,第158页。
② 钱仲联主编:《清诗纪事·康熙朝卷》,南京:江苏古籍出版社,1987年版,第2763页。
③ 邓之诚:《清诗纪事初编》,上海:上海古籍出版社,1984年版,第869页。
④ 参见赵俪生:《赵俪生史学论著自选集》,济南:山东大学出版社,1996年版,第302页。
⑤ 王冀民:《顾亭林诗笺释》,北京:中华书局,1998年版,第689页。
⑥ 王冀民:《顾亭林诗笺释》,第609页。
⑦ 侯文正:《傅山传》,太原:山西古籍出版社,2002年版,第108页。

顺治八年(1651)之前,邓之诚、赵俪生则一致认为至康熙十二年(1673),李因笃入幕湖北,仍在秘密从事反清活动。二是抗清地点,邓之诚概指为塞上,王冀民则将塞上界定为山西,《傅山传》则更进一步落实在大同、代州一带。总结这几种说法,具体细节存有分歧,但是核心观点基本相同,一致认为李因笃曾经有过抗清斗争的经历。

第二种说法是李因笃自弃诸生后,一心致力于学术研究和诗文创作。依据有两则相关文献。一则关学大儒李颙撰写的《田太孺人墓志铭》曰:"因笃遂弃冠,屏举子业,一意经学,旁通左、国、史、汉暨唐宋诸大家,专力古文辞,尤好为诗歌。"①另一则是李因笃的表弟朱树滋给李因笃撰写的《李文孝先生行状》(以下简称《行状》),其中有一段曰:"无何,潼关师溃,逆贼戕秦藩,僭号西安,公乃弃诸生,专力古文辞,尤好为诗歌。"②吴怀清《天生先生年谱》即援引上述材料,列于崇祯十七年(1644)暨顺治元年条下。此后,从顺治二年(1645)起至顺治十六年(1659),长达十五年时间里,除顺治二年记载田而腴归葬一事,顺治四年记载李因笃葬父事,顺治五年记李因笃出游西安青门事外,其余年份全是一片空白。诸种正史传记对此亦是略过不语。依此可知,入清之后,李因笃毅然放弃了科举仕进的志向,坚守民族气节,隐居林下,甘做一名学者和诗人,致力于文化学术事业。

上述两种说法有同有异。共同点在于二者都认为,李因笃入清之后主要致力于学术研究。分歧在于潜心治学之前,李因笃有无组织和参加过武装斗争?如有,他究竟是抗击李自成农民军,还是抗击清朝军队?此论关系甚大,必须慎重辨析。困难在于诸种文献只是简要叙述,并无确凿的论证依据。江藩的说法最早,距离李因笃生活的年代也有近百年。笔者不揣浅陋,反复推敲,形成如下观点:

一、李因笃抗击李自成农民军的可能性不大。

原因有二:

1. 未见明确记载。《行状》中没有相关记载,李因笃的诗文中只记录过农民军拷掠缙绅、逼诸生出试以及避难北山的情形,从未提到他本人与"贼寇"接触冲突的行为。按照当时的正统道德和社会舆论,明朝士大夫阶层对

---

① 李因笃:《续刻受祺堂文集》卷四,第72页。
② 吴怀清著,陈俊民点校:《关中三李年谱》,第415页。

李自成农民军普遍持敌视态度，抗击农民军乃是一个明朝士人效忠朝廷的光荣经历。例如，三原孙枝蔚就曾招集乡人与农民军对抗，失败后远走扬州，成为流寓江南的著名遗民诗人，多种典籍均载该事，从不曾隐匿，清朝统治者对此并不反对或责难。因此，李因笃果有此义举，也无须隐匿。

2. 时间和形势条件不足。自李自成从1643年底占领西安，李因笃弃诸生归里，到1644年年底李自成军败走湖北，时间大约一年。前半段李自成农民军与明军对抗，其时农民军气势高涨，所向披靡，平民百姓纷纷追随，以田氏家族人丁之盛，数遭逼迫，以致人命，未见有武力反抗活动。在此形势下，仅十四岁的李因笃很难有此独立行动。后半段系农民军与清军作战，形势已变，李因笃自然不会在此时举兵抗击同为汉族的农民军。

二、李因笃完全有可能从事反清活动。

主要依据有以下几点：

1. 陕西的特殊历史形势在客观上为李因笃参加抗清活动创造了氛围。就陕西的抗清历史而言，虽没有出现像江南地区那样以南明政权为主导的全民性剧烈抵抗，但是它始终是北方抗清势力的重点区域。作为李自成大顺政权的大本营和根据地，陕西一直是清军与农民军对抗的中心战区。顺治二年（1645），李自成败走湖北，陕西各地纷纷掀起反清斗争，大顺军和明朝旧部以及各地民众自发组成的义军成为抗清斗争的主力，斗争范围遍及三秦大地：关中地区主要有贺珍、孙守法、胡向化的抗清运动；陕南地区的抗清军主要活动于秦巴山区，主要是由孙守法、武大定为首的明旧将领导的抗清武装和贺珍、刘体纯等领导的大顺军余部；陕北的王永强抗清军控制着榆、延地区，向南至渭水一带。除前所述的抗清力量外，关中各地民众纷纷兴起抗清义军，曾一度控制了周至、户县、眉县、泾阳、三原、临潼、澄城、白水、朝邑、乾县、武功等县。顺治二年（1645）十二月下旬，陕西抗清力量共七万多人一同围攻西安，掀起了陕西最大规模的抗清斗争，直至次年二月方才解围。而在陕西北部反清武装中，较有影响的有刘文炳、郭天星等部在地处陕北与关中接壤区域的北山一带组成抗清军，一度开展过较有声势的抗清斗争，距离李因笃家乡富平颇近。顺治六年（1649），延绥总兵王永强在延安起兵，响应山西大同姜瓖起义，一时间几乎占领陕北全部，向南一度发展至蒲城、韩城、铜川、黄龙等渭北地区，掀起了第二次抗清高潮。经三边总督孟乔芳着力经营，至顺治七年（1650），陕北局势方才稳定。陕南斗争直至顺治九年（1652）方才结束。

美国历史学者魏斐德在《洪业:清朝开国史》第九章《北方中国的地方控制》中专设一节《孟乔芳和陕西的初步平定》,特意考察了陕西平定的历史过程,文中称:"即使这些久经沙场、训练有素的精锐部队,都感到要控制陕西,真是异常困难。"①因此,陕西抗清活动的长期存在为李因笃参与抗清斗争创造了必要的条件。

2. 李因笃具有抗清复明的主观条件。第一个条件是李因笃具有反清抗清的思想基础。他深受儒家伦理道德的教化熏育,兼有讲求气节操守的家族风范,更有积极入世、安邦济国的志愿。面对李自成农民军,他尚能摒弃诸生,忠于朝廷。面对异族入侵,他更应该深明民族气节之大义,抱有反清的思想意识。他不应科举即是明证。第二个条件是李因笃的豪侠性格可能促使他参加抗清斗争。战乱年代,一个生性温和的文弱书生最有可能顺从和屈服,但是性格刚强的热血男儿更倾向于勇敢担当。按照记载,李因笃具有典型的豪侠性格。李颙《又与秦灯岩第五书》中称:"舍弟天生文而侠,肝胆气谊有足多者。"②潘耒《受祺堂诗集序》称李因笃为"关中豪杰也,为人豁达慷慨。"③因此,入清后正值血气方刚的李因笃,面对周边风起云涌的抗清斗争,很容易跻身抗清报国的时代潮流中。

3. 诗文当中隐藏着一些相关的痕迹,应有隐匿其早年抗清经历的意图。如果说前两个方面只是在探讨可能性的话,那么,考察李因笃的诗歌,可以寻检出一些与抗清斗争相关的痕迹。

第一个依据是李因笃曾经在山西雁门焚烧过早年诗稿,有消除关于抗清活动记录的意图。如《受祺堂诗集》卷二十六《文姬诗并序》之序曰:"余向有《文姬诗》,恨末联不称,后少年之作尽烧之,陈使君(按:陈上年)、屈翁山(按:屈大均)争不能得。其中非无可存者,存之徒乱人意。"④另卷三十五《病居承杜姻家方叔整辑诗稿感赋古体五百字》也有自注:"初至雁门尽焚以前诗稿,陈使君、屈翁山争之不能得。"⑤按屈大均到雁门的时间在康熙五年(1666),焚诗也当在此时。对焚毁原因,李因笃的解释是:"其中非无可存

---

① 〔美〕魏斐德:《洪业:清朝开国史》,南京:江苏人民出版社,2003年版,第237页。
② 李颙:《二曲集》,北京:中华书局,1996年版,第187页。
③ 李因笃:《受祺堂诗集》卷首,第422页。
④ 李因笃:《受祺堂诗集》卷二十六,第717页。
⑤ 李因笃:《受祺堂诗集》卷三十五,第801页。

者,存之徒乱人意。"①说明原因不在于诗歌的艺术性,在于它们会扰乱诗人的心思。按现存诗歌来看,所焚诗稿的写作时间截止于顺治十六年(1659)。当时,全国抗清斗争已趋衰微,南明最后一个政权在云南气息奄奄,李因笃于该年年底结束了家居生活,前去清廷官员府中担任塾师,所以这些诗稿的主要内容应是反映他早期的生活。结合时代背景,对其焚诗的真实原因,可作两种解释。一种解释是,面对清朝统治巩固、明朝复兴无望的现实,李因笃不愿意保留早年那些抒发爱国之情、描写斗争活动的诗篇,免得触目伤怀。另一种解释是,为了避免清廷"文字狱",李因笃主动焚烧诗稿,以求自我保护。这是当时文人规避政治风险的不得已之计。例如,清初诗人陈维崧也曾焚烧早年诗稿,保全自我。

第二个依据是诗文当中存有一些反映武装斗争的痕迹。顺治十六年后,李因笃已在清廷官员府上担任塾师,但是每每作诗,常常发出狂澜难挽、壮图未酬的沉痛慨叹,表达对荆轲、鲁仲连、祖逖等古代豪杰志士的景仰之情。如"出关已费梁鸿杵,操楫尝寒祖逖槎。"②运用"中流击楫"的典故,自比为东晋时期志在北伐的祖逖,折射出他武力抗清的思想倾向。更需留意的是,诗中每当回忆往事,不时会有戎马驰骋的画面闪过。如康熙二年(1663)所作的《登叶斗峰是五台绝顶为诗八首》,其二云:"做客愁无绪,凭高兴忽滋。石林中古色,戎马少年时。把斗聊谈剑,骞云偶赋诗。"③如《表弟田二子经自代赴都作诗送之》中有句曰:"每思投笔勇,空抱弃襦嗟。"④其中"戎马少年时""每思投笔勇"两句意在说明,他在青年时代曾经有过一段投笔从戎的军旅生涯。又如康熙二年,他作有《喜晴六首》,其五曰:"偶提囊底剑,随取壁间弓。拟射长城碛,将探碣石宫。壮图频失绪,聊复壁墙东。"⑤诗人豪兴骤发,拔剑取弓,想要北出长城,探访秦始皇当年东征的碣石宫(濒临渤海湾),意欲有所作为。可是,壮图难酬,诗人徒有黯然伤神。推测诗意,应是指他旧梦难以忘怀,渴望再上沙场抗击清军。

第三个依据是李因笃早期交游的朋友当中有抗清志士。例如,顺治十六

---

① 李因笃:《受祺堂诗集》卷二十六,第717页。
② 李因笃:《受祺堂诗集》卷六,第512页。
③ 李因笃:《受祺堂诗集》卷三,第484页。
④ 李因笃:《受祺堂诗集》卷七,第513页。
⑤ 李因笃:《受祺堂诗集》卷五,第491页。

年(1659),他作有两首诗歌,一首为《潘二大光宅感旧》,诗曰:"安仁多难后,弱冠早从戎。赤绂藏垂敝,黄金散屡空。犹思双涧月,未涉五陵风(原注:潘尝寓敝庐)。倦客初归卧,飘萧若转蓬。"①他回忆过去,明确提到潘大光弱冠从戎、散金结客等往事,按时代背景,散金结客正是为了聚集英才共举义旗,绝不可能是指参加清朝军队。另一首诗歌是《赠刘大六茹》:"髯客担簦至,酒酣拔吴钩。绨衣走大雪,掉臂凌王侯。避人启竹策,蝌蚪文相缪。自云兖州籍(自注:刘有诗,再三问姓名,但道籍兖州),无乃沧海流。世乏虎啸者,吁嗟将何求。群狙盈前路,劝客且复休。夷渊称至德,陋巷饿岩幽。养晦道所责,期君追前修。"②依诗所述,刘六茹从山东来,饮酒抱剑,傲视王侯,俨然一副斗士形象。李因笃劝诫刘六茹认清形势,世上暂无领袖,群狼当道,应如颜回一样隐居陋巷安贫乐道。潘大光、刘六茹的登门来访,说明李因笃确有接纳勇士的义举。这些事迹说明,李因笃"奔走塞上,访求勇敢士以报国"的说法实有其事。

第四个依据是同时代人对李因笃的评价。康熙八年(1669),清初古文大家、江西宁都魏禧闻说李因笃行迹,慕名致信李因笃,信中称许曰:

> 足下负文武大略,甫离成童,慷慨建义声,虚心好士,出言而人信之,故天下士归之如流水。仆闻之,目睛注公履,定不得瞬,背汗交下,太史公所谓为之执鞭所欣慕焉者,则仆今日于足下之谓也。③

称赞李因笃少时慷慨举义,广结志士,天下士人皆愿与之来往,证实李因笃早年确有召集志士有所作为的英雄事迹,连千里之外的江南人士也是久有耳闻,广为传颂。以魏禧之见识,闻知李因笃义举时竟然目不转睛,敬佩有加,足见李因笃行事之非同寻常。

基于上述分析,论者认为,李因笃早年确实组织过豪杰志士进行抗清斗争,最终没有成功。这一推论虽没有确凿的事实能够印证他抗清的时间、地点,却能给长期流传的说法一个肯定性的结论,对于深入认识李因笃的人生经历和思想品格大有裨益。

李因笃在抗清活动失败后,埋头读书,钻研学术,写诗弄文成为一大嗜

---

① 李因笃:《受祺堂诗集》卷一,第468页。
② 李因笃:《受祺堂诗集》卷二,第472页。
③ 魏禧:《与富平李天生书》,《魏叔子文集·外篇》卷五,北京:中华书局,2003年版,第245页。

好。早期诗稿的短缺导致李因笃近十六年的活动无从详考,却从侧面说明他的诗歌创作成绩不斐。关于李因笃痴迷作诗的情形,《行状》作过一番精彩描述:

> 专力古文辞,尤好为诗歌。到处寺观或友人书室,兴发时,援笔淋漓,题已,往复沃咏,旁若无人。而人亦未之奇也。独与宜川刘石生汉客、淳化宋子祯振麟为诗友。交游日广,家无升斗蓄,而宾朋恒满座,往往贷豪右供酒肴,甚至撤户扉、楼梯以为应,意豁如也。①

文中提到的两位文友刘汉客、宋振麟,与李因笃一样,皆是当时陕西知名文人。这一时期,除刘、宋二人之外,是时文友还有西安郭民止、华阴王弘撰、华州东荫商、富平田而珏、兴平李大春、三原温树琴、泾阳赵浚、临潼王孙蔚、同官(今耀县)项全史,以及淳化县令苏东柱、伏羌县令赵志汧等。按李因笃诗文,他们交游唱酬,活跃在以西安、池阳(今三原)、泾阳、咸宁(今西安东南)、淳化、同官(今铜川)等地,尤以西安活动最多。

在李因笃的早期文学生涯中,顺治五年(1648)是一个值得铭记的年份。据《行状》称,该年秋,李因笃刚满十七岁,出游西安,居住在当时关中文坛领袖朱谊㴩家中。他遍游西安,目睹战乱之后古都残败不堪的景象,抚古伤今,非常感慨,于是仿照杜甫《秋兴八首》,写下了他的代表作《西京秋意》(有的版本名为《秋兴八首》《秋兴客长安作》)组诗。该诗逐一描摹了曲江池、芙蓉苑等汉唐胜地的乱离情景,抒发故国之思,情感沉郁,意境凄美,得杜甫神韵,受到时人好评。李因笃由此成名关中。其时,苏东柱、赵志汧两位县令正因秋闱停留西安,目睹该诗连连叹赏,便特意通过郭民止与李因笃相见,自此结为好友。

赵园曾言:"诗在明亡之后,不啻为士人的一种生存方式。"②李因笃入清之后,没有选择参加科举,而是选择学术研究和诗歌创作,成为一介布衣文人,按照通常的遗民标准,改朝换代之后,不应试不入仕即可视为遗民。③ 因此,李因笃当属遗民无疑。

---

① 吴怀清著,陈俊民点校:《关中三李年谱》,第415页。
② 赵园:《明清之际士大夫研究》,北京:北京大学出版社,1999年版,第452页。
③ 参见赵园:《明清之际士大夫研究》,第257页。

第四节　客游南北

顺治十六年(1659)是清初历史上重要的一年,也是李因笃人生当中的转型之年。此时,全国除台湾外大多归入清朝版图,清朝统治基本稳固。匡复故明的希望日渐渺茫,饱经动荡的社会重新步入发展的轨道,新形势下明遗民们被迫开启新的人生选择。有的遗民顺应现实,参加科举出仕新朝。一则清人笔记中曾有一首打油诗对此现象作了讥嘲。诗曰:

圣朝特旨试贤良,一队夷齐下首阳。家里安排新雀貎,腹中打点旧文章。当年深自惭周粟,今日幡思吃皇粮。非是一朝忽变节,西山薇蕨已精光。①

李因笃《受祺堂诗集》正是从顺治十六年(1659)起开始编录。从其诗歌内容来看,他的心境非常悲观,悼亡怀旧占据了诗歌的主要内容。《清明长安寓中忆先子》《旅夜追思外祖高士田公溃泪成八百字》旨在悼念父亲和外祖父,感慨自己而立之年一事无成。《过前中尉子斗先生旧地有感》《潘二大光宅感旧》悼念他的友人明宗室子弟朱谊㵾、抗清志士潘大光。《闻刘阁学客生定逝并难兄远生司马亦亡》旨在悼念曾经在赣南、桂林一带从事抗清斗争的宜川刘远生、刘客生兄弟,他们是南明永历政权高级官员,其中刘远生任兵部尚书,刘客生任詹事兼副都御史,刘客生与金堡、袁彭年等五位官员势力显赫,被敌党目为"五虎"。② 著名思想家、爱国学者王夫之、方以智等人与刘氏兄弟关系颇密,王夫之《永历实录》、徐鼒《小腆纪传》对两人事迹均有著录。这些诗歌反映了复国无望之际李因笃的内心无比痛苦。但是,他并未改变坚守气节的决心,在《答孙隐君》一诗中对友人做了明确表态。

大路迥且长,昆仑杳殊域。重华不可作,帝望何由塞。世变分相乘,民劳日以及。集霖生涂潦,真宰久旷职。敢云一士力,饥溺如当平。其咨呼仁人,孰是益与稷。邈彼孙登游,高纵人莫识。苍蝇闻凤哕,大笑乃滋惑。流俗好危言,细儒功外饰。尊时在明哲,抱道

---

① (民国)进步书局辑,《笔记小说大观》第三编第八册褚人获《坚瓠五集》卷三,扬州:广陵古籍刻印社,1983年版,第4095页。

② 参见谢国桢:《明清之际党社运动考》之《南明三朝之党争》,上海:上海书店出版社,2004年版,第75—77页。

唯守嘿。芝草歌汉恩,蕨薇荷周德。赠子惟此语,三叹奉嘉则。①
他慨叹社会动荡,百姓久遭苦难,缺乏"益""稷"式的人物来振兴国家,并以凤凰、苍蝇作比,对汲汲功利的世俗之人深表蔑视,告诫朋友要明哲保身,所谓"芝草歌汉恩,蕨薇荷周德",即是勉励友人要铭记明朝的恩德,像首阳采薇的遗民伯夷、叔齐一样坚守气节,安贫乐道。

然而,家庭的困顿迫切需要他设法养家谋生。顺治十七年(1660),他作诗《纪别八首》,不无酸楚地描写了生活的窘迫,诗曰:"生平有微尚,与世既不偶。闭户每苦饥,谋食忧多垢。夙昔诸故交,时能乞升斗。庇家且茫然,遑复资奔走。顾此怀中儿,念我堂上母。隐者乐田园,非希封藏厚。"②这些诗句表明,李因笃家已经沦落到乞求友人接济方能度日的境地,作为长子,他有义务担负起养家糊口的责任。

顺治十六年(1659)年底,经苏东柱、赵志忄两位县令共同推荐,李因笃被新任泾固道兵备陈上年聘请为家庭塾师,教授陈上年的儿子陈正、侄儿陈立。他离开富平,前往固原(今宁夏固原),从此走出关中,开始了南北客游的人生旅程。

一、从固原到代州

固原(今宁夏固原)是明朝弘治年间(1488—1505)在北部边境沿长城防线陆续设立的九个军事重镇之一,地处边关,较为荒凉。李因笃在固原约有一年时间。顺治十七年(1660)冬,陈上年即擢升为山西雁平道兵备使,他随之前往山西代州(今山西代县)赴任。至康熙六年(1667),因陈上年裁缺,他才携家眷回到陕西,在代州生活了七年时光。

坐馆为师,通常会有寄人篱下的屈辱,李因笃却非常幸运地遇到了一位善待赏识他的恩主。据《代州志》《畿辅志》记载,陈上年(?—1675),字祺公,河北清苑人。顺治六年(1649)进士,授巩昌府推官,内迁兵部郎,十六年出为泾、固道,顺治十七年(1660)十二月调雁、平道,康熙六年(1667)裁缺归,再起广西布政司参议。后三藩乱时,吴三桂军破梧州,授之以官,陈上年不从,遂被幽囚至死。陈上年德才出众,以政绩卓著而屡次升迁,在康熙三年

---

① 李因笃:《受祺堂诗集》卷二,第472页。
② 李因笃:《受祺堂诗集》卷二,第475页。

(1664)的官员考核中荣获山西第一,李因笃作有长诗《伏喜祺公考绩晋大夫第一恭赋七言排体五十韵》以示祝贺。陈上年对李因笃礼遇有加,早在聘请之初,就曾不远百里亲自到邸章驿(今礼泉县底张镇)迎接李因笃。相处八年,他数度派人去探望李因笃的母亲,多有馈赠,还允许李因笃每年回陕西省亲两次。康熙二年(1663),又将李因笃妻子张孺人接至代州,在道署内安家落户。李因笃一家的生活状况自此得到改善。

更为难得的是,陈上年喜书重道,擅长诗文。《大清畿辅先哲传》述及陈上年曰:"能文章,工诗,与李因笃、顾炎武、冯如京、朱彝尊、梁清标友善,篇章酬答,率以道义相切劘。……其著作皆亡佚,无传者。九世孙名永寿者,搜辑炎武、如京两集中,始得五七言诗十余首,吉光片羽,亦可观其梗概矣。"①由于志趣相投,陈、李二人相见伊始,即引为知己,李因笃《病居承杜姻家方叔整辑诗稿感赋古体五百字》一诗,曾对二人诗酒同欢的美好情景做了详细刻画:"幸遇颍川公,援之宾客右。千秋徐孺榻,十载腆颜久。公亦具兹好,嗜痂如获耦。罔遗蚓蜩细,尝附龙虎吼。乃大放厥词,濡毫恒携手。纵谈辄继夜,高兴凭酎酒。"②

在陈上年的积极支持下,李因笃衣食无忧,一边坐馆授读,一边潜心治学,诗歌当中频频出现坐拥琴书的场景描写,如《元日试笔》:"忧时书出塞,在野托编年,懒上河东策,长耕谷口田。"③此时的李因笃和清初多位著名学者如黄宗羲、顾炎武等人一样,在反清复明绝无可能之后,转而投身于学术研究,用以保存和发扬民族文化,藉此表达他对故国的忠诚,实现自己的人生价值。

二、游走山西、京师学术圈

令人瞩目的是,李因笃在代州数年,除授读著述外,经常交游唱酬,登山临水,活动范围远出代州,几遍北方。他以代州为中心,往来于山西、陕西、京师、河北等地,广泛结交文化界名流,与傅山、顾炎武、朱彝尊、龚鼎孳、曹溶、屈大均、戴廷栻等一批学者诗人结下深厚友谊,逐渐成为海内知名的学者、

---

① 徐世昌:《大清畿辅先哲传》卷十九《文学传一》,北京:北京古籍出版社,1993年版,第597页。
② 李因笃:《受祺堂诗集》卷三十五,第800页。
③ 李因笃:《受祺堂诗集》卷九,第479页。

诗人。

十七世纪六七十年代,山西境内活跃着相当一批海内知名的学者,他们来自南北不同地区,在文化界颇有影响。美籍华人学者白谦慎在其《傅山的世界——十七世纪中国书法的嬗变》一书的第三章第一节《1660—1670年代山西的学术圈》①中,将这一文化群落命名为山西学术圈。据他统计,主要人员有傅山(1607—1685)、顾炎武(1613—1682)、朱彝尊(1629—1709)、阎若璩(1736—1704)、曹溶(1613—1684)、潘耒(1646—1708)、戴廷栻(1618－1691)等,其中,核心人物首推傅山。

傅山,字青主,山西阳曲人(今太原人),明末清初著名的学者、思想家、艺术家,海内闻名的遗民。早在崇祯九年(1636),他组织和领导山西诸生为山西提学佥事袁继咸冤案请愿,名动天下。明亡后,秘密参加抗清复明斗争。顺治十七年(1660)后,眼看复国无望,便在太原东南八里的松庄隐居起来,全身心地致力于文化研究和艺术创作,凭借名望、气节、才学等方面的综合优势,成为清初山西当之无愧的文化领袖,在全国享有很高的威望。许多海内名流来到山西,便会拜访傅山,小小松庄成为来往学者聚会的中心。

其次,清初著名思想家、学者顾炎武于康熙二年(1663)来到山西,初访傅山,之后经常过往山西,并在代州、汾州、祁县、静乐、曲沃等地长期居住,访古探幽,顾炎武在经学、史学、金石学、音韵学方面成就卓著,亦是山西学术圈中的关键人物。康熙五年(1666),潘耒即因追随顾炎武而来山西,成为顾门弟子,在顾炎武的悉心指导下,成长为著名学者。

另外,考据学大师阎若璩,祖籍山西太原,康熙二年(1663),他来太原参加乡试,访傅山于松庄,之后数度往来山西。曾经一度主持京师坛坫的文坛名家曹溶自顺治十七年(1660)起任山西按察副使兼大同兵备使,他喜纳宾客,热衷学术,吸引了顾炎武、傅山、屈大均、李因笃、俞汝言等许多海内名士前往大同过访;康熙三年(1664),他的同乡、清初著名学者、诗人朱彝尊专程北上投奔曹溶,其后又到太原入山西布政使王显祚之幕。② 山西祁县学者戴

---

① 参见〔美〕白谦慎:《傅山的世界——十七世纪中国书法的嬗变》第三章第一节《1660—1670年代山西的学术圈》,北京:生活·读书·新知三联书店,2006年版,第190—195页。

② 参见谢正光:《清初诗文与士人交游考》之《清初贰臣曹溶及其"遗民门客"》一文,南京:南京大学出版社,2002年版,第222—301页。

廷栻也是一位热情有加的学术赞助人,过境士子学人皆来戴府拜访,他有一座著名的藏书楼———丹枫阁,藏书丰富,常有学者来此观书。如顾炎武曾来此长住,戴廷栻专为顾炎武建有山堂,以至时人赞之曰:"海内名流,南方多聚于水绘园,北方则丹枫阁,称极盛焉。"①将其与扬州冒襄的"水绘园"相媲美,可见戴廷栻之影响。另外,为人熟知的人物还有安徽戴本孝、河南刘体仁、河北申涵光、江苏阎尔梅等学者和诗人,也曾到过山西相与交游,成为山西学术圈中的重要成员。

李因笃置身山西,幸运地步入这一学术圈,短短数年间,他结识了圈中的大多数成员。例如,康熙二年(1663),他和顾炎武相识订交于代州,二人一见如故,引为忘年交,结拜为兄弟。其时曹溶与顾炎武同行,三人相聚于陈上年府上。康熙三年(1664)夏,李因笃应山西布政使王显祚招饮,与傅山等人在太原西郊的崇善寺宴饮唱酬,作有《崇善寺同傅征君公他、刘明经舆甫、米侍御辅之、陈公子端伯、家刺史舅饮》。康熙五年(1666),李因笃在晋祠见到朱彝尊的题词,遂修书一封与朱彝尊订交。五月,他与清初著名学者、诗人屈大均(1630—1696)在西安相识订交,后携屈大均同往代州,并帮助屈大均结婚成家。康熙六年(1667)秋,他在山西应州与阎尔梅相识,作诗《傅应州席上喜晤阎古古先生二首》。此外,如汾阳学者朱之俊,胡同、胡庭兄弟,贵池学者刘庭銮,以及河朔派诗人殷岳(1603—1670)等,也都在此期间与李因笃订交。李因笃积极参与交游,与上述诸人诗文互往,尺素互传,成为这一学术圈中的核心人物之一。

尤令人瞩目的是,由于李因笃为人豪爽热忱,得友甚众,主人陈上年也有喜纳宾客的雅兴,白谦慎在其著作中特别肯定了陈上年对诸多文人学士的庇护资助,和曹溶一样充当着学术赞助人②,所以在陈、李二人的招纳经营之下,李因笃的诸多文友纷纷来访,地处偏远的代州古城一时人才荟萃,文化活动兴盛,在山西学术圈中居于重要地位。

据李因笃相关诗文可以确知,顾炎武、傅山、朱彝尊、屈大均、曹溶都曾来代州拜访李因笃。例如康熙四年(1665),傅山曾来代州,并手植梅花一棵,李因笃作《尚友斋咏梅是傅征君手植者》(《受祺堂诗集》卷九)。康熙五年

---

① 丁宝铨:《傅青主先生年谱》,收入傅山《霜红龛集》,太原:山西人民出版社,1985年版,第1286页。

② 参见〔美〕白谦慎:《傅山的世界——十七世纪中国书法的嬗变》。

（1666）夏，顾炎武、朱彝尊来访，他们联合二十多人筹资，在雁门北部垦荒。该年冬至，他和屈大均两人送曹溶回大同，夜宿雁门关上，分韵赋诗，李因笃作《长至前二日同右吉、翁山陪曹秋岳先生宿雁门关即事四十韵拈"玉露凋伤枫树林"之句分"调"字》（《受祺堂诗集》卷十）。此外，许多陕西文友如宋振麟、刘汉客、王弘撰、李大春、张鼎铨、田而珏等人也曾来代州看望李因笃，由此带动了山、陕两省学术界的交流往来。对此，早在二十世纪四十年代，赵俪生就撰文《清初山陕学者交游考》，指出山西当时的文化活动主要分布于傅山所在的太原，李因笃所在的代州、戴枫仲所在的祁县等几个据点，山陕之间的学术文化活动交流十分频繁，李因笃则是其中重要的联络人之一。① 这些频繁的交游活动说明，李因笃既是山西学术圈的主要参与者，同时也是这个学术圈的组织者和缔造者之一。

  经过数年广泛的交游，李因笃的声名迅速攀升，顾炎武、傅山等人都曾予以高度评价。傅山《霜红龛集》中有《为李天生作》五古一首："南山寒天地，不屑小峰峦。灌薄冥苍翠，神仙谢羽翰。心原滂浩绰，胆起大江寒。何事亭林老，朝西拟筑坛？"诗中自注中曰"宁人（顾炎武）向山云，近日文章之事当推天生为宗主，历叙司此任者至牧斋（按：钱谦益），牧斋死而江南无人胜此矣。"② 竟将李因笃推为继明清之际文学巨擘钱谦益之后海内文坛领袖。

  与此同时，李因笃的学术视野也大为开阔。顾炎武初见李因笃，提醒他给汉诗标注音韵，促进了李因笃的音韵学研究。李因笃更加靠近学术前沿，研究领域不断拓展，在经学、金石学方面造诣日益精进。

  随着交游圈的逐步扩大，李因笃的活动范围不再局限于山西、陕西两地。按年谱所载，康熙四年（1665），他随陈上年入京朝觐，第一次来到京师，期间拜祭了明十三陵。第二次到京师则是康熙六年（1667）。相比之下，第二次京师之行意义非同寻常。是年夏天，他和屈大均一起拜见了当时的京师诗坛盟主、刑部尚书龚鼎孳③，龚氏对李因笃十分赏识，并以"西京文章领袖"相推许。以龚当时的威望和影响，这一评价可以代表主流文坛对李因笃文学成就的认可和肯定，标志着李因笃在清初文坛初步确立了自己的地位。

---

① 参见赵俪生：《清初山陕学者交游考》，《大公报·文史周刊》，1946年2月12日。
② 傅山：《霜红龛集》，太原：山西人民出版社，1985年版，第235页。
③ 龚鼎孳（1615—1673）字孝升，号芝麓。安徽合肥人，明末清初诗人，与吴伟业、钱谦益并称为"江左三大家"。

在京师期间,李因笃还和顾炎武聚首,一同切磋学术,并拜访了明清之际著名学者、藏书家孙承泽。① 孙府乃是当时京师文人学者聚会之所,除顾炎武外,朱彝尊、潘耒等人都曾往顾。这些事迹表明,李因笃开始和京师学界建立联系。

经过近八年的学习和交游,至康熙六年(1667)秋离晋返陕时,李因笃的才学造诣已有质的飞跃。对此,朱树滋《李文孝先生行状》中有一段评述:"居雁门数年,益发愤读六经及关、闽诸大儒书。所著诗文高古精邃,名播海内,一时骚人词客,趋之若鹜,至邸舍不能容。"② 展示了李因笃的广泛影响。相比之下,学者、书画家同时也是清初关学名家的王弘撰的评述更为全面:

> 后天生从陈祺公于塞上,日事博综,九经诸史,靡不淹通。祺公视其为畏友,投契之深,有同骨肉。天生以是无内顾忧,而益肆力于学。及祺公备兵雁平,携以入代,复为具橐资游。主组之英,蓬荜之彦,俱与交欢。傅青主、顾宁人、朱锡鬯辈,尤以古道相砥砺。著述日富,叩其所蓄,如海涵地负。而敦尚义气,鉴拔人伦,有倜傥非常之概。丁未(按:康熙六年,1667年)返秦时,已弃诸生,当事诸公知者,争为倒屣。③

这段话既肯定了陈上年的关照和支持,也叙述了李因笃的交游活动,对其学术成就、人格风采、大家气象做了相当肯定。由此可见,历经山西近八年的苦修历练,三十六岁的李因笃已经在海内的文坛学界崭露头角,声名远播。

三、重归关中

康熙六年(1667)秋,李因笃携家回到富平家乡,重新活跃在陕西文化界。此前在山西期间,他每年两次回乡探亲,常和陕西各界朋友相与聚会,与陕西官方也有往来。清朝初年,陕西官方对文教事业颇为重视。康熙元年(1662),贾汉复出任陕西巡抚,上任未久,就大力振兴陕西文教。在他的主持

---

① 孙承泽(1592—1676),明末清初的书画收藏大家。字耳北,一作耳伯,号北海,一号退谷,又号退谷逸叟、退谷老人、退翁、退道人,山东益都人。明崇祯进士,官给事中;李自成克北京,任四川防御使;入清,官至吏部左侍郎。富收藏,精鉴别书、画。著有《庚子销夏记》、《闲者轩帖考》、《法书集览》、《砚山斋墨迹集览》等。

② 吴怀清著,陈俊民点校:《关中三李年谱》,第416页。

③ 王弘撰:《山志》,北京:中华书局,1999年版,第64页。

下,康熙二年(1663),西安知府叶承祧重建关中书院,聘请王弘撰担任书院主讲教席,重振关学,成为海内率先开展书院讲学的若干省份之一。康熙三年(1664),他又聘请李楷、王弘撰、刘汉客、杜恒灿等陕西文化名士一同纂修《陕西通志》,而在当时,开始修地方志的省份在全国范围内屈指可数。李因笃虽在山西,同样得到官方的关注。康熙二年(1663),李因笃作有《奉寄太守叶公三十韵》寄给叶承祧。诗的前半篇赞扬叶的政绩,肯定他访求隐逸,振兴风骚的举措,后半篇坦言自己心高性癖,以谋"稻粱"为耻,不愿入官府做事。他感谢叶的邀请,表示自己愿意献计献策,将来回陕后一起吟诗。据此判断,叶曾致信李因笃,邀请他参与文化方面的工作。李因笃虽未应允,却对叶的行为表示赞赏。康熙五年(1666),李因笃又作《答叶太守济水》:"忆昨停镳初,长安雪浩浩。……惟公持大节,托契洽管鲍。我读朴棫文,西京同探讨。"①诗下自注曰:"时《京兆人文》刊成,请予为序。"不久又作《寄怀叶太守》:"长安日与白云疏,又值吹葭逼岁除。把臂适陈三物后,褰帷犹识二京初。阁中关洛人重睹,江上河渠地自如。如此经营殊惨淡,不烦别构治平书。"②其中第三联前句自注曰:"少墟先生(按:冯从吾)斯道中天阁久废,公为再建。"后句自注曰:"公为予言将复曲江之旧。"从上述材料可知,李因笃已和叶承祧在西安见过面,叶承祧已将明末关学大儒冯从吾主持讲学的关中书院中天阁修复,请李因笃为新刊刻的《京兆人文》作序,并告诉李因笃他正在计划修复古迹曲江池。是年秋天,李因笃回乡省亲时,作有《豳风图诗题贾抚军初度屏》《赠白制军茂韩大司马二首》《留别叶太守济水》《留别张都使鹿洲》《叶太守葺关中书院,承授馆群贤有京兆人文之刻再奉此作》《白制军授宫衔奉诗致庆》等系列诗歌,投赠对象分别为陕西巡抚贾汉复、陕西都督白如梅、西安知府叶承祧、西安都阃使张梦椒,他们都是当时陕西行省或西安府的最高军政官员。这些交往表明,李因笃和陕西官方有过一定的文化合作,积极参与了清初关学的中兴。

李因笃重归陕西后,得到了诸多文友的热情推崇。从诗文来看,从康熙六年(1667)底至康熙七年(1668)初,他频频出行,漫游于西安、三原、泾阳等地,与王弘撰、张梦椒等新朋老友吟诗饮酒,叙旧畅谈。他拜王弘撰为兄,王

---

① 李因笃:《受祺堂诗集》卷九,第538页。
② 李因笃:《受祺堂诗集》卷九,第541页。

弘撰却敬其才学厚富而不敢承当。上述事实表明,李因笃已经成为陕西文化学术界中的核心人物之一。

四、华北流寓

李因笃在陕西并未过多停留,关中之外宽广的文化平台和众多的文友学侣吸引着他。康熙七年(1668)春,李因笃再度来到京师与顾炎武相会。不久,顾炎武因牵涉山东"黄培诗案"而先行回济南投案应诉,李因笃一人在京,在清明节再度拜谒了明十三陵。夏日,他和屈大均一起拜会了龚鼎孳、程可则等人,随后送屈大均携家南归广东,李因笃之后回陕。不久,得顾炎武的狱中求救书信,便即刻出关奔赴京师上下活动,然后南下山东探望羁押在狱的顾炎武,最后回到保定客居陈上年家中。此后两年即以保定为中心,在山东、河北、京师等地漫游,至康熙八年(1669)底还家度岁。据其诗文可知,在此期间,他新结识了河北清苑名士陈僖,并和清初诗坛大家宋琬、"海内八家"之一的王士禄两人在山东相交游,并为浙江秀水籍诗人李良年题其藏画《灌园图》,此图前后共得刘体仁、王士禛、龚鼎孳、纪映钟、周亮工、朱彝尊等近二十家名人题跋,清初古文大家汪琬为此专作《灌园图记》。

回顾上述行踪,在康熙七年、八年两年间,李因笃一直活跃在华北地区,遍交各地名家,知名度进一步提升。就在康熙八年(1669),魏禧游扬州,孙枝蔚引关中诗人杜恒焞(关中诗人杜恒灿之弟)来见,问及西北人物,杜恒焞以李因笃相对。魏禧知悉李因笃行迹,遂慕名致信,信中称赞李因笃为"久负文武大略"的"西方奇士"[①],自己不胜仰慕甘愿执鞭相交,随信奉上数篇文章请李因笃品评。魏禧与汪琬、潘耒并称清初古文三大家,亦是著名遗民,与其兄魏际瑞、弟弟魏礼时称"宁都三魏",又与彭士望、林时益、李腾蛟、丘维屏、彭任、曾灿等人讲学山中,世称"易堂九子"。以魏禧之盛名,不惜千里飞书订交,并以诗文附呈,足见李因笃的名望。依此推定,经过长达两年的广泛交游,李因笃已经真正步入文坛中心,成为南北瞩目的文坛名家。

五、扬州之旅

康熙九年(1670)春,李因笃再度走出潼关,开始他一生唯一的一次江南

---

① 魏禧:《与富平李天生书》,《魏叔子文集·外篇》卷五,北京:中华书局,2003年版,第245页。

之旅。他途经河南灵宝、杞县，安徽泗州、太和、徐州等地，一路参观了周公庙、虞姬墓、苌虹墓等名胜古迹，最后抵达扬州。

扬州是历史文化名城，也是明清时期江南地区最为繁华的城市，它凭借位居长江、运河交汇处的交通要冲地位，成为明清食盐供应基地和南北漕运的咽喉，盐商富贾云集。扬州在清初曾因坚决抗清而被清军残酷镇压，屠城十日，几成废墟。至康熙初年，逐渐恢复了往日的繁盛。扬州不仅经济发达，文化也颇为繁荣，是江南文化重镇。仅从文学角度而言，扬州一带聚集着相当一批文人墨客，既有本埠人物，也有许多全国各地流寓到此的外地来客。据潘承玉统计，仅遗民诗人群体的主要成员约有六十多位，著名人物有冒襄、吴嘉纪、纪映钟、林古度、王猷定、王岩、杜濬、程邃、孙枝蔚、雷士俊等。① 常居本地的非遗民诗人有张恂、汪楫、邓汉仪等。此外，清初多数文坛名家都曾到过扬州，最重要的标志是顺治十五年（1658），后来成为诗坛盟主的清初著名诗人王士禛出任扬州推官。他访贤寻隐，多次红桥修禊，带动扬州文学乃至江南地域的文学兴盛。王利民认为："随着王士禛举办诗酒宴会及其资助遗民行为的名闻遐迩，红桥及其周围的环境被想象成为江南诗意的化身，被纳入了扬州城的文化地图，扬州也相应成为江南地域的文学中心。"②美国学者梅尔清博士的《清初扬州文化》③曾对清初扬州一地的文人交往、文艺复兴、景点重建等文化活动及其相互联系进行过详细的考察，展示了王士禛、孔尚任、邓汉仪、汪懋麟、尤侗、彭孙遹、杜濬、施闰章、汪楫、林古度、孙枝蔚等人的文化社交活动，展现了扬州作为清初文化精英荟萃之地的独特魅力和历史地位。

李因笃在扬州作有十一首诗，数量并不多。从诗歌内容来看，他结交了一些文化名士，声名卓显者有张恂、王岩、程邃等人。其中前两位皆是流寓扬州的陕西同乡。张恂字稺恭，一字壶山，陕西泾阳人，清初知名书画家兼文人。先世以经营盐业定居扬州。崇祯十六年（1643）进士，官中书舍人，江南推官，天才隽逸，墨法苍浑，具古淡天真之致。王岩祖籍长安，迁居宝应，有文集传世。后一位程邃（1605－1692）则是扬州本地的著名遗民文人、画家、篆

---

① 潘承玉：《清初诗坛：卓尔堪与〈遗民诗研究〉》，北京：中华书局，2004年版，第41页。
② 王利民：《王士禛诗歌研究》，北京：中华书局，2007年版，第57页。
③ 〔美〕梅尔清著，朱修春译：《清初扬州文化》，上海：复旦大学出版社，2004年版。

刻大师。不过,置身风流繁华的扬州城,李因笃的遭遇似乎并不顺利。《诗集》卷十六《高歌行寄程穆倩》(按:程穆倩即程邃)一诗回忆他在扬州的情景曰:"往者邗沟嗟赁春,豪家睥视薄其佣。陋巷经旬覆土锉,僧寮伏枕餐新松。解质未敢惜长剑,尪羸无时违短筇。"①据诗意,他到扬州后有意入幕为客,但是豪富之人并不看重他,所给待遇较薄。他一人孤独地寄居在小巷里的寺庙里,衣衫破旧,心情自然苦闷。盖因这一缘故,李因笃在扬州停留时间不长。辞别扬州时他作《酬张中翰迟恭送别兼定秋日西归来韵》,诗中有句曰:"送客春天薜荔青。"②春来春又归,据此估计时间大抵三个月左右。回顾这次扬州之行,李因笃千里迢迢奔赴,却未借机游历江南各地,广泛交游,甚至连既是六朝古都又是故国南都的南京也未过访,与其喜好游历的个性很不相符。他匆匆西归,受挫原因不可确知。

六、入幕武昌③

自扬州归来,直至康熙十年(1671)底,近一年半的时间里,李因笃一直在关中地区游走。回溯近六年经历,不论是关外的南北漫游,还是关内的关中漫游,他基本处于游走状态。明末清初,士人出游流动成为当时社会的普遍现象。赵园在《制度·言论·心态——明清之际士大夫研究续编》第三章《游走与播迁》中,特别论述了易代之际遗民的游走,提出了山水边塞之游、宦游、游幕、游学、游客、传道之游等多种类型。④ 尚小明《学人游幕与清代学术》中论及顺治、康熙之际遗民的"游客"与"游幕":"从清初有关史料的记载可以看出,'游客'与'游幕'是两个不同的概念。'游客'一般是指友人(不在官场)之客,游幕则为官员之客。例如,顾炎武一生屡次游客,但从不游幕。"⑤依上述标准,李因笃集游客与游幕于一体,出游目的既有论学谈艺,也有寻访同志、互通声气,凭吊古迹、游览山水等多种综合因素。除去这些政治

---

① 李因笃:《受祺堂诗集》卷十六,第609页。
② 李因笃:《受祺堂诗集》卷十三,第581页。
③ 尚小明:《清代士人游幕表》(中华书局2005年版)第51页表格中关于李因笃的入幕时间标注为:"1672至1675年依湖北按察使幕。"有误,应为1672年至1673年。
④ 参见赵园:《制度·言论·心态——明清之际士大夫研究续编》第三章《游走与播迁》,北京:北京大学出版社,2006年版,第162—177页。
⑤ 尚小明:《学人游幕与清代学术》,北京:社会科学文献出版社,1999年版,第14页。

的、文化的动机,还有一个很重要的现实原因是为了谋生养家,康熙十一年(1672)冬,他在致顾炎武的信中倾诉了他的经济困难和出处烦恼。

> 曩者淹留塞上,舍弟久病支离,日废不赀,负贷顿盈千数,弟偶阅底簿,而始骇之。然已无可如何。初欲薄询故旧,藉手疗饥。而疏戆性成,所如寡合,因思丈夫具有血气,游客万不可为。入幕虽卑,犹自食其力,舍彼就此,亦云恶取其轻者耳。①

信中流露出他因生计所迫委屈人下的屈辱心理,表明经过多年的漂泊,他不愿再做游门乞食的游客,宁愿选择自食其力的游幕。

康熙十一年(1672)春,经张梦椒举荐,四十二岁的李因笃南下湖北武昌,入湖广按察使高钦如幕。按照尚小明研究,士人游幕活动内容主要有政事、兵事、文事活动。② 根据清朝官制,按察使为正三品,主要掌管一省刑名案件,大致相当于今天的省高级法院院长。据此推断,李因笃的职责应是协助高钦如处理刑名等相关事务。对于他在武昌的生活状况,康熙十一年(1672)冬,他分别致信顾炎武和李良年,向两位好友做了介绍。如《复李武曾书》云:

> 弟自违雁门之后,负贷累千,不得已暂有此行,主人仅以刀札相寄。顷答亭林先生有云游客万不可为,入幕虽卑,犹自食其力,舍彼取此,恶择夫其轻此肝膈之言。度足下不以为河汉耳。主人夙无泛爱,顷因大计戒严。宾客到门,概辞通谒。致生平故旧咫尺不前。读足下手缄,慨然终日。丈夫具有血气,安能郁郁久居此乎?③

从内容来看,他的入幕生活并不愉快。一方面是公务繁重,另一方面,高钦如对他并无特别优待,为了政局稳定实施戒严,对于前来拜谒的宾客一概谢绝,这与此前陈上年慷慨纳客的作风截然不同,令李因笃有些不堪忍受,一句"大丈夫具有血气,安能郁郁久居此乎"道出了胸中愤懑。

因高钦如的约束,李因笃在武昌的交游远不如山西时期广泛。康熙十一年(1672)秋、十二年(1673)秋,他曾两赴荆州办差,其余时间一直居住在武

---

① 李因笃:《与顾亭林书》,《续刻受祺堂文集》卷三,第4页。
② 尚小明:《清代士人游幕表》,北京:中华书局,2005年版,第11页。
③ 李因笃:《续刻受祺堂文集》卷三,第5页。

昌城中。按诗文所记,他与时在北方漫游的顾炎武、南下贵州的李良年①等人一直保持书信往来,也曾寄诗给程邃。康熙十二年,宋琬赴任四川按察使,专门取道武昌拜访他。平日交往的人物主要是应他邀请来武昌的老友宋振麟,以及时在湖北做官的两位陕西乡党:时任湖北粮道的王孙蔚②和时任湖北提学道督学的王象天③,两人皆有诗才。逢年过节,他们经常联谊聚会,李因笃曾作《中秋夜王督学文石招同里社集饮五首》《王藩伯茂衍招饮喜晤尊外舅赵天一前辈二首》(《受祺堂诗集》卷十七)等诗描述聚会情景。

这一时期,李因笃的家庭生活相对稳定。他育有三个女儿,山西时期曾经生过一个男孩名为李泗,不幸早夭。来武昌后,高钦如见其无子,欲为他买妾。李因笃辞谢道:"仆有糟糠之妻,齿固壮,尝数举雄而不育,且未得请于老亲。"④不久,他就接妻子张孺人来到武昌,次年端午节二儿子李爵出生,他非常高兴,作诗志喜。

七、三藩乱间

康熙十二年(1673)冬,被清廷封为平西王的吴三桂在云南起兵反叛清廷,"三藩之乱"爆发。各地烽烟四起,清廷政局再度动荡。而在"三藩之乱"发生之前,洞察时局的李因笃已经有了预感。该年八月,朝廷派人分赴三地办理撤兵事宜,李因笃正前往荆州,负责漕运调度,闻知使节南行,作《抵荆州》一诗曰:"倚国瞻清旭,停舟借白蘋。郡荒重适馆,秋老尚依人。稍后龙山醉,虚疑虎渡津。近传过使节,天地有风尘。"⑤末尾一联,表达了他对形势的忧患:撤藩之事可能引起时局动荡,天下将会风尘再起。如其所言,就在数月

---

① 李良年(1635—1694),又名法远、兆潢,字武曾,号秋锦,晚号芋田叟。浙江秀水人。少与朱彝尊齐名,康熙十八年举博学鸿词,徐乾学开一统志局于洞庭西山,聘任分修。著有《秋锦山房集》。

② 王孙蔚,字茂衍,陕西临潼人。顺治九年进士,由刑曹出为直隶知府,迁登莱青道,转督粮道。十七年迁湖北按察使。逾年,迁福建布政使,以事左迁川东道。康熙十二年移湖北粮道。十四年转提学道。十八年应博学宏词科试,未中。后出任川东道。卒于官。著有《韶香集》。

③ 王象天,富平人,清顺治四年进士,著有《望云轩集》。

④ 吴怀清著,陈俊民点校《关中三李年谱·天生先生年谱》附录《李文孝先生行状》,第415页。

⑤ 李因笃:《受祺堂诗集》卷十七,第618页。

之后,吴三桂起兵反清,拉开了长达八年的"三藩之乱"序幕。

吴三桂为了吸引汉族士民,打着"复明"旗号,改国号曰"周",自云贵率军三十万至湖广,数月之间即已控制滇、黔、湘、川、桂、闽六省区,个别省份亦有军队响应。一些遗民受"复明"口号吸引,对吴三桂寄予厚望。例如,康熙十三年(1674)春,屈大均匆匆奔向湖南拜见吴三桂,被授命为广西按察副司,监督安远大将军孙延龄军于桂林。直至康熙十五年(1676),屈大均察知吴三桂有自立称帝的野心后,方才退归。与好友不同的是,李因笃经过深入的理性分析,迅速做出自己的判断。康熙十二年(1673)冬,他离开武昌西归关中,告诉前来送行的王孙蔚曰:

> 吴逆故战将耳,非谙于攻取之大计也。盗国威,宠冒虚声,今益老悖,称兵构逆,所任不出其甥侄。乱非可以数作,幸非可以恒邀。即三叛连衡,皆海内罪人。远来内犯,食必不继,但坚壁挫其锐,悉授首矣。①

在这番话中,李因笃从多个方面指出了吴三桂必败的原因。一是才能方面,吴三桂仅是一名战将而已,缺乏宏观战略的运筹谋划;二是名义方面,吴三桂盗用明朝的声威虚张声势;三是人事方面,吴三桂任人唯亲,局限于自己的甥侄;四是人格品质方面,吴三桂先叛明,再叛大顺,现又叛清,多次反叛贻害天下,已是海内罪人,绝不可能长久;五是军事上远离本营作战,粮草供给必然难以为继。最后,他提出应对策略:只要采用坚壁清野、挫其锐气的军事策略,即可打败吴三桂。这番分析鞭辟入里,吴三桂最终败亡,证实了李因笃的远见卓识。基于这一判断,李因笃没有对吴三桂抱有任何幻想,他以担心老母安危为由,带领家眷辞别高钦如,结束了他为时两年的幕宾生涯。

陕西地处西北地区的战略枢纽,也是"三藩之乱"的主要战场。康熙十三年(1674)初,吴三桂在湖南遭到清军阻击之后,立刻兵分东西两路,西路即由四川进窥陕西。当李因笃返回家时,陕西早已是重兵集结,战云密布。是年十二月,在吴三桂的劝诱下,陕西提督王辅臣在汉中杀死清廷经略大臣莫洛,宣布归附吴三桂,至康熙十四年(1675),陕南大部、陕北北部悉数被占,甘肃除河西地区由甘肃提督张勇控制之外,悉被王辅臣部所占。一时间,叛军声势鼎沸,西北全面告急。

---

① 李因笃:《湖广督学前方伯茂衍王公墓表》,《受祺堂文集》卷四,第27页。

李因笃家居富平护守家人安全。吴怀清在《年谱》中多以"里居""游青门"等语句简略带过,《行状》对李因笃此间行迹有一段叙述。

> 比至家,秦陇俱乱,山寇时窥门庭。时朝廷方不次用人。邑大夫郭九芝、总戎鄜州张公梦椒,皆公厚友,谋欲荐公与当事,力辞乃已,然公屏居北山下,去西安虽二百余里,凡军机密议待决于公者,邮使相闻,络绎不绝。公厌之,避地凤翔,又之延安,而所至监司守令,皆倚公如长城,公叹曰:"名之累人,有如此夫。"①

由这段文字可知,一是陕西军政界的官员有不少人是李因笃的朋友,他们深知李因笃博学多闻,精通实务,极力邀请他出山襄助,有意向朝廷举荐他为官,他力辞方才得免;二是他曾应邀参加过军事谋划,藉此可知,李因笃曾和官方合作,为清廷平定三藩出力。翻检《受祺堂诗集》发现,在此期间李因笃作有多首赠答陕西各级军政官员的诗歌,可以佐证《行状》所说确属实情。例如,李因笃与陕西当时最高的政府长官——陕西总督鄂善关系殊为密切。他回陕后的第一首诗即是《投赠鄂制军五十韵》,诗中赞扬鄂善减免赋役、崇儒重教、礼贤下士。据诗中所述,鄂善对李因笃颇为尊敬,多次邀请李因笃到鄂府中参与官员聚会。对于鄂的倚重,他本人的态度是"愿卧中台纽,能邀使相缘",愿意和鄂善相交。篇末数句则向鄂善提出数则建议,主要包括减轻徭役、慰问军民、广纳参谋等,说明归陕未久他就积极投身于军政事务的运筹帷幄之中。康熙十六年(1677),李因笃前往延安拜见移驻此地进剿北部叛军的鄂善,后来鄂善调任甘肃巡抚,他又作《寿鄂制府新补河西抚军五首》以赠行。除鄂善之外,还有不少位高权重的军政要员与李因笃有过交往,代表人物有四川巡抚周有德、西安都阃司张梦椒、西延司马郝斌、神木道兵备郑瑞、延绥城堡厅同知谭吉璁等,他们都曾亲临战争一线,直接指挥参与平乱战争。另与数位地方官员如蒲城知县李国亮、华州县令祝圣培等人,李因笃在诗中赞扬过他们维持地方管理、征调军需物资的政绩。上述材料说明,李因笃的确参与过官方的军事谋划。

另有一些诗句表明官方确有荐举他的意向,但被李因笃一一谢绝。如《赠马旭东,马,固原人,予旧从陈使君客此,述往有怀,因及亡友张罗南先生

---

① 吴怀清著,陈俊民点校:《关中三李年谱》,第417页。

二首》:"徐庶本无轩冕计,鲁连终表布衣心。"①《寄张别驾公弼》:"鄙夫抱微尚,中岁乖故躔。所志唯念母,征途懒着鞭。安危知有托,出处各随缘。"②他反复表明,自己参与官方事务,主要目的是恪尽济世安民的社会责任,并无做官意图,并以徐庶、鲁仲连自比,言其甘做布衣的志愿。

  基于这一态度,李因笃一边与官方共商国是,一边坚持学术研究,葆有学者本色。康熙十四年(1675),为避兵乱,清初关学大儒李颙(1627—1705)一家被富平县令郭传芳从周至迎至富平军寨村居住。李因笃撰写《隐士庄拟山堂记》专叙此事,命其村为"隐士庄",命其堂为"拟山堂",意在仿宋代讲学的"山堂",赞誉郭传芳尊贤重道,赞誉李颙"起自孤寒,独立不倚,孝友忠爱,有志圣贤学","不事王侯"。李因笃本人则借地利之便经常过访拜会李颙,关照生活,结下兄弟之谊。两位关学大儒频频聚首,谈经论道,虽然思想不尽相同,也能相互包容,成就了关学史上一段佳话。

  经过近三年的激烈争战,至康熙十五年(1676)六月,王辅臣部兵败平凉,再度降清,陕甘叛乱基本平定。随着局势的好转,李因笃出关前往京师,客居甘肃提督张勇之子、大理寺少卿、陕西乡党张云翼府上,与阔别八年的老友顾炎武再度相逢,相约明年将来关中。康熙十六年(1677)九月,顾炎武如约入关,来到李因笃家中小住。富平县令郭传芳有意振兴学术,对顾炎武关照有加。康熙十七年(1678)初,他派人专程前往山西将顾炎武迎至富平。李因笃则计划给顾炎武买田买妾、结婚成家,希望顾炎武定居富平。在李、郭两人的积极筹划下,顾炎武、李颙、李因笃三位大儒聚首富平,论学谈道,提议在华山上修建朱子祠崇祀朱熹,用以弘扬学术。在他们的带动下,富平的学术文化氛围空前浓厚,许多文人学者从周边县市慕名赶来,相与谈学论道。据王弘撰《频阳札记》记载,参与交游的学者除上述四人外,还有李因笃老友宋振麟、李因笃表弟朱树滋、表侄田若琬、李颙的弟子惠灵黿(1627—1705)以及合阳籍学者兼诗人的康乃心等数十人③,沉寂有日的关学由此声势大振。显然,这种局面的形成,当与李因笃的积极筹措密不可分。

---

① ② 李因笃:《受祺堂诗集》卷十七,第624页。
③ 参见赵俪生:《顾亭林与王山史》,济南:齐鲁书社,1986年版,第179页。

第五节　博学鸿儒

一、"博学鸿儒"之"四大布衣"

康熙十七年(1678)正月二十三日,平定三藩的战事尚未结束,为了进一步笼络汉族士人,争取民心,康熙帝下诏开"博学鸿儒"科试,命令各地官员荐举文化名士,并于次年春在京师举行。这就是清朝历史上著名的康熙十八年(1679)"博学鸿儒"科试,又称"己未词科",海内名儒、文坛名家多在征召之列。据秦瀛《己未词科录》考证,受荐者共计一百七十六人,黄宗羲、吕留良、李颙、阎若璩、朱彝尊、施闰章、毛奇龄、陈维崧、潘耒、曹溶、傅山、戴廷栻等人皆在被荐之列,有不少人是李因笃的朋友。李因笃本人即由吏部尚书、武英殿大学士李天馥、内阁学士项景襄、大理寺少卿张云翼三人共同举荐。被荐的陕西人共有九位,分别是李颙、李因笃、王弘撰、王孙蔚、李念慈、李大春、宋振麟、孙枝蔚,以及西安府延安同知赵天赐等人,除赵天赐、孙枝蔚之外,其余七人皆与李因笃交谊深厚。

面对朝廷征召,应荐者的态度不尽相同。有坚辞不就保全气节者;有迫于形势不得已而为之者;有表面推辞,而实已心动的半推半就者;有热衷于功名利禄而踊跃就试者。李因笃推辞不就,理由是母亲年老多病,弟弟李因材已经过继给堂叔,自己身为独子,需要在家养亲尽孝。七月,吏部报呈各地辞征情况称,李颙、王弘撰、潘耒等人皆以病辞,李因笃独以母老为由推辞。同月,康熙又下圣旨曰:

> 吏部题各省题荐人员,原令其作速起程,今陕西李因笃以老母辞,相应咨催赴京。得旨,李因笃等既经诸臣以学问渊通、文藻瑰丽荐举,该督抚作速起送来京,以副朕求贤至意。①

这条圣旨不仅将所有托故请辞的奏折一律驳回,而且强化了征召的力度,"作速起送"四字明显含有半强迫的意思,原为"征聘"至此演变为官方强制,而且李因笃已经成为圣旨中点名征召的人物。陕西督抚命令各级官员加大催迫力度,如李颙被强行抬至西安,西安知府亲率咸宁、长安二县令前来榻前强

---

① 《清圣祖实录》卷八。

劝,派人昼夜守催。李颙被迫以绝食相抗,五昼夜水米不进,竟欲拔刀自刺。官方无奈,只好以"病笃难行"为由上报,同时传命"疾痊起送",令富平当局每月查验。李因笃起初也是坚辞不就,无奈官方压力越来越大。与众不同的是,早在荐举之前,康熙皇帝已经获知李因笃的高才大名。王士禛《池北偶谈》中记此事曰:"上尝问内阁及内直诸臣以布衣四人名字,即富平李因笃、慈溪姜宸英、无锡严绳孙与秀水朱彝尊也。后公卿荐举,独宸英不得予"。① 这就是"四大布衣"之由来。李因笃由此成为朝廷必欲招致的重要人物,获得了圣旨中特别点名的"殊荣"。田太孺人见形势严峻,劝他应诏,李因笃被迫答应,在友人茹仪凤的陪同下北上京师。顾炎武致信李因笃,建议他效仿晋朝李密上疏陈情,以求免试。

九月初,李因笃来到京师,按照计划四处活动。他数次上疏吏部及通政司,未被接纳。同时作有《投赠家学士湘北公兼述近怀五十韵》《投赠内阁项学士兼书所怀五十韵》《柬高舍人澹人二首》《投赠冯相国兼上七秩之觞》《投赠大司农玉立梁公十首》《述怀呈御史大夫魏公环溪先生》《赠家学士公初度》《宝坻相公见贻诗币敬赋常律奉答兼书感怀》《赋赠叶学士切庵》等十多首长篇咏怀诗,分别呈赠给内阁大学士李天馥、刑部尚书冯溥、兵部左侍郎项景襄、中书舍人高士奇、左都御史魏象枢、户部尚书梁清标、翰林院编修叶方蔼、保和殿大学士兼礼部尚书杜立德、兵部尚书宋德宜等朝中重臣,一面赞誉诸位大人的功名才学,一面陈述自己奉养老母的心愿,恳请他们代为说情。魏象枢感其赤诚,便代为秘疏上奏,亦未有任何回复。至此,李因笃的陈情计划终告落空。

康熙十八年(1679)三月一日,应荐的博学鸿儒同试于体仁殿。三月二十九日,殿试取中五十人。其中一等彭孙遹、倪灿、张烈、汪霦、乔莱、王项龄、李因笃、秦松龄、周清原、陈维崧、徐嘉炎、陆葇、冯勖、钱中谐、汪楫、袁佑、朱彝尊、汤斌、汪琬、邱象随等二十人。二等李来泰、潘耒、沈珩、施闰章、米汉雯、黄与坚、李铠、徐钪、沈筠、周庆曾、尤侗、范必英、崔如岳、张鸿烈、方象瑛、李澄中、吴元龙、庞垲、毛奇龄、钱金甫、吴任臣、陈鸿绩、曹宜溥、毛升芳、曹禾、黎骞、高咏、龙燮、邵吴远、严绳孙等三十人。李因笃高中一等第七名,也是唯一中榜的陕西人。按旨意,五十人同入明史馆,纂修《明史》。五月十七日,赐

---

① 王士禛:《池北偶谈》卷二,北京:中华书局,1982年版,第251页。

封职衔。李因笃与朱彝尊、潘耒、严绳孙四人俱以布衣之身同授翰林院检讨,时称"四大布衣",《清史稿》记载曰:"时富平李因笃、长洲冯勖、秀水朱彝尊、吴江潘耒、无锡严绳孙,皆以布衣入选,海内荣之"。①

综观此次应试结果,入选人员中有许多清初著名学者、诗人,李因笃位列其中,表现优异,与施闰章、朱彝尊、潘耒、汪琬、尤侗、陈维崧、毛奇龄等人相比,无论等级名次、所授官职,还是知名程度,毫不逊色。

二、京师交游之"关西夫子"

康熙十八年的博学鸿儒科试既是一次大规模的人才选拔考试,也是一场清朝空前的文化盛会。各地应征的博学鸿儒云集京师,人才济济,盛况空前。他们借此良机自发地联谊交游。与此同时,喜好风雅的京城官员经常开宴招饮广纳宾客。于是,一场名流荟萃、朝野融合的文化盛会就此形成。李因笃从康熙十七年(1678)九月应征入都,至康熙十八年(1679)秋辞职出都,历时一年左右。在此期间,除了应试授职、陈情上疏等活动外,他一如既往地积极参加交游聚会。

翻检李因笃本人以及部分交游人物的诗文作品,大体可以知道,此次在京,他在文化学术界的交游对象主要有傅山、朱彝尊、潘耒、王士禛、施闰章、汪琬、陈维崧、阎若璩、陆陇其、毛奇龄、李光地、汤斌、李良年、沈荃、尤侗、邵长蘅、徐轨、孙枝蔚、李念慈、王弘撰、冯云骧、王茂衍、李澄中、顾景星、吴雯、汪楫、王泽泓等海内知名的文人学者。其中既有新朋也有旧友,以应征的博学鸿儒居多。

最引人瞩目的是几次颇有规模和影响的雅集酬唱活动,招饮者主要有冯溥、王士禛、曹广端、宋德宜、王泽鸿、沈荃等京城高官。例如,康熙十七年十二月五日,他应邀参加刑部尚书、文华殿大学士冯溥(1609—1692)七十大寿宴会,李因笃作《投赠冯相国兼上七秩之觞》为冯溥祝寿。题下自注曰:"时屡承枉顾,并见招。"②依此可知,冯溥多次枉驾屈尊会见李因笃,可见他对李因笃的尊重和赏识。康熙十八年二月四日,他参加了京师文坛盟主王士禛招饮的聚会,作《二月四日雪后王侍读阮亭招同诸子集饮,属赋古体五章即景拈

---

① 《清史稿》卷一〇九《选举志四·制科条》,中华书局标点本,1977年版,第3176页。

② 李因笃:《受祺堂诗集》卷二十,第650页。

'积素广庭闲'之句为韵》以纪,此次宴集,除李因笃外,尚有潘耒、梅庚、董俞、邵长蘅等文坛名家参加①。二月十四日,他又应主事曹广端招饮的大型聚会,李因笃作诗《曹主事正子招集属赋近体二首》以纪。此次规模较之前次更为庞大,据徐轨所作《花朝前一日曹正子招同李天生、孙豹人、邓孝威、尤悔庵、彭县门、李屺瞻、陈其年、汪舟次、朱锡鬯、李武曾、王仲昭、陆冰修、沈融谷、陆云士、杨六谦、李渭清、顾赤方、吴天章、潘次耕、田霡、吴星若诸君宴集园亭二首》可知,②除他和李因笃外,还有孙枝蔚、邓汉仪、尤侗、彭孙遹、李念慈、汪楫、朱彝尊、李良年、王嗣淮、陆嘉淑、沈暤日、陆慈云、杨还吉、李澄中、顾景星、吴雯、潘耒、董俞、田茂遇、吴学炯等人,共计二十二人,与会人物多为清初文坛名家。除上述官员外,他的荐主李天馥府宅和他本人居住的张云翼府则是他聚会的大本营,孙枝蔚等人常来此聚会。

在文学交游外,李因笃还参加了若干学术交游活动,与清初两位著名学者过从较密。

一位是清初考据学大师阎若璩(1638—1704),字百诗,号潜丘,清初著名学者。他精于考证,淹贯经史,主张"事必求其根柢,言必求其依据","无一字假",是考据学发轫之初最重要的代表人物,著有《古文尚书疏证》《四书释地》《潜邱札记》《困学纪闻注》《眷西堂集》,代表作是《古文尚书疏证》,该书以确凿的考辩证实东晋梅赜所献的《古文尚书》系魏晋伪作,奠定了他的大师地位。据《阎百诗行述》记载曰:"十七年,应博学鸿儒制科,日与傅山人青主游处,而反复辨论,则李天生检讨、汪钝翁编修最多。"③从中可以看出,阎若璩与李因笃两人常相切磋。李因笃则应阎若璩之请为其父亲作《阎再彭先生六秩并追飨丁孺人序》。按阎若璩乃博极群书的饱学之士,为学仅服膺钱谦益、黄宗羲、顾炎武三人,他和李因笃多有辩论,可知二人学术趣味相投,学术造诣相与联通。

另一位是陆陇其(1630—1692),清初理学名臣,浙江平湖人,学者称其为当湖先生。康熙九年进士,历官江南嘉定、直隶灵寿知县、四川道监察御史等,时称循吏。学术专宗朱熹,排斥陆王,被清廷誉为"本朝理学儒臣第一",与陆世仪并称"二陆"。卒谥清献,从祀孔庙。著有《困勉录》《读书志疑》《三

---

① 蒋寅:《王渔洋事迹征略》,北京:人民文学出版社,2001年版,第244页。
② 徐轨:《南州草堂集》卷六,清康熙三十四年刻本。
③ 张穆:《阎若璩年谱》,北京:中华书局,1994年版,第49页。

鱼堂文集》等。著述甚丰。《陆陇其年谱》记载,"康熙十七年十月,李天生来会,先生云:'朴实君子也。'叩其所学,极留心程朱,尝纂辑《大全》《或问》《蒙引》《存疑》《浅说》,谓之'四书五删'。又言顾亭林已曾往富平,其学亦尚程朱。近日所续《日知录》,多论学之言,与前刻不同。"①陆陇其与李因笃同尊程朱理学,故而惺惺相惜多有肯定,他称赞李因笃为"朴实君子",又称顾炎武前往关中后,受李因笃影响,在其著作里增加了许多论辨性的内容。

通过广泛的切磋交游,李因笃结交了一大批海内知名的文人学者,他的文学成就和学术造诣得到充分展现,深受时人推重。阮葵生《茶余客话》曰:"李天生以为三相国所荐至京师,名重一时,容斋以同姓年长兄事之,天生居之不疑,人尊为'关西夫子'"。②容斋系李天馥的号,他位高权重,又是李因笃的荐主,却因李因笃同姓且年长,故尊李因笃为兄,李因笃竟然承受而不谦让,这种态度一方面说明他和李因笃两人关系密切,不拘束于官位的高低,另一方面则在说明李因笃当时才高名大,受到世人的普遍尊敬。康熙理学名臣李光地(1642－1718)《榕村语录》曰:"关中李天生、晋中傅青主皆高品,虽学问粗浅驳杂,将来与顾宁人皆有名于后,实能外利禄,矫矫自异。"③他认为李因笃的学问虽然"粗浅驳杂",但又预言可与顾炎武一样可以后世留名。李元度《国朝先正事略》曰:"先生性朴直,博学能强记,初入都,南人多易之,一日宴集,论杜诗,先生应口诵,或曰偶然耳,诘其它,辄举全部无所遗。时阮亭、尧峰主盟坛坫,先生与抗礼。萧山毛大可亦李阁学所荐也,北面称弟子,先生独序齿称之曰兄。与大可论古韵不合,亭林是先生,非大可。"④这些逸事意在说明李因笃对杜诗至为熟稔,并称李因笃时与文坛盟主王士禛、汪琬分庭抗礼,在古音韵学方面他与清初经学家、文学家毛奇龄有不同见解,顾炎武认同李因笃的观点,可见李因笃当时的影响和地位。这是他一生当中声誉最为显赫的时期。

三、陈情终养名传天下

任职翰林院检讨,对李因笃而言,无疑是他改变一生命运的一次绝佳机

---

① 张穆:《陆陇其年谱》,北京:中华书局,2003 年版,第 89 页。
② 阮葵生:《茶余客话》卷八,北京:中华书局,1959 年版,第 208 页。
③ 李光地著,陈祖武点校:《榕村语录·榕村续语录》卷九,北京:中华书局,1995 年版,第 687 页。
④ 李元度:《国朝先正事略》,长沙:岳麓书社,1991 年版,第 1089 页。

遇。譬如，在物质名利层面，可由一介生活贫贱的布衣学者、游客文人，一跃成为官居清要、衣食优裕的翰林院检讨，借此光宗耀祖、振兴家业，一酬少年壮志；在精神文化层面，从此可以进入主流文化领地，拥有宽广的社会平台，一展才华，还将与众多一流的文化精英同僚共事，进而实现他由来已久的经邦济世的宏伟抱负，何况纂修《明史》，本身就是朝廷的一种特意安排，为的是顺应汉族文人心怀故明的潜在心理，李因笃可以借此为故国存史，寄托忠心。他的好友朱彝尊、潘耒等人皆由此步入仕途，在文化学术领域也有相当建树。李因笃不会不晓此中利害，但他不忘初衷，不为骤临的恩宠所动，授职不到两月，又新上《乞终养疏》，恳请归养老母，先后三十七次上呈，最后冒着违制的罪名，径直"自斋，跪午门外三日"①，"而始上闻，天子违部议，允终养。"②以其精诚获得康熙帝的恩准。

此举一出，李因笃名动天下，南北士林惊叹不已。是年秋日，他离京西归，朱彝尊、潘耒、乔莱、陈维崧、汤斌、尤侗、庞垲、方象瑛、王顼龄、钱中谐等翰林院同僚以及魏象枢、张英等朝廷要员前来辞行。众人纷纷赋诗相送，赞其才学，褒其志节。王顼龄《送李子德奉旨归养》中有诗句曰："圣主爱才非强志，大儒报国岂需官"③，最能彰显李因笃不需为官亦能报国有为的高远志向。就连远在浙江秀水的曹溶、广东番禺的屈大均也纷纷寄诗以示赞誉。

后世文人提及此事，也是赞颂不已。如刘廷玑《在园杂志》评曰："本朝己未，召试博学鸿儒最为盛典。其中人才德业、理学政治、文章辞翰、品行事功，无不悉备，旬足表章庙廊，矜式后儒，可以无惭鸿博，不负圣明之鉴拔，诚一代伟观也。而最恬退者李检讨因笃，于甫授官日，旋陈情终养，上如其请，命下即归，更能遂其初志。"④标榜李因笃为"最恬退者"。沈德潜《清诗别裁集》中为李因笃小传曰："授官后，即以母老辞，不许，表三上乃许，情词恳恻，比之李令伯之陈情又过之。圣主之仁，人子之孝，宇内共称不止，羡其鸿轩凤举也。"⑤嘉许李因笃之至孝。

---

① 吴怀清著，陈俊民点校：《关中三李年谱》，第416页。
② 李元度：《国朝先正事略》，第1089页。
③ 钱仲联：《清诗纪事》，南京：江苏古籍出版社，1987年版，第2678页。
④ 刘廷玑著，张守谦点校：《在园杂志》，北京：中华书局，1993年版，第37页。
⑤ 沈德潜：《清诗别裁集》，长沙：岳麓书社，1998年版，第323页。

第六节 弘道关中

一、盛世之音

康熙十八年(1679)秋,李因笃回到家乡。按照清朝制度规定,终养期间对其官员身份仍予以保留,同时享受一定数额的俸禄待遇。他处世低调,不以官员身份自居,亦不向世人宣扬拥有的荣耀与功名。《行状》记载曰:"抵家,具冠裳拜母,遂易常服,见宗族戚友,出门乘羸马,从小奚,遇者不知为贵绅。""与令丞县尉往还如旧仪,非公事不入城。"①赞许李因笃的恬淡风姿。康熙二十三年(1684)秋七月十一日,田太孺人卒。康熙二十五年(1686),母忧阙,按例当起。他无意仕进,曰:"母在尚不欲仕,况已没乎?"②再度告病请免。次年春,得吏部批准咨文。此后直至去世,再未召用。

李因笃坚持辞职以守护民族气节的底线,只是时移世易,面对日趋安定繁荣的社会形势,他对清朝的统治趋向认同和肯定。在获准归养之后,他便在其诗歌当中开始明确以"圣主"称誉康熙帝,写下了"圣恩深重容归养"③"帝性仁且孝,深宫照无忒。怀归悯小臣,念母情凄恻。诘旦沛殊恩,还山忽已得"④等诗句,表达他对康熙帝的感恩之情,颂扬康熙皇帝品德仁孝,统治英明,康熙二十年(1681),他作诗《岁暮感怀呈郭明府献素回首》呈给富平县令郭献素:"十载征输甫息肩,三农鼓腹颂尧年。怀新陇麦俱争秀,得气郊花早放妍"。⑤描述了战事平定后关中地区百姓丰衣足食的情景,以上古圣君"尧"来称颂当朝。

在称颂盛世的诗篇当中,他对康熙的"右文"政策尤为赞赏,且与主管文教工作的官员交往颇多。康熙十九年(1680),李因笃还应邀为陕西督学叶映榴所编的陕西科试文章汇集《他山集》撰写序言,积极肯定其振兴文教的功绩,希望叶映榴能重振汉唐古都的文化雄风。同年,他还到过西安曲江,与主

---

① 吴怀清著,陈俊民点校:《关中三李年谱》,第420页。
② 吴怀清著,陈俊民点校:《关中三李年谱》,第419页。
③ 李因笃:《留别詹事大兄三首》,《受祺堂诗集》卷二十二,第668页。
④ 李因笃:《留别吴侍讲卧山》,《受祺堂诗集》卷二十二,第668页。
⑤ 李因笃:《受祺堂诗集》卷二十三,第683页。

持该年陕西会试的翰林院检讨、昔日同僚汪霦①相会,作诗《赠汪侍讲东川典秦试》,诗中有句曰:"圣主方右文,词豪竟自昵。阶前干羽舞,究使有苗率。当代隆熙运,育才要有术。窃喜震天威,偃氛顿清谧。转机本庙谟,神武难具悉。皋夔将继踵,此举故堪必。"②表达了他对国运兴隆、文化昌明的喜悦之情。康熙二十一年(1682),儿子李渼参加府学考试,得入邑庠,和同时代的青年学子一样,步入了科举入仕的常规道路。

上述种种事实皆说明,李因笃已然认同了清朝的统治。他与各级地方官员的往来更加密切,从诗文集来看,上至陕西总督、陕西巡抚、陕西督学,下至西安知府、富平县令及周边府县的官员皆有赠答诗作。他也常就一些关乎民生福祉的社会问题向官府提出兴利除弊的建议,官方对他颇为倚重,所谓"省会诸公每遇大事,必迎公而质"。③

二、振兴关学

康熙十九年(1679),李因笃已经年届知命,至康熙三十一年(1692),他以虚龄六十二岁过早辞世。在这十二年的晚年生涯里,他再未出关远游,一直在陕西境内活动。他无意在政界谋求发展,在文化领域却是孜孜以求,热情有加。康熙二十三年(1684),他致信儿子李渼,谈及近况时说:"出门倏及三月,寝不安席,食不甘味,虽老且遭丧乱,未敢毫自逸豫。所为诗古文、时艺凡数百首矣。每夜尝至五鼓不寐于枕上,构思苦吟,非好劳也。自伤少年游荡失学,及今图桑榆,冀稍稍有所树立,不终泯灭,有不如是不可者。"④从中可见,李因笃烈士暮年,壮心不已,要为关学振兴做出贡献。他认为,关中乃是先王之地,华夏人文肇端于此,文脉源远流长,自己有责任重振文化雄风。

受博学鸿儒科试的干扰,在李因笃离陕居京一年多的时间里,顾炎武游走于富平、华阴、华州等地,最后出关至河南,后又回到山西曲沃一带。康熙十八年(1679)三月,顾炎武作《与李子德》:"频阳之来,侍老弟为主人耳。老

---

① 汪霦,字朝采,浙江平湖县(今属嘉兴市)人,寓居钱塘县(今属杭州市)。康熙十八年(1679),召试博学鸿词,中第一等第四名,授翰林院编修,官至户部侍郎。工诗,有《西泠唱和集》。
② 李因笃:《赠汪侍讲东川典秦试》,《受祺堂诗集》卷二十三,第682页。
③ 吴怀清著,陈俊民点校:《关中三李年谱》,第420页。
④ 李因笃:《续刻受祺堂文集》卷三,第17页。

弟去,则自不能留……今暂居华下,未为卜筑之计,且俟过江、淮,再与亲知筹之。"(顾炎武《蒋山佣残稿》卷三)李颙则返回周至,自筑垩室,闭门不出,不与人接,曾经兴盛于富平的学术文化活动随之陷入沉寂。李因笃回乡之后,再度激活了陕西的学术文化氛围。

康熙十八年(1680)深秋,傅山应邀来到富平,富平县令郭献素在其寿辰邀傅山、李因笃聚会。李因笃作《陈情归赋云中曲呈郭明府兼感夙怀》,诗前小序曰:"前秋是日杯相属,左有东吴谓亭林先生右二曲谓中孚家兄。今此二妙迹稍远,太原征君声光续时迎青主傅先生至。"诗曰:"太原工书轶钟王,垂老苦节凌岳渎。乞写长歌致天子,恒山灅水凝百禄。"他一方面回忆两年前即康熙十七年(1678)的今日曾与顾炎武、李颙等人相聚,今年又迎来傅山,赞誉其书法可比大家钟繇、王羲之,气节可与五岳四渎比高。

此外,经李因笃周旋,顾炎武在康熙十九年(1680)重返华阴,李因笃数度过访,关中学人咸来问道,华阴成为继富平之后陕西又一个学术交流中心。康熙十九年底,在华阴县令迟维城的支持下,他们酝酿已久的朱子祠堂终于在华山云台观建成,犹如一杆矗立的文化旗帜,带动了关中文化学术的复兴和繁荣。李因笃来到华阴,目睹巍巍矗立的朱子祠堂,祠内群贤毕至,彬彬称盛,欣然赋诗《赠华阴迟明府屏万五首》,其一曰:"西京文物蔚相延,华尹风流最少年。邂逅班荆如凤契,雍容下榻有群贤。行郊已足三春雨,绕阁长垂十丈莲。欲起龙门论史术,秦宫汉畤互苍然。"①对迟维城襄助建祠的义举予以颂扬,表现了他对陕西文化复兴的美好憧憬。

华阴论学之后,李因笃先后两次应邀在书院讲学。第一次讲学是康熙二十三年(1684)春,应陕西布政使、西安知府的聘请,他出任关中书院主讲教习,讲学半年左右。第二次讲学是康熙二十四年(1685)七月,在凤翔府岐山县朝阳书院与诸生会讲一月。李因笃作《创建朝阳书院序》,重点阐发书院讲学的当下意义,指出:"今反以科名为鹄,视博士之门居之去之,不异逆旅,故庠序乃日趋于敝,国家有所用非所养之叹,而士亦无解于学与政达,当是时,贤者欲起而救之,舍书院不可。"②认为书院讲学乃是转变学风、尊经重道的必要途径。据宋振麟《朝阳书院奉迎李太史子德先生会讲录序》记载,讲学时

---

① 李因笃:《受祺堂诗集》卷二十三,第686页。
② 李因笃:《受祺堂文集》卷三,第4页。

听者云集,环向聆听,陕西督学许孙荃、凤翔府知府曹鼎望都曾先后亲临听讲,随后刊行了《朝阳书院会讲录》。①

从时代背景而言,李因笃的这两次书院讲学具有重要的历史意义。入清以后,为了打压汉族知识分子,保障统治稳定,清朝廷一直对书院采取抑制政策。顺治九年(1652年)令敕:"各提学官督率教官,务令诸生将平日所习经书义理,着意讲求,躬行实践,不许别创书院,群聚徒党,及号召他方游食之徒,空谈废业。"②禁止士人结社集会。因此,清初几十年间,书院发展状况非常萧条。康熙十二年(1673),李颙应鄂善之邀主讲关中书院,令久已绝响的书院讲学之风再度兴起,李颙本人因此名传海内,与河北孙奇逢、东南黄宗羲并称为"海内三大儒"。李因笃讲学,虽不及李颙讲学影响之深远,实有其不可忽视的重要意义。关中学者王维戊对此作过一番评价:"当时关中讲学者,二曲为最盛,成人亦最多,太史人知为文章之士,而不知固讲圣贤之学者,宜其品诣之卓绝也。夫学之不讲,圣人犹尤,同心者当急思有以复之。"③肯定了李因笃的理学造诣及其弘扬学术之意义,纠正了时人视其仅为"文章之士"的偏见。尤需留意的是,其时李颙已经闭关自修,李因笃重兴讲学,教化人才,对于清初关学的持续发展具有重要的促进作用。

在岐山讲学后的回家途中,李因笃特意前往眉县横渠镇拜祭关学鼻祖张载之祠。他见祠庙断壁残垣,几近毁坏,便致书凤翔府知府曹鼎望,建议官府予以修缮。张载祠修葺一新后,他欣然作《重修宋张诚公横渠夫子祠记》,历叙关学源流,评点历代关学学者之功绩,认为修祠一举必将带动陕西文化的发展,所谓"渐复西都之人文,有望矣!"④

李因笃以实际行动带动了关中学术的振兴。与此同时,他借助书信往来,继续与陕西之外的各地朋友保持着密切的联系。《续刻受祺堂文集》卷三中保留着这一时期他写给北京的翰林院编修、明史馆总裁徐乾学、刑部尚书魏象枢、翰林院编修陈维崧和乔莱的书信。在致乔莱的书信末尾,他逐一提及京师诸友:"钝翁先生闻已南旋,愚山、阮亭两先生舟次,年兄暨同谱诸兄弟

---

① 宋振麟:《中岩文介先生文集》卷六,第208页。
② 毛礼锐等编:《中国古代教育史》,北京:人民教育出版社,1979年版,第471页。
③ 吴怀清著,陈俊民点校:《关中三李年谱》,第373页。
④ 李因笃:《续刻受祺堂文集》卷三,第46页。

匆次不及专候,恳年兄一一叱名代致"。① 信中提及的钝翁先生、愚山、阮亭两先生分别是汪琬、施闰章、王士禛,其他未提名的同谱诸兄弟即是他的翰林院同僚。从这些挂一漏万的书信可以看出,李因笃身在陕西,仍与京师学术界息息相通,故能及时知晓时世风气,予以回应。

三、风雅独步

李因笃的讲学活动确证了他的理学造诣。但是,正如王维城所言,他在时人眼中是以"文章之士"而著称,他在文学领域的影响更为突出。康熙二十五年(1686),作为当时陕西文化界的学术权威,李颙在致陕西督学许孙荃的一封信中,对当时陕西知名的文化人物做过一番点评:

> 关学不振久矣。目前人物:介洁自律,则朝邑有人(按:王建常);孝廉全操,则渭南有人(按:刘泽溥);风雅独步,气谊过人,则富平有人(按:李因笃);工于临池,词翰清畅,则华阴有人(按:王弘撰);其次诗学专门,则眉鄠(按:李柏)、合阳(按:康乃心)、上郡、北地、天水、皋兰(后四人待考)亦各有人。若夫留意理学,稍知敛华就实,志存经济,务为有用之学者,犹龟毛兔角,不但目未为之见,耳亦绝不之闻。提倡振兴,是在执事。……②

这番评点旨在标举关学人物各自的优长。他以李因笃为"风雅独步",以李柏、康乃心等人为"诗学专门",慨叹理学、经济之学人才匮乏。而所谓"风雅",狭义是指《诗经》之"风""雅""颂",概指《诗经》,联系李因笃曾著有研究《诗经》的专著《诗说》,"风雅独步"的一种理解是在肯定李因笃的诗经学成就。"风雅"广义的理解则是泛指诗文之事,就李因笃而言,既擅长诗文创作,也从事诗文批评,还进行诗经学、汉诗学、杜诗学等文学专题研究。因此,"风雅独步"也可理解为肯定李因笃在陕西文学领域的领袖地位,较之诗学专门范围更为宽阔。以李颙的眼界,自能代表时人的公论。

考察李因笃晚年踪迹,文学活动一直贯穿于他的生活当中。他平常时间多和各种友人诗文往还,经常受邀参加聚会赓歌相和。从交游朋侣来看,除顾炎武、王弘撰、宋振麟、张迟恭、李柏、康乃心等老朋友之外,新增的文友有

---

① 李因笃:《与乔石琳》,《续刻受祺堂文集》卷三,第8页。
② 李颙:《答许学宪书·第五书》,《二曲集》,北京:中华书局,1996年版,第177页。

陕西督学许孙荃、岐山县令茹仪凤、咸宁县令李翔凤以及白水县令钮琇等政府官员,皆是当时陕西文坛的活跃人物。他们诗文往来,不时聚会。较为重要的交游唱和活动主要有:康熙十九年(1680)秋,李因笃来西安与众官员相唱和。康熙二十二年(1683)夏,李凤翔擢升为兴安府(今安康市)知府,邀李因笃游玩数月。康熙二十一年(1682)春,李因笃出游泾阳、三原,与当地文人相唱酬。康熙二十四年(1685)春夏,他两度应邀来到岐山,与岐山县令、友人茹仪凤、凤翔知府曹鼎望以及当地数位文人同游凤翔东湖、五丈原,诗酒唱和。同年,他结识了陕西督学许孙荃。许孙荃(1640—1688)任职期间,励精图治,采取"修圣宫,奖节孝,裁常例,绝请祈,禁私刊,查冒滥,宏蠲赈,刻遗文"①等多种举措,全力振兴陕西文教事业。从政之余,许孙荃还是一名出色的诗人和学者,著有《华岳集》,沈德潜《国朝诗别裁》收录有许孙荃的六首诗,李因笃为其评点诗集,并将许引为继陈上年、曹溶、龚鼎孳之后的又一官员知己。

就创作而言,慕名前来求乞诗文者络绎不绝。据《行状》记载,李因笃辞职归乡以后,"侯起居、乞诗文者,纷集如蝇,公耳听口答,手不停书,五官并用不相妨"。②他的诗集共有三十五卷,其中后十五卷皆是康熙十八年(1679)后所作。除诗歌创作之外,他还应邀撰写大量碑志、传记、序文等应用型文章,为许多陕西本籍或时在陕西的文人撰写诗文集序言,成为陕西文坛当之无愧的盟主。

经过近四十年的执着探究,李因笃的古诗研究已是硕果累累。康熙二十五年(1686),他致信许孙荃,谈及自己的著述概况:

  仆音注古诗纪自汉讫六朝,惟汉诗确究,评语亦细载其上。囊携京邸,江浙诸友欲刊,以中间尚须校雠,坚辞未与。迩日茹明府、曹公子亦屡请剞劂,仆意此书曾费四十年苦心,一出必盛行。俟使君冬底旋车,当亲斋更有商榷也。杜诗五律排体绝句选本,俱友人持去四方,拟另事丹铅先成一种。如工竣,亦有肯梓者。但应接既繁,又苦家贫口,栖遑为彭泽饥驱之计。尚未卜能保暇期否。拙集内篇颇多散叶,军都诗其在太原征君家者。尝许作楷书,又绘十三

---

① 李因笃:《续刻受祺文堂》卷四,第35页。
② 吴怀清著,陈俊民点校:《关中三李年谱》,第419页。

> 图前丐苏门,寓公大书'天寿二臣'四字,瘗大行之麓,不知后竟如
> 何？今以藏本缄呈,即留台览,及拟汉诗一册,又《秋兴八首》亦可留
> 之。余容相晤岁除,取稍稍汇藤者,屏人请教。自念生平密友顾、
> 傅、陈、曹、龚、张先后告殂,即非伯牙,将辟弦自绝,不意青门道上,
> 得事明公于班荆籍草之间,结誓论文,情均骨肉,所愿尽披蕴抱,同
> 订千秋,虽公不言,何敢私其敝箧。惟是星轺日出,苦乏宁居,而拙
> 稿悉然,又非草草所能驰寄,大都盘梅尊酒,要自有时。①

据此可知,他多年来一直致力于汉朝至六朝的古诗音注工作,早在康熙十七年(1678),他苦心研习四十年的汉代诗歌研究专著《汉诗音注》初稿已经完成,既有音注,也有评语。他曾携带至京师,有多位江浙友人愿意出资刊行,他以尚需校雠之故推辞。近期岐山县令茹仪凤、凤翔知府曹鼎望之子也愿意刊刻,而他自信此书乃四十年辛苦钻研的结果,出版后一定能够流行,还是决定暂缓刊行,期待与许孙荃再见时详细商榷。至康熙二十五年(1686),他的杜诗研究专著《杜诗五律排体绝句选本》亦告编成,已经被他的朋友们拿走后渐次流传四方。他计划出版,却因生计奔波,没有足够的时间完成。他的个人诗集当时也开始整理,其中有少许散页,例如《军都诗》一册,傅山曾经表示要用楷体书写《军都诗》,并绘制十三陵图,题书"天寿二臣"二字,有机会将前往京师的陵墓实地祭奠,埋在山下。他将《军都诗》藏本和《拟汉诗》《秋兴八首》送呈许孙荃,待年底前后来请教。生平密友顾炎武、傅山、陈上年、曹溶、龚鼎孳、张梦椒先后去世,李因笃深感孤独,没有想到能够非常幸运地与许孙荃志趣相投。因此,他迫不及待地将自己的著作寄给许孙荃,盼望早日相聚。

四、暮年悲歌

随着年纪的老迈,再加上著述奔波的劳累,李因笃的身体状况日趋衰颓。康熙二十七年(1688)除夕,辞旧迎新之际,五十八岁的李因笃作《除日书即事》,道出了他的暮年心境。

> 男儿发白眼昏成衰翁,蹒跚只足左耳聋。掉头时序疾于箭,高
> 卧不知星斗东。日月其除倏复届,纷纭酬酢随乡风。终年搦管半人

---

① 李因笃:《与许学宪》,《续刻受祺堂文集》卷三,第13页。

事,欲补桑榆无寸功。岁稔仁妻免流涕,山深车服稀异同。含饴弄孙绕吾膝,大者学语心颇聪。小者数月初解笑,朝晖骞窗色融融。眼前浮沉且放意,春色已照樽醪红。①

开篇仍以男儿自称,但是白发苍苍,眼花耳聋,行路蹒跚,曾经翩翩少年已是垂垂老翁。所幸他安贫乐道,不计浮沉,常年笔耕不辍,时而含饴弄孙,篇末仍写融融春色,有酒盈樽,葆有从容乐观的心境。

康熙二十八年(1689)春日某晨,李因笃早起为人作记,突然感觉右臂不能弯曲。其后身体渐趋瘫痪,说话吐字不清,经常困卧于床榻,出行时必须挂杖。他自忖存世不久,开始着手整理著述,编定诗歌三十五卷,作诗《病居承杜姻家方叔整辑诗稿感赋古体五百字》,回忆一生做诗经历,期望早日出版。

康熙三十一年(1692)冬,李因笃病情加重,十一月二十二日子时病卒于家中。临终前,李渭请问后事,他正色曰:"吾年逾六十,不为夭,汝辈勿过哀。吾虽列缙绅,家无余财,丧葬勿逾礼。汝奉母安贫,强学问,勿旷废。"②再问则不语,稍后索水洗浴之后,瞑目而逝,享年六十二岁。

李因笃去世后,经友人合议,私谥"文孝",赞其文章冠世,孝尽慈母。其妻张孺人殁于康熙四十四年(1705)。有子一人,女二人。儿子名李渭,监生,原为李因笃之弟李因材之子。张孺人所育数子皆早夭,至李因笃五十岁时,田太孺人见其尚无子息,便将李渭过继给李因笃。长女适刘汉客之子刘楣,次女许配给杜恒灿之子杜坦,因病未婚即卒。有孙四人,分别为李楫、李楠、李枋、李械,其中李楫为康熙四十二年(1703)举人,李楠为庠生。此后传人鲜有可考。

今据 2007 年笔者探访,有李因笃第十三代传人李存庄生活在富平县薛镇韩家村,时年六十二岁,曾任富平县司法局干部。老宅旧称太史堡,"文革"前尚且存有照壁,上有百兽图,并有题诗。现已全然不见当年恢宏气象。李因笃墓在韩村木坊组果园南端,有墓碑一方,已被列入陕西省文物保护单位。

---

① 李因笃:《受祺堂诗集》卷三十三,第 780 页。
② 吴怀清著,陈俊民点校:《关中三李年谱》,第 419 页。

第二章 李因笃的经学思想

李因笃博学多才,既是著名学者也是文学名家。因其学术著作多有散佚失传,文学成就又颇有高名,因此后世也多视之为文学名家,而对其学术思想鲜有涉及,以致对李因笃学术思想的研究沉寂不彰,少有系统而全面的研究成果问世。事实上,他在经学、史学、实学等领域皆有造诣,在清初享有很高声誉。

入清之后,学术界开始反思亡国之因,批评宋明理学空谈心性无补国事,兴起了经世致用的学术思潮。部分学者则将目光转向古代,因循汉儒解经之法,返古汲经,运用音韵学、考据学等治学方法研究古代儒家经典,掀起了经学研究的新高潮。受此时代风气影响,李因笃也致力于经学研究,几经钻研,终成清初经学大家。遗憾的是,李因笃所著的经学著作《诗说》《春秋说》《九经大全》《浅说》等书惜已不存,但从文集及相关文献中,尚可以归纳出其经学思想的梗概。

第一节 经学为理学之本

经学是指中国古代研究儒家经典、解释其字面意义、阐明其蕴含义理的学问。它是中国儒学思想的基础和核心组成部分。经学作为中国封建社会的主流学术思想,按时间分,大体分为先秦原典儒学、汉唐经学、宋明经学、清代经学四个阶段。经学产生于西汉,具有以章句训诂为宗的特点。几经起落,至唐代则由国家的力量来推行经学,孔颖达的《五经正义》是当时的代表著作。宋代理学兴起,理学家们以重新诠释古代经典的方式,以阐发他们的主张,形成新的"义理之学",与汉唐训诂注疏的经学大异其趣。入清之后,学术界在经世致用之风的影响下,开始回归传统的章句训诂之学,对于经学的研究日渐兴盛,并出现了顾炎武、阎若璩、毛奇龄等一大批经学名家。

李因笃作为与上述诸人并列的清初著名经学大家,与顾炎武的学术旨趣最为相投,常相切磋,其时堪与顾炎武齐名。李因笃的《诗说》《春秋说》二书系其研究《诗经》《春秋》的专著,《清史稿·儒林传》称李因笃:"……深于经学,著《诗说》,顾炎武称之曰:'毛、郑有嗣音矣!'又著《春秋说》,汪琬亦折服焉。"①可知顾炎武、汪琬对于上述两书评价颇高。除此记载外,汪琬还曾称:"世未尝无可师之人,其经学修明者,吾得二人焉,曰顾宁人、李子天生,皆与仆为友。仆老矣,虽不能师之,固所为欣然执鞭者也。"②视李因笃和顾炎武为当代经学大师,甘愿拜二人为师。诗坛领袖王士禛称李因笃曰:"博学强记,十三经注疏尤极贯穿。"③沈德潜《国朝诗别裁》亦称:"先生(指李因笃)邃于经学。"④据此可知,学术界对于李因笃的经学成就有所公认。遗憾的是,《诗说》《春秋说》均已亡佚,以至于今人无法一睹其经学成就,只能从他的其他学术文章、书信、诗文创作以及他人著述中的相关片段中,感受到他对经学的熟稔,寻检出他的经学成果。例如,在李因笃的实学、史学乃至诗文著述中,经常可见他对儒家经典文献的引用,体现出他深厚的经学功底。

究竟如何看待理学与经学的关系,究竟二者相比谁更重要?这是当时学者探讨的重要问题,对此,李因笃提出了自己的见解,即"经学为理学之本"。李因笃与理学颇有深缘,他的父亲李映林是明末关中理学大儒冯从吾的私淑弟子,顾炎武《孝贞先生墓志铭》称:"先生少而刚方,积学不息。当万历之末,诸子好新说,以庄、列、百家之言窜入经义,甚者合佛老与吾儒为一,自为千载绝学。先生独好传注,以程朱为宗。既得事冯恭定先生,学益大进。"⑤依此可知,当晚明心学盛行之时,李映林仍以程朱理学为宗。李因笃幼时,母亲田太孺人曾经拿出李映林所读之书和冯从吾小像,勉励他继承父志,由此奠定他与理学的深厚机缘。

据屈大均《宗周游记》记载:"(康熙五年),时天生方编《九经大全》未就。"又康熙十七年,李因笃应博学鸿儒在京,与清初著名理学家陆陇其相交。宋振麟《朝阳书院奉迎李太史子德先生会讲录序》记录了李因笃在岐山讲学的主要内容,可惜当时的讲义现已不存。李因笃《受祺堂文集》当中收录有

---

① 赵尔巽:《清史稿·儒林传》,北京:中华书局,1977年版,第13109页。
② 汪琬:《尧峰文钞·答从弟论师道书》,《影印文渊阁四库全书》第1315册,上海:上海古籍出版社,1987年版,第541页。
③ 王士禛:《池北偶谈》卷十一,北京:中华书局,1982年版,第251页。
④ 沈德潜:《国朝诗别裁》卷十一,长沙:岳麓书社,1998年版,第323页。
⑤ 李因笃:《续刻受祺堂文集》卷四,第68页。

《正学隅见序》《与孙少宰》《创建朝阳书院序》等少数与理学相关的文章和书信,从中能够知悉他对于理学和经学关系的基本看法。

对于经学和理学的关系,李因笃认为经学更为重要,经学为理学的根本,不能离开经学而空谈理学。"理学以经学为本""经学即理学"是李因笃经学思想的重要创见,他在《与孙少宰书》中明确表达了这一观点,文称:

> 因笃窃观当世儒者,亦有留心斯道,高谈孔朱如某某其人。然皆撷拾语录,妄称性命之旨,而绝不知从事经学。自因笃论之,断未有不深于经学而能以理学名世者也。①

在此,李因笃明确提出"断未有不深于经学而能以理学名世者""经学不纯,终不得列理学一席"的观点,言下之意,经学研究是理学研究的基础和根本,只有精通经学,才能成为理学大师;只有对经学有深入的理解,才能使理学不致隐入空谈。理学和经学必须相互融合。无独有偶,他的好友顾炎武也曾在《与施愚山书》中提出"经学即理学"②的论断,与李因笃观点如出一辙。联系明清之际的思想背景,他们选择了一致的治学方向,即通过研习古代经典,返本开新,将理学研究深深植根于传统经学的基础之上,旨在纠正明人空谈心性、空疏不学的流弊,从而使学术研究发挥积极的现实功用。李因笃"经学为理学之本"的观点,体现着清初儒学发展的新特点,具有划时代的思想史意义。

第二节　学宗朱熹,重视传注

一、以朱熹经学思想为宗

李因笃受到明末关学及其父亲李映林的影响,也宗尚程朱之学。《陆陇其年谱》记载曰:"康熙十七年十月,李天生来会。先生云:'朴实君子也。'叩其所学,极留心程朱,尝纂辑《大全》《或问》《蒙引》《存疑》《浅说》,谓之'四书五删'。又言顾亭林已曾往富平,其学亦尚程朱。近日所续《日知录》,多论学之言,与前刻不同。"③称李因笃的思想宗尚程朱之学。李因笃与李二曲

---

① 李因笃:《续刻受祺堂文集》卷三,第3页。
② 顾炎武:《与施愚山书》,《顾亭林诗文集·亭林文集》卷三,第58页。
③ 张穆:《陆陇其年谱》,第89页。

同属"关中三李",素以兄弟相称,但是李二曲深受王阳明心学影响,主张"明体适用",其中"明体"即是理学家之心性修养,与李因笃的思想倾向截然不同。江藩评价他们二人时称:"其学以朱子为宗,时二曲提倡良知,关中人士皆从之游。二曲移家富平,时相过从,各尊所闻,不为同异之说。君子不党,其二子之谓乎!"①晚年,李因笃还与顾炎武等人在华山云台观侧建朱子祠,用以祀奉朱熹,表现出对朱熹的特别尊崇。

从总体上说,李因笃的经学思想是以朱熹的经学思想为宗,他试图继承朱熹的经学传注研究,即将经学训诂考证与理学结合,以考经传注而阐发义理。康熙八年(1669),李因笃致信学者兼藏书家孙承泽,表达了重视朱熹经学传注,并将其作为经学研究榜样的基本思路,文称:

> 汉唐诸儒岂无天资卓迈、出处较然者,而终不得列理学一席,非经学不纯之故乎哉?因笃不揣鄙陋,窃谓经学当折中朱子,而朱子则以《四书集注》为主。盖朱子一生精力,十九尽于此书,尽善尽美,无可遗议。明三百年,深知而笃好之,惟蔡虚斋一人。不熟读《蒙引》,又未有知《集注》之妙者。但《蒙引》乃虚斋未成之书,其中间有自相矛盾、并载数说之失。惟先生有一代经学之责,幸亟表章此书,而稍为节其繁复,则考亭且嘉赖之。至《通鉴纲目》,朱子原以属之门人赵氏,集中所载与赵诸书历历可据。《纲目》既成,朱子恐不及见。与赵诸书,皆未成时遥相往复,亦一证也。《纲目》所改《通鉴》书法,有大可议者,亦望先生为考亭明辨之,何如顾征君天下奇士,此时与先生周旋,纵观图史之富,直两贤相得愈章。恨因笃不及追随耳。②

从文中可知,李因笃认为,汉唐时期确有才学出众的经学学者,但是终究不能列入理学行列,原因在于他们的经学并不纯粹。他所尊崇的是朱熹的经学思想,并奉朱熹所著的《四书集注》为经学研究的典范,认为该书"尽善尽美,无可遗议"。李因笃认为明朝三百年唯有蔡虚斋即蔡清一人深得朱学真意,同时指出,蔡清《蒙引》是其思想尚未成熟时的著作,中间尚有自相矛盾之处。他希望孙承泽先对其加以删减,然后出版。此外,他特意指出,朱熹《通

---

① 江藩:《宋学渊源记》,上海:商务印书馆,1935年版,第8页。
② 李因笃:《续刻受祺堂文集》卷三,第3页。

鉴纲目》实际是由朱熹门人赵师渊所撰,朱熹曾经多次致信赵师渊,但他本人不曾见到《通鉴纲目》一书的完成稿,因此,该书中的许多观点需要考订明辨。这些见解说明,李因笃熟稔经学典籍,具有考据学家的严谨学风。

以此可知,李因笃将朱熹视为经学家,并将其《四书集注》视为经学著作,而非理学著作。或者可以说,李因笃将朱熹视为经学与理学合一的代表。这种认识正基于其"经学即理学""理学以经学为本"的重要创见之上。一方面,他从程朱理学的角度审视两汉经学,认为汉儒重文字训诂而轻义理探讨的经学研究方式存在缺陷,即"不纯";另一方面,他又从经学和理学结合的角度,认为理学研究不能离开以经典传注为主要形式的经学研究,并且应当以经学思想为基础。因此,李因笃认为《四书集注》一书可以视为朱熹经学成就的主要代表,该书可以作为经学研究的标准。

李因笃为何重视程朱思想及其传注研究?对此,他在《正学隅见序》一文中,主要从经学角度对程朱思想做出了评判,他指出:

> 自汉以来,士不尽出于学校;而学校必以九经为准,相与讲求先王之典章文物而守之不易。后世宋之盛也,程朱大儒相继作传注。盖由是内圣外王合而为一,然视汉唐之补残治坠,肆力于大经大法之间者,已稍有间……微考亭,即夫子博文约礼之训,几何其不遽湮也!①

李因笃认为,汉儒注经,主要追求恪守经典原意,但在义理阐发上却不足。程颐、程颢、朱熹三位理学大师则通过经典传注的经学研究,而将儒学中的内圣与外王融为一体,在儒学发展史上颇有历史功绩,但是相对于汉唐的儒者而言,他们主要关注根本义理的阐发,而对于天地经纬、国计民生等具体的现实社会问题关注不够。这里也反映出李因笃以朱熹的经学研究为基础、理学与经学并重的研究思路,以及以经学为本而求经世致用的实学思想。这与后来乾(隆)嘉(庆)时代学者专注于音韵训诂、回归汉儒却脱离实际的学风是完全不同的。

二、对陆王心学及明末空疏学风的批判

与顾炎武、黄宗羲等清初学术大师相同的是,李因笃也对晚明王学末流

---

① 李因笃:《受祺堂文集》卷三,第3页。

的弊端,及陆王心学造成的空疏学风进行了尖锐的批判。康熙十五年(1676),王弘撰写成《正学隅见》一书,请李因笃作序。在这篇序言中,李因笃评析理学源流,表明了他尊程朱、抑陆王的思想。

> 是时金溪二陆亦有志圣学,而性之所近,倡为空虚妙悟之旨。后进乐其简易,从之甚众。……金溪以尊德性为主,学者虽心知其偏,而左朱以攻陆,则先自惧,曰:"是无以处中庸,或者为两是之语以调停之。"夫以陆为贤,而不可与之翼。彼老庄、杨墨、申韩之徒,非当世之俊杰哉?如曰言本中庸,舍问学而专言德性,其失自在象山。故得其正,夫子问礼柱下,无害于道;不得其正,即介甫之《周礼》,适足致乱而已。中无灼见,模棱两可,抑何陋也!①

李因笃认为,陆九渊有志于儒学,尊尚德性,倡导空虚妙悟的心学,因其简单易学,从者甚众,但是相比较朱熹之博文约礼,距离甚远,其错误在于舍弃以经学研究为主的"问学",专言心性义理阐发的"德性",从而导致学风的偏颇。

而在《重修宋张诚公横渠夫子祠记》中,李因笃对陆王心学,特别是晚明以来王学的空疏不纯提出了更为尖锐的批评,文称:

> 且今之言陆王者吾惧焉,百家之说,明背圣人,其邪正易知也。周末,扬墨充路,孟子辩之不遗余力而仅胜之。今援儒入墨,阴剿内典,希微恍惚,莫可究诘,而间摘《语》《孟》中有为而发者,借作门面。揣其意,固自窜于象教;而听其言,仍不离圣贤。程子所谓"弥近而大乱真",学术人心,几于涣矣。②

李因笃在此将陆王心学与孟子时的杨朱墨家相提并论,认为它们都属于异端,是对正宗儒学的背离。特别是陆王心学作为儒家学说,表面上摘取《论语》《孟子》中的语句作为门面,似乎"不离圣贤",让人误以为还是儒家圣贤之言,但实际上却窜入了大量的佛家学说,几乎与佛教无异,从而混淆儒家思想,涣散人心,其危害更大于佛道等外道。

需要注意的是,李因笃虽然旗帜鲜明地批评陆王,但对陆王心学并不完全否定。他在《正学隅见序》中提到:

> 友兄华山王君无异著《正学隅见述》一编,格物从朱,太极从陆,

---

① 李因笃:《受祺堂文集》卷三,第3页。
② 李因笃:《受祺堂文集》卷三,第46页。

予阅而善之。或曰:"若不类两是乎?"曰:"无异与予,皆学考亭者也。无极太极之辨,以陆子为长。无异确有见其然者,已详篇中,姑不具论。无异以贤者之异,不害其为同;予又以太极从陆,不害其为学考亭也。"①

王弘撰既认同朱熹的"格物致知"之说,也推崇陆九渊的"太极"理论。李因笃认为这种选择自有道理,兼容并包,互不相妨,并非模棱两可。他还认为,王守仁在政治上大有作为,并建立了不朽功业,可称为伟人,不能因为他在思想上背离程、朱而否定他的历史功绩。在《与孙少宰》一信中,他说道:"因念王文成绝代伟人,公烈自堪不朽,而以讲学之故,违背考亭,致使后世并其生平疑之。"②他不赞同王学,却对王守仁深致敬意,足见其宽宏的学术品格以及实事求是的客观态度。

李因笃认为在王学盛行的时代,只有陕西地区的士大夫坚守了朱熹学术的正统,可以称为"最醇",他说:"窃念吾秦当嘉靖末,姚江倡良知之说,海内鹜趋,而高陵三原为经生领袖,独恪守考亭不变,于是天下称关学最醇。"③也就是说,明末的冯从吾、王恕等关学大家并未附从王学,而是坚守了朱熹经学传注的传统,因此可称为纯正。从李因笃之父李映林从学于晚明关学大儒冯从吾的经历来看,李因笃对于朱熹经学的推崇,以及对王学的批判,在很大程度上正是对明代陕西关学的继承。

第三节 远承张载,复兴关学

一、尊崇关学先贤、以复兴关学自任

作为关学后进,李因笃对关学先辈,如关学创始人张载、明代关学代表人物冯从吾等人至为推崇,并以复兴关学而自任。康熙二十四年(1685),他见关学鼻祖张载祠堂破败不堪,立刻致信给凤翔知府曹鼎望、岐山县令茹仪凤,建议重修张载祠。修缮完毕后,他又作《重修宋张诚公横渠夫子祠记》曰:

关学之兴,肇端张子,文、武、周公而后,吾西土言圣人之道者,

---

① 李因笃:《受祺堂文集》卷三,第3页。
② 李因笃:《续刻受祺堂文集》卷三,第3页。
③ 李因笃:《宁夏后卫教授乡进士充五白公墓志铭》,《受祺堂文集》卷四。

  莫之能先也。夫子殁而微言绝,七十子丧而大义乖。历七百余年,而始得周元公倡不传之遗绪。河南纯公、正公皆亲受业,拓而大之,而诚公为二程中表尊行,首撤皋比,力相推挽,徽国继起,遂集大成。盖自是内圣外王,统合为一,天下之言学者,论地则四,论人则五。四海之广,千百世而遥,较然于此心此理之同,循循知所依归。即孔孟复生,不得有异议。何者出乎仁,则入乎不仁,故君子慎之也。往嘉靖末,姚江实本鹅湖,树帜良知。彼天资既高,危言骇俗,又负大勋于当代,据建瓴之势,号召其徒,闻者如饮酒中狂,趋之惟恐不及。而吾秦高陵、三原为经生领袖,独恪守传注不变。

  于斯时也,关学甲海内。嗣则孙恭介、温恭毅,皆比老畯服田,弗敢畔于先畴,而耰耰之功,长安冯恭定尤著。溯其源委,以诚公为百世不祧之祖,诸贤各自绳其小宗。而汇凡筵,列俎豆,亦一而已矣。夫诚公之祠学宫,通之天下,西安祀之国,而凤翔又乡祀也。地愈近则愈亲祀之,宜专礼。乡大夫之贤,殁而祭于社,况大儒崛起,功在作述者乎?①

在此,李因笃首先极力赞誉关学鼻祖张载的开创之功,称其为陕西自西周文王、周武王、周公之后讲述圣人之道复兴儒学的第一人。孔子及其七十弟子去世后,儒学大义中断。七百年后至宋代,周敦颐继承发扬儒学,河南程颢、程颐兄弟继续开拓,张载作为二程的表兄,互相切磋,共倡理学。朱熹继起,成为理学集大成者,内圣外王自此合二为一。上述五人被天下学人公认为宋代理学五大家,按照地域分别称为濂、洛、关、闽四大理学流派。其次,他称赞明代关学恪守程朱经学传注、坚守理学正宗的历史功绩。他认为,明朝嘉靖年间,王阳明继承陆九渊的思想,标榜"良知"学说。由于王阳明智慧过人,观点惊世骇俗,且是当时功勋卓著的高级官员,所以在当时很有号召力,听到他学说的人如醉如狂。就在王学广为流传之际,独有关中地区吕柟、王恕等人坚守程朱理学,从其正统性和纯正性来说,关学习称为海内第一。之后孙丕扬、温纯等人继续坚持重视传注的朱熹经学传统,至冯从吾则梳理了关学源流,将张载作为关中理学各种支脉共同尊奉的始祖。凤翔作为张载的故里,与关学关系更加密切,理所应当整修张子祠隆重祭祀。此外,通常公卿乡贤

---

 ① 李因笃:《受祺堂文集》卷三,第46页。

第二章　李因笃的经学思想

去世后会有社祭,更何况张载这样的理学大儒呢?因此,在周原故地崇祀张载,有助于严肃关学的学统,发扬理学正宗。

通过上述阐发,李因笃已将关学与古代兴盛于此地的周朝文明相关联,明确表达了他对陆王心学的排斥、对佛学渗入儒学的高度警觉。从中也可知悉,李因笃对朱熹经学思想、程朱经典传注的坚守,对关学作为理学正统的肯定,以及继承张载、朱熹思想,复兴关学的自觉。

二、远承张载的经学研究和礼教思想

李因笃不仅具有复兴关学传统的自任,而且在学术思想上受到关学传统的影响,远承张载的经学传注研究,及其"以礼教人"的礼教思想。虽然李因笃的经学著作及其讲学记录大多不存,所幸宋振麟《朝阳书院奉迎李太史子德先生会讲录序》中记叙了李因笃岐山讲学的主要思想,这有助于考察李因笃对于张载经学思想的继承关系。文称:

> 先生首发横渠以礼教人之旨,细论有守有为之义,而断之于审几,以著思诚之体。大约谓人日用而不察天秩,皆废。若循规矩而摄以威仪,则百事可立。故《传》以动作威仪之则为受之徽,而几者动之界、知之微也。《书》严冒贡之非,而《易》以知几为神。圣人惟几之学,只不失乎本心。心者,积诚而已矣,故曰:"忠信,所以进德也;修辞立其诚,所以行义也。"先生论学必绾之以经,说经必贯之以诸史,使表里参伍相互发,而其指益畅。
>
> 曩观篇什所及,知先生于学术切救世之防,鉴积弊之端。论自泰山孙明复,南北学经理奥指皆钩其要,故每发一义,择枝叶以究根柢。若风雨之并集,河汉之高泻,以浩气披拂而洗涤之。不数日,而学者洒然,各自得也。①

据文中所言,李因笃主讲的内容属于修身养性的道德修养理论,其核心观点则来自张载,以及儒家经典和朱熹的传注。例如,他首先重申张载的礼教思想,要求人们遵守礼仪规范。黄宗羲《明儒学案》中说"关学,世所渊源,皆以躬行礼教为本",②以"躬行礼教"概括关学的特色。今人方光华亦称"张载学

---

① 宋振麟:《中岩文介先生文集》卷六,清乾隆十六年王文昭刻本,《四库全书存目丛书》集部第233册,济南:齐鲁书社,1997年版,第208页。
② 黄宗羲:《明儒学案·师说·吕泾野》,北京:中华书局,1985年版,第11页。

说最明显的一个特点便是躬行礼教。"①李因笃开宗明义以礼教人,径取关学精蕴表现出他对关学精神的继承。其次,论述"有守有为"的义理。"有守有为"出自《尚书·洪范》:"凡厥庶民,有猷、有为、有守。"意思是做人应该有作为,有操守。这与关学和张载的礼教思想是一致的;再次,要求明断于"审几"。其中"几"源出《周易·系辞》:"夫易,圣人之所以极深而研几也。惟深也,故能通天下之志;惟几也,故能成天下之务;惟神也,故不疾而速,不行而至。""几者动之微,吉之先见者也。"概指天道运动变化的种种细微征兆,"审几"之意即是明察天道万物的细微变化。李因笃之意旨在强调用心体察天道及其中蕴含的天理至善,即理学所谓"存理尽性"的道德修养;最后,他强调"诚",所谓"以著思诚之礼""本心则在于诚",旨在倡导诚信、真诚。其中"思诚"源出《孟子·离娄》:"诚者,天之道也;思诚者,人之道也。"认为诚是宇宙万物的根本准则的体现;诚是人伦的根本准则。他引用的"忠信所以进德也,修辞立其诚,所以行义"一句出自《易经·干卦》,原文为:"君子忠信所以进德也,修辞立其诚,所以居业也。知至至之,可与几也。知终终之,可与存义也。"意思是指人应忠实守信,提高道德水平,通过功夫修养,树立诚信,实践儒家道义。李因笃的以上论点,一方面来自于对张载、朱熹理学思想的继承,另一方面则来自于对儒家经典《尚书》《左传》《周易》《孟子》等的考证,体现出他探讨义理必以经典为依据、经学与理学结合的经学立场,由此可见,李因笃"经学即理学"思想的形成,在很大程度上也受到了张载的影响,即在儒家经典考证与注疏的基础上探讨礼教、性理等义理思想,如张载就通过对《周易》的注释,阐述其气本论思想。在李因笃看来,张载传注经典的经学思想被朱熹继承和光大,张、朱二人的经学传注研究都是他取法的对象。

综上所述,李因笃认为理学与经学密不可分,理学当以经学为本。因此他对程朱理学特别是朱熹的经学传注研究颇为肯定,并将朱熹《四书集注》作为其经学研究的标准。此外,李因笃远承张载的经学及礼教思想,并自觉传承重视礼教和经典传注的关学传统精神。可见李因笃经学思想的要旨是将经学与理学结合,在经典传注的同时阐发义理,将训诂考证与微言大义结合。这与此后乾嘉汉学宗尚汉儒而专注训诂、轻视义理的学风是不同的。从现有资料来看,李因笃的经学与理学思想主要继承自朱熹及张载,其研究领域侧

---

① 方光华:《关学及其著述》,西安:西安出版社,2003年版,第33页。

重于经义考证、传注及礼教实践等,而较少探讨气、理、心、性等形而上理学问题,具有重视道德伦理及实践的特色。正因为李因笃具有重经学传注的思想特点,以及他在文学史学等方面的突出成就,所以他的理学思想相对并不突出,以至于《关学续编》一书竟然未将李因笃列入其中。

第四节 经学为实学之本

李因笃经学思想的另一特点体现为"经学为实学之本"。李因笃重视经学及训诂考证的研究,但并未沉溺于音韵训诂、源流考辨等纯粹的学术考证,而是试图通过经学研究为现实社会的政治、经济、民生提供可资借鉴的经验,为现实的社会改革政策寻找经典的依据,也就是"考经以求实用"。他在《创建朝阳书院序》中称:"蔽于习闻而不稽古,好称古而非今,皆学者之大患也。远之则趋向分而是非易起,势必至于交病;近之则有观而兴,互剂其偏而裨其所不足。"也就是说,摒弃经学考证的"稽古"以及沉溺于故纸堆而"称古非今"都是学者的大患,"求古"与"实用"两者不可偏废。"经学为实学之本"思想是李因笃经学思想的重要特点之一,这在李因笃现存的《郊祀》《乐律》《治河》《荒政》等策论中有突出的体现。

一、考证礼经与改革郊祀制度

郊祀是指古代的祭天之礼,是中国古代最高的国家礼典,祭天是皇帝身份的象征。皇帝通过郊祀之礼显示其具有沟通神圣世界与世俗国家的独占权,以此作为王权合法性的基础和终极来源。因此,对于郊祀礼的研究,就关乎政权合法性的问题,故而受到历代儒家学者的重视,《受祺堂文集》卷一《郊祀》一篇即是探讨国家最重要的礼典——郊祀之礼。而郊祀之礼历来多有变化,相关争论也在持续不断。李因笃主要针对"郊天祀地"中的"郊天与祀地是一种礼,还是两种礼"这一争论进行源流辨析,并试图改革当时效祀制度的缺陷。他运用大量翔实的经典考证、对比考辨和理论剖析,阐述了"天地合祭"观点的合理性。

李因笃着重从经学角度考察了天地"合祭说""分祭说"两种制度的内涵及其经典依据,据他考察,郊天祀地之礼是分是合,自古以来就有争论。他说:

> 夫主郊之祭者,天子。谓之天子,犹云天地之子也。行郊之事者,其治通乎天下,谓之治天下,犹云治天地也。故言天则地在其中,言郊天则祭地在其中。经之言天,必与地俱。孔子之言郊,多与社并。天与地同坛,犹父与母同飨也。而或且曰:"离地与天祭之,非所以定一尊;混地与天祭之,非所以别二气。"嗟乎!此言分言合各为一说者之所由昉也。其言合祭者,本乎《虞书》,以为《舜典》言"类于上帝",称上帝而不称地祇,是天与地合也。其言分祭者,本乎《周礼》,以为《大司乐》言"冬日至地上之圜邱以祀天神,夏日至泽中之方邱以祀地祇。"既称天神而又称地祇,是天与地分也。《司乐》之文,类于巫祝之为,所举律同,自相背戾。①

也就是说,主张二礼合一的人认为,所谓天子,是指天地之子,郊祀与治理天下相通,因此治理天下也即治理天地,因此,言天则地在其中,郊天则祭地尽在其中。正如六经之言,天与地必相提并论,孔子论郊祀,也多与社礼一同提及。所以,天与地同坛祭祀,正如父与母同飨,二礼合一。而言二礼分离者认为,天地混同祭祀,就无法确定天之独尊的地位,无法区分天、地二者不同的气。例如明朝和清初每年冬至日举行的圜丘祭天,就是古代郊祀分祭最主要的形式之一,礼仪极其隆重与繁复,此处圜丘坛专门用于祭天,台上不建房屋,对空而祭,称为"露祭"。

他进一步进行考辩,发现无论是合祭说,还是分祭说,皆可以从礼经中找到根据。主张天地合祭者,出自《虞书》,认为《舜典》记载"类于上帝",称上帝而不称地祇(地神),意味着天与地合祭。主张天地分祭者,出自《周礼》,如《大司乐》记载"冬日至地上之圜邱以祀天神,夏日至泽中之方邱以祀地祇",文中既称天神,又称地祇,说明天与地二者分祀。他认为司乐之文由掌管占卜祭祀的人所述,表达并不准确,前代学者胡宏、吴澄已经指出其错误,这一观点一方面称其本体曰"天地",一方面阐述其理论则曰"天",自相矛盾。长期以来上述两种观点并存,导致是非混淆。

在厘清两种观点之后,李因笃表明了自己的主张,认同郊天与祀地是一种礼,继而援引丰富的上古文献进行论证考辩。

第一,李因笃从祭祀的诗歌、祭祀的服装、祭祀的礼器等角度证实,没有

---

① 李因笃:《受祺堂文集》卷一,第50页。

专门祭祀地的礼,从而反证天地合祀的正确性。

首先,他考证指出《诗经》中没有专门祭祀地的诗歌。文称:

> 如《颂》"昊天有成命",序以为郊祀天地,然其辞固不及地也。或疑此并非祀天地之诗。愚尝考之,《颂》之乐章,各有所主:《烈文》主太王,《清庙》主文王,至辟公巡守期会祭告,莫不有歌,而独于天地阙焉,可乎?且祀稷配天,祀文配帝,所以配祭者,尚有其篇,而顾于正祭之天地反不之及,又可乎?如大宗伯禋祀,祀昊天上帝,礼以为并建天神、人鬼、地祇,然地祇之祭无所谓后土也。或疑此亦无害于天地之分。愚尝考之,祀之行事,各有其诗:《般》之诗为望,雝之诗为祖,其四岳、河海、烈考、父母,莫不同享,而独于天地分焉,可乎?①

李因笃论证说,例如《诗经·昊天有成命》,其序中称郊祀天地,而辞文中并没有提及地。针对有人质疑这首诗并非用来祭祀天地的观点,他考证说,《颂》的乐章各有主颂的对象,比如《烈文》一篇主颂太王,《清庙》篇主颂文王,《辟公》篇则对巡守、期会、祭告等活动皆有相应的诗歌,唯独没有关于天地的内容。何况祭祀时以祖先后稷配天,以文王配祀上帝,配祭者尚有诗篇,正祭的天地没有诗篇反而不如配祭者,不合乎常理。他进一步考证,发现每一项祭祀皆有相应的诗歌。如《般》和《雝》等诗歌的主要内容是反映周天子祭祀四岳河海,先祖父母,且都是共同祭祀,由此推论,唯独让天地分祀是不可能的。此外,祭天为一坛,天神共为一坛,配祀天的诸神皆有位置,配祀天的地神反而没有独立的祭祀场地,可见没有单独的祭地之礼,天地分祀也是不可能的。

其次,他考证出六经中未记载祭祀地的礼服。《郊祀》文称:

> 如《司服》,王祀昊天上帝,则大裘而冕,礼以为辨其吉凶名物陈序,然无有所谓后土地祇之服也,或疑此亦未足证天地之合。愚尝考之,祭之衣裳,各有其别。祭先王则衮冕,祭先公则鷩冕,追飨、射、朝、甸、五祀、群小祀,莫不异服,而独于地祇略焉,可乎?且祀上帝此服,祀五帝亦此服,所以随时随方,各为一天者,犹衷其制,而顾于对祭之地反不之及,又可乎?

就祭祀服装而言,《周礼·春官·司服》记载,祭祀昊天上帝必须要求"大裘

---

① 李因笃:《受祺堂文集》卷一,第50页。

而冕",身着大裘,头戴冠冕,但没有提及祭祀后土地祇的服装。而古代祭祀的衣服根据祭祀对象各有不同,如祭祀先王则衮冕,祭祀先公则鷩冕,飨、射、朝、甸、五祀、群小祀等祭典也有相应的礼服,如果天地分祀,就不会省略祭祀地祇的服装。此外,祭祀上帝和祭祀五帝都要求同样的服装,不论何时何地,祭祀天的服装也是统一的制式,也未见提及祭祀地的礼服,可见当时并不存在天地分祀的制度。

再次,郊祀确有祭祀天、地的不同礼器,但主祭的神只有一位。李因笃说:

> 或曰:宗伯以苍璧礼天,以黄琮礼地,其色不同焉。或曰:典瑞以四圭有邸,祀天以两圭有邸,祀地其数不同焉。然何以不言所礼之地、所祀之时乎?礼莫大于祀,祀莫大于天地。于大宗伯所掌之三大礼,吉礼十有二之中,止言昊天上帝,不及后土地祇;于作器之时,始言礼天与礼地,祀天与祀地,固知所行之礼则一,而所用之器有二而已。合祭则其祭一,合祭天地则其神两,惟其神之两,故或以苍璧四圭,或以黄琮二圭。惟其祭之一,故服无异服,歌无异诗,愈知所祭之神则两,而主祭之神有一而已。

有观点认为,宗伯以苍璧礼天,以黄琮礼地,颜色不同。《周礼·典瑞》亦称:"以四圭有邸祀天,以两圭有邸祀地",祭祀天与祭祀地的圭数不同,说明天地分祀。李因笃对此反驳说,大宗伯所掌管的三大礼及吉礼中都只提到昊天上帝,不曾提及后土地祇。只是在做祭祀礼器时,才称礼天礼地,祀天祀地,由此可知,实行祭祀的礼是合一,但祭祀的神灵则有两个,所以祭祀的礼器会有两个,或是苍璧四圭,或是黄琮二圭。最后,李因笃得出结论说,从祭诗、祭服、祭器等方面来说,古代郊祀时并祭天地二神,但是以天神为主,因此郊天实际上是天地合祀。

第二,提出经书中关于天地分祭的记载很少,而从本义而言,郊天本身包含着对地的祭祀。

首先,李因笃考证认为,天地分祭之说在经书中只见于《周礼》中的《司乐》《典瑞》两篇,别处未见记载,属于孤证。所谓"孤证不立",仅凭《司乐》《典瑞》两篇记载,废除《周礼》中的三大礼、十二吉礼这样重要的祭礼是不合适的。文称:

> 况分祭之说见于《周礼》,他经不载也。始于《周礼》之《司乐》

《典瑞》,虽《周礼》不更载也。以《周礼》废诸经尚不可,以《周礼》《司乐》《典瑞》之微,废《周礼》三大礼、十二吉礼之重而可哉?

> 郊,交也。郊天者,扫地而祭,则地未有不与天交者也。地与天交,而后可以名郊。故凡祭天者,必有地焉。郊所以定天位也,郊天者,礼行而百神受职,则六宗、山川、群神未有不合祭于类上帝之中者也。百神从于帝,而后可以名类。故凡祭天者,必兼天地之贵神乎!然则言地必从其合,不言地不愈从其合乎?即鲁事证之。"卜郊不从,犹三望。"鲁诸侯不敢尽同于天子,故杀望于三,是郊之兼望也。

李因笃论证说,郊,即"交",郊天者会扫地,每次祭祀,则地必然与天交通感应,只有地与天交,才可能名郊。因此,祭天者必有地。郊是用来确定天的地位的。郊天者礼行之后,百神受职,所有的六宗、山川、河海等各路神灵皆合祭于上帝中,百神一并随从于帝,然后才可以名类。因此,祭祀天者必定兼祭天地,言地可说明天地合祀,不言地,就更能说明天地二者是合在一起祭祀的。他援引了鲁国事例来佐证,《春秋》记载曰:"卜郊不从,犹三望。"望者指的是不能亲诣所祭对象,故而遥望而祭祀。鲁国诸侯不敢尽同于天子祭祀,因此只能是遥祭,也即郊、望一同举行。

其次,针对有人质疑天地祭祀合一会亵渎神灵的观点,李因笃认为,初献之后,派遣官员分祀于坛中,谈不上亵渎。他说:"而或疑其渎,夫初献之后,遣官分祀于其坛,则非渎矣。礼行于郊,而天神皆降,譬天子所临,百官扈从。凡至之国,诸侯射享天子,而命其大夫、士分享,其扈从之臣亦从乎礼意而已。"(《郊祀》)郊祀时,天神皆降,犹如天子驾临百官扈从,如同各国诸侯射享,天子命其大夫分享,他们的扈从之臣也遵从礼意,所谓"大报天而主日配以月",即是天尊广大不可得而见,所以以日为主,以月配祀,郊祀兼并日月。天地合祀,以地配祀,郊祀兼并天地也是一样的道理。

再次,针对有人质疑祭祀日月有僭越之嫌的观点,他根据《祭义》进行了考辨:

> 即《祭义》证之,大报天而主日配以月,天尊其广大不可得而见,故以日为主,月配之,是郊之兼日月也。而或疑其僭,夫尊日月以次于天,为三辰之主,设王宫、夜月二坛于郊坛之侧,则非僭矣。礼行于郊,而天神皆从日月,譬王燕饮而主之以大夫,王嫁女而主之以诸

> 侯。即祭之时，社配以句龙，稷配以弃，亦存乎祀法而已。况合祭之说，得之鲁有郊之事也，得之祭义有郊之文也。以郊兼日月与望，则非专祭天。谓不合地倘不可，以郊兼百神，则不必更云祭地。凡神之成象者，皆地气之所为，谓地不在其中而可哉？

李因笃认为尊奉日月仅次于天，作为日月星三辰之主，在郊祀坛两侧设立王宫、夜月二坛，并非僭越。郊祀之礼仪举行，天神皆从日月，如同王者宴饮，由大夫来主持，王者嫁女，由诸候主持。因此，祭祀的时侯，社祭配以句龙，后稷配以弃，合乎祭祀的礼法。李因笃还从祭祀的本义出发，来论证天地合祭之说的合理性。他认为，郊祀不仅包括祭祀天地，也包含着祭祀日月与"望"之遥祭礼，并非单一的祭天之礼。既然郊祀包括百神，就没有必要另外再次祭地，何况神灵成象，皆是由地气形成，因此，郊祀之礼应当包含着对地的祭祀。

第三，通过对郊祀、社祀、祭地、望祭等多种不同的祭祀礼仪的考察分析，李因笃认为之所以出现不同的祭祀名称，分祭不同的神祇，是因为不同时节会有不同的祭祀目的，并不是所有的祭祀都与天合。

就郊祀而言，有时是天地合祭，有时是天地和百神合祭，各有侧重，根据时节的需要而灵活变化，但从本质上说仍然属于合祭形式。他具体罗列了古代不同时节不同的祭祀活动以及经书中的相关文献记载进行详细阐述，例如，他发现，古代郊祀日期并不按照节气规定，而是与月令有关。

> 周之岁首在子，恒以子月郊天，遂以郊为冬至，果尔宜应节即郊矣。而日常用辛，奈何？又周之孟秋建午，恒以午月大社，而遂以社为夏至，果尔宜颛名为社矣。而中央后土，在国中与四立之月、四时在四郊并称，奈何？夫郊本用辛，辛之日不必为至之日，然以其月建而言，亦不离乎日至，故《郊特牲》曰："郊之祭，迎辰日之至也。"祭地本与四郊，列为五帝。五帝之尊，不必若天之尊。然以其主宰而言，亦得谓之上帝，故《记》曰："郊社之礼，所以事上帝也。"闻之为召和气而祭，恒于郊；为养万物而祭，恒于社，如四望亦附四郊之兆，《礼》所谓"山川、丘陵、坟衍，各从其方"是也。

李因笃论证说，周朝时期的历法规定岁首在子，一般就在子月郊天，于是以郊为冬至，但是，后世郊天经常是在辛月举行。又如周代孟秋建午，通常在午月举行大社祭祀礼，故而以社为夏至，理论上应专称为社，实际上，中央后土在国中，而四立之月、四时在四郊并称。造成这两种现象的原因在于，郊祀本来应在辛日,辛日不一定就是至日,因为月建与日至密切相关,所以才会有《郊特牲》所谓:"郊之祭,迎辰日之至也。"祭地本与四郊同列为五帝,五帝之尊不必像天神一样尊贵,但是依据主宰而言,也可以称其为上帝。因此《礼记》中称:"郊社之礼,所以事上帝也。"据说,为了召和气而祭者,通常举行郊祀,为了养万物而祭祀者,通常举行社祀,正如四望之礼经常附着于四郊之兆,即《礼记》所谓"山川、丘陵、坟衍,各从其方"的意思。

随后,李因笃又逐一介绍不同的月份所举行的不同祭祀活动,说明这种分祭形式皆是祭祀专管某一特定事务的神祇。他考证《月令》《周礼》等经典称:

> 又如建寅之月,则祈农事于郊,《月令》所谓"祈谷于上帝"是也。即祈农事,则及先啬,《周礼》所谓"祈年于田祖"是也。建戌之月,则报成于方社。《月令》所谓"季秋祭兽于四方"是也。建巳之月则雩,雩则祭风云雷雨,《左氏》所谓"龙见而雩"是也。建亥之月则飨,飨则祭霜露冰雪,《月令》所谓"孟冬祈来年于天宗"是也。建卯之月,昼则迎暑,而当春分之日则朝日于东郊,《周礼》所谓"仲春逆暑",《祭义》所谓"祭日于东"是也。建酉之月,夜则迎寒,而当秋分之日则夕月于西郊,《周礼》所谓"仲秋逆寒",《祭义》所谓"祭月于西"是也。凡此分祭之贵神,皆专主一事之帝,而五祀司中、司命、司民、司谷、司寒,八蜡诸小祭不与焉。其国有大故,以所主之贵神旅而祭之,则谓之旅。《周礼》所谓"大旅上帝"、或"旅上帝"、或"旅四望"是也。

也就是说,比如建寅之月即是今天所谓的正月,常常在郊祀中祈祷农事丰收,即《月令》中所谓"祈谷于上帝"。即祈农事,则要祭祀农神先啬,《周礼》所谓"田祖"即田神的意思。建戌之月即九月则报收成于方社,《月令》所谓"季秋祭兽于四方"。建巳之月即四月举行雩祭,意思是祭风云雷雨,《左氏》所谓"龙见而雩"。建亥之月即十月飨祭,飨就是指祭霜露冰雪,也就是《月令》所谓"孟冬祈来年于天宗"。建卯之月即二月昼则迎暑,在春分之日,则朝拜祭日于东郊,也就是《周礼》所谓的"仲春逆暑",以及《礼记·祭义》所谓的"祭日于东"。建酉之月即八月,夜则迎寒,秋分之日则祭祀夕月于西郊,即《周礼》所谓"仲秋逆寒"。《礼记·祭义》所谓"祭月于西"。上述种种分祭的诸神,皆是专主一事的帝,而五祀中的司中、司命、司民、司谷、司寒以及八蜡(八蜡是古代中国的一种祭祀八种与农业有关的神祇,称为八蜡之祭)等小型祭祀活动,则不包括在内。如果因为国家有大事而举行祭祀活动,古称"旅",《周礼》所谓"大旅上帝,或旅上帝,或旅四望"。其中四望是指望祭天下名山大川之神。望祭也在国都四郊举行,四方各建一坛,以望祀一方的名山大川,祭品用牲要给予各方。以上说明的是各所分祭的不同神祇,都在经典中有专门的记载,但其中却无祭地的记载,可以证明天地是合祭的。

李因笃最后得出结论说:"故祭非必合,以天言之则合也。以天言之不独与地合,虽百神皆合矣。祭非不分,以帝言之则分也。以帝言之不独与地分,虽百神有时而分矣。合祭之郊,郊祭名也,祭名则主天,而天不得与地对称,从其大地;分祭之郊,郊地名也,地名则不必主天主帝,而帝或与地对称,或与百神并称,从其时也。"(《郊祀》)也就是说,通过上述种种祭祀活动的罗列,可以看出祭祀不一定全部采用合祭的形式,从祭天的角度来说则可以视为合祭。就郊祀而言,祭祀天也不一定仅仅与祭祀地合并,也会与百神合祭,由此也会出现不同帝名以及分祭各帝的形式。之所以出现有分有合,则是根据具体主祀对象的不同而灵活权变的结果。

第四,对《礼记·郊特牲》中的卜郊、祭服、祭品等郊祀规范的具体内涵进行了阐释与辨析。

李因笃认为"兆于南郊"旨在"贵阳",扫地为坛则偏向"尚质"。"卜郊(用占卜选定郊祭的日期)且受命于祖庙",旨在尊祖。"作龟于祢宫,旨在亲考"。"卜之日至,立于泽宫,亲听誓辞",有受谏之意义。"祭之日,丧者不哭,不敢凶服,氾扫反道①,乡为田烛②",旨在听从上意。"献命库门之内",用以警戒百官。"太庙之命",用以戒百姓。"王服皮弁而听祭报",表示严肃。"王被衮而戴冕璪,十有二旒",用以树立规范。"乘素车",以表节俭。"龙章而设日月",用以昭象。

此外,他还就《礼记》中关于祭祀衣服、祭祀用品的具体规范进行了考证,并解释了各种规定的内涵和作用。比如祭则特牲,帝牛不吉,须用稷牛,且必须在涤三月,鬯人必须供秬鬯(即一种以黑黍和香草酿造的酒)作为祭祀用的酒,供奉八尊,用以表达虔诚的敬意。除上述殷勤备至的礼仪规范外,对内在

---

① 古代帝王举行祭天礼,事先修整道路,把新土翻到面上,称为反道。
② 田烛,古代郊祭时置于田头的火烛。

的精神世界也有一定的要求。例如，祭祀时必须斋食，表达真诚，内心要有追思报本的理念，既要奉献供品让天帝享用，也要让祖先配享，以表恭敬。

最后，李因笃在对郊祀制度进行详细的经学考证之后，对现存的郊祀制度进行了批评，并提出了改革现有郊祀制度的实学方案。

首先，李因笃认为郊祀一年应举行两次。年初岁首祭天于泰坛，以祖先有功勋者配享，以表诚敬，因此，祭祀建筑的形体是坛而不是屋，称之天坛。季秋即九月祭地于明堂，以祖先有品德人配享，祭祀的建筑形式是屋而不是坛，祭祀对象称为帝。李因笃还指出当时的郊祀制度违反了天地合祭的正确制度。也就是泰坛、明堂合并祭祀，且在南郊天坛，建屋以祭祀，不合乎郊祀礼的规范。

郊祀一年举行两次，祭祀日期和对象各不相同：一次是辛日祭天，即十一月报本之郊；另一次是元日祭上帝，即正月祈谷之郊。但是辛日之郊古代在子月，今在寅月，更改的原因在于正朔历法的变迁，所以辛日并没有固定的日期。元日之郊理应在东郊，而不是南郊，而且元日是一个固定的日期。但是，当时的郊祀则误将报本、祈谷两个不同的日期合并为一日，在这一天举行南郊之礼，误将天与帝混同。

其次，李因笃认为地祇与大社也是不相同的两种祭祀，可以将社、郊祀礼分开，却不能将祭地祇从祭天礼中分开。原因在于地祇并没有专门的祭祀，只能统之于天，和天下之大祇一并祭祀。大社则有专祀，用以祭祀土神。大社只是祭祀封内之土，其神祇不敢列于郊祀。至于云雷霜露冰雪，皆属于天之贵神，《周礼》中不列其名目。李因笃认为，作为孟冬时节祈佑来年丰收的祭祀活动，应当祭祀"霜露水雪"之神。云雷冰雪等祭祀之所以未列入《周礼》，是因为《周礼》不完全出自周公之手，因此在《司乐》等篇目中存有错误。

综上所述，李因笃对古代郊祀礼仪制度进行了系统的梳理和阐释，对礼经文献进行了深度解析，明确提出来天地应该合祭的主张，所谓"言郊天则祭地在其中"；他对郊祀制度的仪式规范、内涵作用以及问题错误等方面也做了较为细致地考察，提纲挈领，有点有面，显示出他深厚的经学功底。同时，李因笃还在学术考证的基础上，进一步提出了改革当时郊祀制度的具体措施，并希望能够将其付诸实践，所谓："故夫论其分合，辨其得失，而一归之正，此所谓责在天子者也。笾豆之事，则有司存。"从这里，我们可以看出李因笃"经学为实学之本"，治经学以求实用的经学思想。

二、经学考证与复兴古代乐律制度

礼乐制度是中国古代进行社会教化的重要手段,礼乐制度分礼和乐两个部分。礼的部分主要是对人的身份进行划分和社会规范,最终形成等级制度。乐的部分主要是基于礼的等级制度,运用音乐进行社会教化,以达到缓解社会矛盾的目的。两者相辅相成,因此对"乐"的研究也受到学者的关注。在《乐律》策论中,李因笃针对当时乐制衰落的现状,为了实现乐律制度的复兴与改良,他通过考证诗书经典,总结出与乐制相关的十二方面的问题:原、节、序、章、象、制、立教、考政、分职、着辨、论器、求工。其中,与经学考证相关的主要有以下八方面:

一是"原"。"原"是指音乐的本源,李因笃援引《周易》和《礼记》论证称:"《易》曰:'雷出地。奋豫。先王以作乐崇德。'《记》曰:'人感于物而形于声,声应则生变,变化则比音而谓之乐。'《易》求其端于天,《记》推其动于人,故行有阴阳,气有刚柔,声有正奸,应有顺逆,而乐之和淫系之矣。"①认为音乐发端于天地万物,感动于人心,故而演化为阴阳二元,气有刚柔,声有正奸,声乐可以改变人的气质,从而与教化密切相关。

二是"节"。"节"是指音乐要有和谐的节奏、完整的结构,出自《礼记》:"礼也者,理也。乐也者,节也。君子无理不动,无节不作。"李因笃举例说:虞廷论乐,主张"堂上主歌,堂下主孔",这说明音乐因地点而不同;管子论乐,主为合作,从为贯珠;孔子论乐,则注重音乐在时间上的变化协调,一部音乐作品可以分为翕、纯、皦、绎四个部分②,开头前奏部分要蓄势待发,间奏部分要旋律流畅婉转,高潮部分明亮有力,尾声部分要余韵绵长,四个部分要完整和谐。

三是"立教"。"立教"是指音乐的教化功能,圣人常以音乐作为内外修

---

① 李因笃:《乐律》,《受祺堂文集》卷二。
② 翕、纯、皦、绎,出自《论语·八佾》孔子与鲁国太师谈论音乐的一段话:"乐其可知也:始作,翕如也;从之,纯如也,皦如也,绎如也,以成"。意在说明翕如、纯如、皦如、绎如,孔子用形象生动的比喻排比句式,把构成一首优秀音乐作品不可缺少的四个部分(序曲、间奏、高潮和尾声)的状态结构和情绪体验揭示出来。起始部分(即序曲、前奏),要像鸟儿收拢羽翼、准备起飞的样子,蕴情蓄势,做到含而不吐,忍而不发;接下来的部分,(间奏)要像细丝那样,旋律纤柔清晰、流畅连贯;(高潮)要像白玉的光洁色彩那样,节奏分明有力、音色明亮清新;(尾声)要像抽茧拔丝那样,绵延舒陈,余韵绵长,不绝于耳。

养的途径。李因笃认为,《尧典》中记载尧曾命夔以乐教胄子,且云"诗言志,歌永言",说明当时已具有以乐教化人的思想。孔子的音乐思想认为音乐关乎习俗和道德,所谓"率之以形,不若率之以声,喻之以事,不若喻之以理,和顺积中,英华发外,而乐乃洽乎人情矣"。强调音乐可以通过自然而然的情感激发和打动人心,从而实现教化的目的。

四是"序"。"序"是指音乐的等级次序,也即音乐分为宫、商、角、徵、羽五个音阶以及声音的清浊等。李因笃特别说明的是宫代表君,商代表臣,角代表民、徵代表事、羽代表物,依次类推,等级俨然,这体现了封建社会的等级思想。

五是"章"。"章"是指古代的十二乐律从低到高的律制,依次为:黄钟,大吕,太簇,夹钟,姑洗,仲吕,蕤宾,林钟,夷则,南吕,无射,应钟。这是将一个八度分为十二个不完全相等的半音的一种律制。这十二乐律继而用"三分损益法"逐一相生,规律就是:"黄钟生林钟,林钟生太簇,太簇生南吕,南吕生姑洗,姑洗生应钟,应钟生蕤宾,蕤宾生大吕,大吕生夷则,夷则生夹钟,夹钟生无射,无射生仲吕。"

六是"象"。"象"是指由音乐的美感所形成相应的艺术形象,比如清明象天,广大象地,终始则象四季轮回,周旋象风雨等,各种音乐能够形成变化无穷的生动意象。

七是"制"。"制"是指音乐创作的各种制约因素,例如声调的大小清浊由乐器制约,音乐的长短疾徐由人制约,哀乐刚柔由情感制约,迟速高下由运用来制约,出入周旋由意涵制约,最终形成"一气、二体、三类、四物、五言、六管、七音、八风、九歌"种种声音类别,彼此协调各得其所,和谐相成。

八是"分职"。"分职"是指掌管音乐的人应有相应的官职,担负相应的职责。据《周礼·春官》记载,太师是乐官之长,掌管乐音标准,典同则是负责调试各种乐器的乐官。

李因笃认为,只要"原以溯之,节以间之,序以成之,章以别之,象以显之。制以汇之,而乐之体于是乎立。施于立教,达于考政,重于分职,严于着辨,详于论器,明于求工,而乐之用于是乎行。"①也就是按照古代经典的规定制定乐律制度、制作标准乐器、选择音乐人才,即可复兴古代乐制,并使其发挥礼

---

① 李因笃:《乐律》,《受祺堂文集》卷二,第33页。

乐教化的现实作用。而要实现这一目的,对乐制的源流及内涵进行经学考证,是必不可少的手段。

三、《周礼》研究与荒政制度改革

所谓荒政,是指我国古代政府救济饥荒的政策、法令和制度,以及官府处理灾荒事务的行政策略。李因笃在其策论《荒政》篇中,通过考证《周礼》,为其荒政改革提供经典依据,并阐述了其荒政改革的基本思路。

据李因笃考证,《周礼》中即有掌管"委积"的记载,这是仓库的早期形式。文称:

> 愚考《王制》,"三年耕必有一年之食,九年耕必有三年之食"。以三十年之通,总计天下之口,虽有凶年,民无菜色,所谓讲之于平日也。愚又考《周礼》,"遗人掌委积",曰邦,曰乡,曰门关,曰郊里,曰野鄙,曰县都。自民之艰阨老幼,至宾客羁旅,皆在所恤。"廪人掌九谷之数",曰匪颁,曰赒赐,曰稍食。自民之四鬴三鬴,至二鬴不足,则令移民就谷。诏王减用,而大司徒更以荒政十二聚万民,曰散利,曰薄征,曰缓刑,曰弛力,曰舍禁,曰去几,曰眚礼,曰杀哀,曰蕃乐,曰多昏,曰索鬼神,曰除盗贼。司救又以节巡郊野,救其疾疫。胡安国又加之为粥饎以救饥,兴工作以聚失业之人。

由《礼记·王制》可知古代非常重视平时积谷备荒,要求三年耕种必须节余一年的粮食,也就是每年将三分之一收获的粮食储藏起来,依此递增,九年耕种就能积存够三年的粮食,这样就可以在灾年保证百姓有饭吃。李因笃考证《周礼·地官》中"遗人掌委积""廪人掌九谷"等与荒政有关的篇目,其中记载朝廷安排遗人专事例掌管委积,也即专门用来储备求助物资的仓库,这种仓库遍及全国各地,不论是城邦还是乡野,凡是生活困难的百姓,包括老人、儿童以及出门在外的行人宾客,都在抚恤救助之列。又有廪人专门掌管粮仓,凡百姓饮食有所不足,可以移民到他处就食。这些文献说明当时已经出现了专门的救灾组织机构,体现了积极救灾备荒的思想意识。李因笃继续考证《周礼·地官·大司徒》,称赞其中提出的十二条救灾措施:一是散利,意即将过去年成好时储藏的粮食发放给灾民;二是薄征,意即减轻灾民各种赋税;三是缓刑,意即饥荒之年犯罪较多,刑罚要轻缓;四是弛力,减少百姓的徭役;五是舍禁,意即废除禁止百姓出入山野的法令,给予灾民更多谋生活动的自由;六是去几,意即免除关市征税;七是眚礼,意即是减少或省去告礼中的礼数;八是杀哀,意即就是减少凶礼中的礼数;九是蕃乐,意即不准歌舞作乐;十是多昏,意即简化婚礼,以增加百姓结婚机会;十一是索鬼神,意即神气祈求鬼神降福免灾;十二是除盗贼,意即凶年盗贼多,要尽快铲除。这些举措从政治、经济、法律乃至礼仪等祭祀等多个方面进行了系统化的详细安排,说明当时已经形成了较为完善的救灾制度。

通过考证《周礼》中与荒政相关的记载,李因笃高度评价了《周礼》中荒政制度的地位,他说:

> 夫遗人所掌,乃国家尝时收诸委积,以待凶荒施惠之法也;廪人所掌,乃国家每岁计其丰凶,以为嗣岁移就之法也;荒政十二,乃国家遇凶荒之时,救恤之法也。其未荒也,预有以待之;将荒也,先有以计之;既荒也,又大有以救之。此所谓讲之平日,与讲之于临时者也。繇是观之,亦足以见三代之政并行不悖矣。

李因笃认为,遗人执掌国家平常设立的仓储,属于常态化的预备救荒的措施。廪人职责是每年预计本年度国家的丰凶状况,从而制定相应的举措。荒政十二策则是国家发生凶荒后的系列救助措施。三者相辅相成,既有长期性的备荒制度,也有年度性的预期救助计划、灾荒发生后的救助举措;形成了常态化的预防与临时性的应急相结合的荒政制度体系。更重要的是,李因笃认为这些措施在当前依然具有重要的现实意义,可以作为政府制定荒政措施、实施荒年救灾的重要参考。

四、经学考证与治河、盐政、天文等实学主张

除了郊祀、乐律、荒政研究,李因笃在策论《治河》《盐政》《天文》等篇中,也提出了许多得自经学考证的举措,表现出经学研究与实学研究相结合的学术思想。他在考证《尚书》《周礼》等经典的基础上,为其兴利除弊的改革举措提供了经典依据。

首先,李因笃继承了汉人"以经义治水"的思想,通过对《尚书·禹贡》等经典的考证,梳理了黄河改道变迁过程,及其与漕运、河渠的关系,并以此为其治河方略提供经典依据。对此,李因笃考证《禹贡》称:

> 愚观《禹贡》,治河始于积石,终于海,而诸州之文不少既见。其首揭于兖者,仅九河,既道而已。略其所经于诸州,而著其所入于

兖,此治河必治下流之验也。九州不言治河,而贡赋之来则必以达河终焉。所疏不详于侯国,而所会并举于帝都,此治河即治运之验也。……平当之言曰:"按经义治水,有决河浚川,而无所谓堤防壅塞。"《禹贡》称导河,而孟子亦称禹疏九河。此治河以浚为治,不以塞为治之验也。九河逆河,同在兖州。经于兖,言九河不言逆河。九河以为播,而逆河以为同。此治河以分为治,不以专为治之验也。①

从文中可知,李因笃通过考证《禹贡》,梳理了三代时期黄河下游河道的变迁情况,同时提出,如果按照经义治理黄河,则必须采用开挖河渠疏导水流的方法,而不能采用建筑堤坝约束河道的办法,这也就是《禹贡》所说的"导河"和《孟子》所说的"禹疏九河",而治河的关键也在于疏通治理下游的河道。

其次,李因笃在策论《天文》篇中,通过考证《周易》与《尚书》来探讨天文学的起源,以及日食的早期记录。他认为对于天象的观测最早见于《周易》的记载,此外,在《尚书·洪范》篇以及《周礼》、《春秋》中也有相关的记载,文称:"观天,始见于《易·贲》之象:'观乎天文,以察时变。'而虞舜有玑衡之设。《洪范》有五纪之论,《周礼》有五物之官,《记》有孟春之命,《春秋》有六物之求。"而对于日食的记录,最早则可以上溯至《尚书·胤征》篇,在《诗经》和《春秋》中也有记载:"日食,见于《书》者,则《胤征》所载:'季秋月朔,辰弗集于房';见于《诗》者,则《小雅》所讥:'十月之交,辛卯有食之。'见于《春秋》者三十有六。"

再次,李因笃在策论《盐政》篇中认为,经典中对于盐的记载最早见于《禹贡》,而盐政的起源则可以上溯至《周礼》中对于"盐人掌盐"的记载,文称:"《禹贡》,青州厥贡盐絺,然未以为利也,此盐见于经之始。《周礼》,盐人掌盐之政令,以共宾祀膳羞而已,此辨盐之始。"

除上述观点外,李因笃在经学方面尚有若干学术成果散见于其文集及他人著述中。

一是《诗经·蒹葭》考证。朱彝尊《经义考》卷一一九《蒹葭说》记载有李因笃对《诗经·秦风》中《蒹葭》一诗的概略阐释。原文为:"按李氏之说,大旨谓秦之封域,本周之旧都。周家积德累仁,流风遗俗宜有存者。何至一而

---

① 李因笃:《治河》,《受祺堂文集》卷一。

变而为《车邻》《驷铁》《小戎》诸诗。读《蒹葭》三章,乃知周之遗民不忘故主,思乎王之在洛,所谓'在水一方,溯游从者',皆指洛阳而言也,此前人所未发也者。"①古往今来,对于《蒹葭》有多种解读。例如《毛诗序》称:"《蒹葭》,刺襄公也,未能用周礼,将无以固其国焉。"②朱熹《诗序辨说》解释曰:"言秋雨方盛之时,所谓彼人者,乃在水之一方,上下求之而皆不可得。然不知其何所指也。"③可谓见仁见智,解读各异。按现在通行的解释,《蒹葭》一诗的主题是爱情,诗歌描写主人公徘徊河畔,溯流上下,追寻美丽的心上人的经历。李因笃的解释则是:"所谓伊人,在水一方"是指秦国人怀念他们的故主,其中"伊人"是指迁都洛阳的周王,"水"是指"洛水"。他的理由是,周朝贵德重仁,以礼乐治天下,其封地风俗淳厚,故有忠贞的国民作诗抒发其对周朝君主的思念,以此证明"秦风"不全是雄壮粗豪的风格。这一解释带着鲜明的儒家政教诗学色彩,似有穿凿附会的嫌疑。但是原诗意境朦胧,并无确定的解释,故而长期众说纷纭,难定一尊。李因笃以经史为据,自圆其说,亦可视为一家之言。

二是对于《诗经》部分诗篇经义的解释。李因笃在《杨太舅白石先生诗序》中提出:

> 予观《思斋》《皇矣》《生民》《公刘》诸什,皆称述祖宗之功德而作,列于《大雅》。《南陔》《白华》,言士庶人之孝,则在《小雅》。又有声无辞,目以笙诗,至晋束晳乃补其篇,意亦近之。然其音不可考矣。愚谓《华黍》由庚崇邱所论岁禧民和之事,古今不相远,可以谱为新声。若夫《南陔》之色养,《白华》之洁白,吾意其人必皆穷年行役,不遑将其父母,中心伤悲,又遭时不偶,降志辱身,而其诗多愁苦郁抑。所为殆有哀过于《蓼莪》,怨深于《北山》者,故诗人阙之,不得次于《大雅》。

李因笃在文中阐述了《诗经》部分篇目所蕴涵的主旨及其思想感情,认为《思斋》《皇矣》《生民》《公刘》等篇的主旨是称颂公刘、文王等周先祖的功绩,所以列入《大雅》;《南陔》、《白华》等篇主要表现一般士大夫的孝行,所以列入《小雅》,诗中表达了因常年行役而不能孝养父母的伤悲,以及生不逢时的愁

---

① 朱彝尊:《经义考》卷一一九,《影印文渊阁四库全书》第 678 册,第 510—511 页。
② 孔颖达:《毛诗正义》,《十三经注疏》,北京:中华书局,1980 年版,第 372 页。
③ 朱熹:《诗经集传》卷三,上海:上海古籍出版社,1989 年版,第 232 页。

苦抑郁,但其中的哀怨俱有"过度"之嫌,所以不被列入《大雅》。这里也反映出李因笃对《诗经》有颇为深入的理解。

另有几则关于他和清初著名学者阎若璩探讨学术的事例。一则是《尚书古文疏证》当中记载的"晋用夏正"一说:

> 己未,留京师,富平李因笃告余曰:"晋用夏正,子知之乎?"余曰:"然。"天生曰:"周天王,固许用之也。'观定四年,启以夏正,强以戎索'可见。"余曰:"左氏乃'政'字,非'正'字。即'政'与'正'通,然则于伯禽、康叔皆曰:'启以商政,强以周索',鲁卫乃又建丑乎?何周初自乱其正朔也?"天生语塞。①

《尚书古文疏证》是阎若璩的学术名著,他以坚实的考据辨伪方法证明《古文尚书》系后人伪作。康熙十八年(1679),李因笃曾与阎若璩在京师相交游,切磋甚密,只是观点屡有不合。从文中可知,李因笃根据"观定四年,启以夏正,强以戎索",推定"晋用夏正",意即晋国的历法采用夏正,与现在的农历相同,殷正以十二月为一年之始,周正则以十一月为一年之始。阎若璩援引两则论据予以反驳。一则是《左传》中为"启以夏政",而非"启以夏正";另一则是书中还有"启以商政,强以周索"这样类似的话语,说明"启以夏正"并非指历法而言,指出了李因笃的错误。

从上述记载可知,阎若璩对李因笃本人很是推重,但在学术分歧方面则是当仁不让,一一辨驳。仅就上述观点而言,李因笃的结论确有不妥之处。然而阎若璩才高气傲,曾对多位同时代学者作过批评。杭世骏《阎若璩传》曰:"天性好骂,词科中五十人,独许吴志伊之博览,徐胜力之强记。李天生谓其'杜撰故实',汪钝翁谓其'私造典礼',《尧峰文钞》抨击不遗余力,则有夙嫌也。"②阎若璩批评李因笃杜撰故实,杭世骏认为原因在于彼此之间曾有一定嫌隙。

综上所述,李因笃在经学思想上主张"理学以经学为本","经学即理学",与顾炎武等人一起开启了清初的学术风气,在经学训诂等具体研究方面,也留下了许多颇具功底的见解,无愧于经学大师的称号。

---

① 阎若璩:《尚书古文疏证》卷六,上海:上海古籍出版社,1987年版,第659页。
② 张穆:《阎若璩年谱》,第151页。

第三章　李因笃的史学思想

李因笃精研经史,对于《左传》《春秋》《史记》《汉书》《资治通鉴》等经典历史著作烂熟于胸,他的诸多著述每每旁征博引,史料丰富,由古及今,信手拈来。杨浚在《续刻受祺堂文集序》中称:"先生自疏请终养后,益肆其力于古文词,碑铭,志传,骎骎乎入班马之室,洗炼精纯,所造弥邃,卓然成一家之言。"冯云杏在《新刻受祺堂文集小序》称:"其文可追班马,惜为诗掩。"都将他与历史上的史学大师司马迁、班固相提并论,肯定了李因笃在史学领域的突出成就。李因笃本人也称:"笃西鄙腐儒,夙无一能。然读史五十年,晚而微有寸得。"[①]由于李因笃曾供职于翰林院,参修《明史》,因此他晚年在所作传记文章及书信中往往自称"太史氏""外史氏"等,即以史官自居。例如,他在《方伯穆公廉仁颂并序》中就自称为"因笃史官"。李因笃史学思想的突出特点表现为"以史为鉴""表彰忠烈",即将史学与实学结合,力图让史学发挥经世致用的现实功用。这在其十三篇策论(特别是《史法》篇),以及所撰史传、墓志等史学著作中皆有体现。

第一节　论史著得失与"四体三变"

在《史法》策论中,李因笃通观古代历史著作,认为从体例而言,中国古代史著的发展脉络及其主要体例可以总结为"四体三变"。他认为,黄帝时期有史官孔甲、沮诵等,文风质朴简略,大多失传。三代以后的代表性史书有两本:一是纪言为主的《尚书》,另一个是纪事体的《春秋》。但是真正称得上成熟的史书体例共有四种:一是汉代司马迁的《史记》,细分为本纪、世家、表、书、列传等多种体裁,形成了史书体例的标准;二是唐代杜佑的《通典》,主要用以记述典章制度的变革;三是宋代司马光《资治通鉴》新创编年体,以皇帝纪年为主,世家、列传、典章变革等皆以年次记叙其中;四是朱熹的《通鉴纲

[①] 李因笃:《与茹紫庭》,《续刻受祺堂文集》卷三。

目》,为《资治通鉴》增加提要,在纪事基础上进行褒贬评论。

李因笃还论述了历代重要史书的特点,并就其优劣进行评点。他首先评点司马迁的《史记》,称赞司马迁为古代良史,并就若干对司马迁的批评进行反驳。例如,李因笃不认同别人对于司马迁"好奇轻信"的评价。他认为,司马迁《史记》当中记载最古老的历史乃是《五帝本纪》,其中轩辕皇帝、颛顼、帝喾的事迹皆依《世本》,尧舜则依据《尚书》。此外,司马迁作史讲求雅正,曾经说过,"百家言不雅驯,荐绅先生羞称之""择其文尤雅者,着之于篇"①,以此阐明自己修史的意图。宋代刘恕著《通鉴外记》、金履祥著《通鉴前编》、罗泌著《路史》,三人皆是宋代著名的学者,内容多有迂谬诡怪之处,而汉代的司马迁《史记》却不曾收录怪异荒谬的内容。因此,相比之下,司马迁著《史记》皆有一定的事实依据,并非好奇无据。另外,司马迁身为汉朝大臣,距离汉高祖并不遥远,在《史记》中,他如实记叙汉高祖的父亲曰:"大公,不知其名。"记述汉高祖母亲曰:"刘媪,亡其姓。"态度至为慎重,可见司马迁并非轻信之人。此外,李因笃也反对班固对于司马迁的批评——"先黄老而后六经,是非颇谬于圣人。"他认为,司马迁所谓的道,与后世并不相同,概指黄帝之道,并非老子之道。原因是司马迁《史记》一书遵孔子为世家,将老子、庄子、申子、韩非子四人合为一传,书中其他地方亦有多处折中孔子,据此可知,司马迁对于孔子十分尊崇,而在秦汉时期,像司马迁这样尊敬孔子的人并不多见。针对所谓的司马迁著列国《世家》与《毛诗》、《左传》不相吻合的观点,李因笃认为,当时这两部书问世晚于《史记》,司马迁的依据为《世本》,故而彼此存在抵牾。针对批评司马迁"礼乐皆其粗迹"的观点,他反驳道,司马迁只是言其可言者,并不悉数尽录。司马迁为了表达对历史人物尊贤贵能类别的评定,故而分为本纪、列传等不同体裁,班固为了与司马迁相区别,故而统一归为传记。

论及班固《汉书》时,李因笃认为《汉书》本为关于汉朝一代的史书,即今所谓的断代史,却要论述上古历史,已属破体,有些观点并不准确。针对世人关于"《史记》简、《汉书》繁、《史记》不如《汉书》"的观点,他认为,《史记》是私家著史,所述皆前代历史故事,故而内容删取多随作者意图。《汉书》作为国家组织的修史活动,需要阐述本朝种种宪章制度,内容不得不繁富,因此,

---

① 李因笃:《受祺堂文集》卷一,第47页。

不宜简单地用繁简评定二者的高下。

论及南朝刘宋史学家范晔《后汉书》时,李因笃认为该书列有《皇后纪》,可以弥补司马迁以外戚相称的不足,纠正班固不录皇后的失误。另外,范晔身为六朝人,故而文辞藻丽、形式铺排张扬,影响了史实内容的表达,较司马迁、班固显得小气薄弱。但其自叙笔势畅达放纵,类次整齐,音律和谐,堪与班固相媲美。

论及陈寿《三国志》,李因笃认为陈寿以魏国为正统,出于魏晋相承的缘故。但是,他不称《魏志》而称《三国志》,称蜀汉为主,对于吴国却直呼吴国君臣的姓名,表明了他的政治倾向。不足之处在于该书遗失了许多蜀汉的历史事实,而且全书缺乏表志类的内容。总体而言,他认为陈寿《三国志》"举此见彼,质其有余",犹存司马迁之遗风。

论及《晋书》时,他认为《晋书》多附会增益的内容,该书因由南朝刘宋的沈约等人纂修,文辞华丽绮靡,以至用骈体文形式。至《陈书》、北朝诸书乃至《隋书》则文风更为绮丽放荡。

论及《旧唐书》《新唐书》,李因笃认为两书各有所长,不可偏废。《新五代史》出自欧阳修之手,上下五十余年,贯穿八姓十国,每事有首有尾,每人有本有末,在详略进退方面安排得当,立意严谨,显示出高妙的史才,唯独关于正统的论述不够纯正。

李因笃认为司马光著《资治通鉴》,尚有未能详尽之处,给朱熹后来做《通鉴纲目》留下空间。论及《宋史》,李因笃认为,常人多批评其繁杂,他认为《宋史》不足在于有缺漏。他认为,史书繁复密实,后世尚可简约,一旦错漏则无从弥补。例如《韩琦传》不曾载"銮仪司撤帘"事,《狄青传》不记狄青与曾公亮论方略事,至于金国攻破东京掳掠徽宗、钦宗,淳熙年间(1174—1189)屈辱议和,南宋遗民谢翱听闻文天祥殉难后在严子陵钓鱼台哭奠文天祥,林景熙等人冒着生命危险收拾宋高宗等六帝遗骨并埋葬于会稽兰亭等一系列事迹皆未记载。

论及《辽史》、《金史》,李因笃认为两书具有规矩不明、客主不辨的共同缺点。相比之下,《辽史》稍优,原因在于修史者可以依据当时的《辽实录》,言简意赅,成书容易。《金史》则过于繁乱,其中的《本纪》部分支离破碎。

论及《元史》,李因笃认为由于《元史》纂修于明初,多有政治忌讳,而且限于条例、时间紧迫,加之修史诸人并非谙熟掌故者,匆促成书,只能称其为稿本。

论及《明史》,李因笃认为《明史》尚无成史,嘉靖年间(1522—1566)郑晓《吾学编》是明洪武(1368)至正德(1521)间史事的纪传体史书,有人认为该书的论赞可与陈寿相比。但是其中有许多自相矛盾、前后复出之处,原因在于明朝十三朝的实录皆藏之内府,著者无从获取真实材料,因此影响了史书的质量。万历年间(1573—1619),朝廷准备修史,可惜后来半途而废。李因笃认为,即使万历时继续纂修《明史》,同样存在许多困难。难处在于明朝建国之后二百五十余年,日历起居,往事繁多,难以一一罗列清楚。最困难的地方在于对元末明初历史的撰写。例如,对于元末起义首领韩林儿,明太祖朱元璋并不避讳,明朝文人却讳莫如深,导致相关事迹若存若亡。李因笃认为,作为历史著作,对于开国帝王本不应该避讳。例如秦末楚汉相争之际,司马迁《史记》撰有《秦楚之际月表》,忠实地记录了秦末先是楚兴灭秦,然后汉灭楚而兴,而且让《项羽本纪》冠于汉高祖刘邦之前,这才是真正的史家品格。那么,明史即使不能将韩林儿载之世家,也应该借鉴月表之法对此段历史予以保存,为什么要避讳呢?同样,关于张士诚、陈基、王逢等人的传记,不论《元史》《明史》,不仅时间错讹较多,而且内容差错不可胜记。至于"鄱阳湖代溺"①之事、青田牧竖②之言,传讹甚多。此外,建文、景泰的庙号、朱棣靖难大礼、陈白沙之从祀、东林党三案之评点,皆为复杂诡谲的政治纷争,一旦修史,在记载评述时要达到严谨允当的标准,将会很困难。

李因笃所称的这些问题直指《明史》当中涉及政治敏感问题则语焉不详的现象,批评当时的史官不敢秉笔直书,隐瞒史实,显示出李因笃对于真实著史这一原则的坚定执守。

第二节 论著史方法与"撰史八旨"

在策论《史法》篇中,李因笃提出了撰写史著的基本原则和方法,他认为

---

① 指公元1363年,陈友谅与朱元璋大战鄱阳湖之际,陈军四面围攻朱元璋的坐舰。在此危急之时,亲兵将领韩成换上朱元璋的冠服,伪装成朱元璋,以迷惑敌军。韩成更衣后,当着陈军投水自溺。陈友谅以为朱元璋已死,便稍向后退军。朱元璋乘机换乘他舰。

② 朱元璋在韩林儿自立为帝之后,曾以臣子自居,命令部下对其行礼跪拜,只有刘基不拜,并说韩林儿只是一个放牧之人,何必奉他为帝?并借此面见朱元璋,陈述朱元璋才是天命所在。

在撰写史书之前,首先必须注重两大要点:"简才"和"庀事"。

所谓"简才",是指选择具有撰史才能的人,既不能太过驰骋文采,也不能太拘泥于事实的堆积。他认为,当时北方的学者推崇文采驰骋,南方的学者注重考证广博,前者适合从事辞赋创作,倘若撰写国史则会荒诞失实,原因在于,作私家传记可以任由作者个人评点损益,撰写国史则必须写出天下人共知共见的事实,所谓"私传可以意为损益,国史则其人其事,必明书其为天下共知共见者"。南方的学者为文谨慎拘谨,适合做表志一类的文章,做纪传体则可能因为文笔浅陋,使得事实湮没不彰,应在二者之间适当权衡中和,做到通达而不遮蔽,方能胜任修史之责。

所谓"庀事"则指广泛搜集各种实录、书志、汇传类的文章,然后去伪存真,为修史提供充足翔实的资料。他以司马光修史为例,应当先以年月日为序编写丛目,然后才修长编。今天修史时,则可通过下列具体途径展开:撰写《本纪》则取材《实录》,撰写书志则参考《唐会要》《唐六典》以及元朝《经世大典》的体例,列传则以辑录为主,具体参照宋代的《琬琰录》、元代苏天爵的《名臣事略》等书的体例。

在正式撰写史书的过程中,李因笃提出六项具体要求:辨体、尚质、阙疑、治例、原赞、专任。

"辨体"是指辨明体裁。他认为史与鉴的体裁不同,史以文为主,以事为经纬,鉴以事为主,以文行之。他以孔子、司马迁为例,说明撰写史书者必须选择恰当的写作风格和表达方式,可以详写、略写,正写、旁写,可以避讳,也可运用生动形象的形容手法。叙述人物的品节时可以大体界定其类型,叙述人物的生平时也可从细微处着笔,尽显人物的性情特点。

"尚质"是指历史著作应该像上古的历史著述一样,不要过分追求华丽文风,保持质朴自然而不俚俗的文体风格。他认为,史书稍逊于经书,在于文过其质。例如史书中会歌颂祖先的功勋功德,为精英贤达人物做传记时会记载一些不完全可信的传闻。他认为孔子所谓的"文胜质则史"的正确内涵并不是强调文采多于质朴,因为孔子所谓的"史"仅仅指的是府吏胥徒,并不是真正的史官。李因笃的这一解释非常正确,因为孔子所谓"史"本指宗庙之祝史,或在官府之掌文书者,这些人往往显得虚伪,故而"史"意指虚浮不实。后人往往以绮丽为文,以俚俗为质,则歪曲了文质的本义。

"阙疑"是指应当拾遗补缺,不要任意减削,尽可能做到史料详尽。李因笃举出了许多具体实例,如孔子对鲁哀公、鲁定公多有微词却依然存其历史;司马迁《史记》"表"有十二诸侯之名,但内容记载十三个国家,欧阳修《新五代史·伶官传》中记录了唐庄宗李存勖之弑,《晋家人传》记载了"晋出帝北迁"一事,这些都是古代著名史家为了保存历史的真实而存疑的事例。

"治例"是指制定合理规范的写作编纂体例。李因笃认为,晋代学者杜预《春秋经传集解》对儒家经典著作《左氏春秋传》进行注解,以丰富翔实的资料,首次全面系统地总结归纳出"三体五例"等义例特征,为解释《春秋》提供了新的依据,对后世产生很大影响,成为后世撰写史书时的重要参考规范。依此可知,义例对于修史具有非常重要的意义。

"原赞"是指在史书中对历史进行准确到位的评价。司马迁《史记》每篇最后都以"太史公曰"的形式,对所记的历史人物或事件加以评论,一般称为赞,以赞表达对所述历史的评价。班固未能完全符合这一标准,陈寿则以评代赞,主要内容变为对所述历史的概述总结。范晔则既沿用了陈寿的"评",同时另用韵语作"赞",用以标举得失,总结全文,评、赞混同。司马贞,唐代著名的史学家,著《史记索隐》三十卷,世号"小司马",对《史记》中的人名史实等问题进行考证,却对"评""赞"未加辨析,在"太史公曰"后缀以评论。论赞体的存在,使得史家在叙述历史事实之余,有一独立空间,表达对人物、事件的个人评价和解释。这使得历史著述不再是单纯的史实叙述,而是藉由史家的褒贬评论形成一种积极的伦理力量,向后世的阅读者传达一种历史认识,达到以史为鉴的目的。李因笃正本清源,认为应当恢复论赞体制。

"专任"是指应该指定专人专门负责史书编撰,纵有多人参与编辑撰写,也应有一位总把关人一直主持,确保风格体例前后一致。他以孔子著《春秋》为例,"笔则笔,削则削,游夏不能赞一辞",说明史书应该著述严谨,保持统一的修史标准和写作风格。司马迁、班固、陈寿、范晔等都是独力完成巨著,司马光虽然在朝廷的支持下设立了崇文局,召集刘恕、刘攽、范祖禹等人作为助手同修《资治通鉴》,进呈朝廷时也一并署名著者,但是主要的工作仍然是他自己做的,因此在卷名上署"臣光奉敕编集"。

综上所述,李因笃对历代历史著作的写作质量和特色有着深刻的把握。他的修史思想包括人才素质、材料准备、写作要求。在写作要求方面包括文章体裁、写作手法、写作风格、材料取舍、组织管理等都有所涉及。他援引唐李翱的观点"唐有天下,圣明继周、汉,而史官叙事,曾不如陈、范所为。柳宗元数以书责韩愈,愈逡巡报罢。"说明唐代堪称盛世,但是史书成就却不及陈寿。又举元代史学家云:"有学有文而不知史事不可,有学有文知史事,而心术不正不可。"说明修史既要有学、有文,通晓历史事实,还需要有端正的思想品德,也即今天所谓的史德。

第三节 "表彰忠烈"的著史实践

李因笃不仅在修撰体例、历代史著优劣等方面有自己的独到见解,他还通过撰写史传、碑志等方式从事于著史实践。其中,李因笃特别重视《明史》修撰,并亲自撰写了多篇明末名臣的传记。康熙十八年(1679),李因笃任翰林院检讨,入翰林院参与纂修《明史》,并撰有《孙忠靖公传》《孙传庭传》等篇目。返回陕西后,他还曾协助《明史》总纂修官王鸿绪修改史稿。对此,李富孙在《鹤征录》中记载:"李天生精熟前明一代事迹,史馆无能及者。授职数月,乞归养母,后横云山人史稿成,欲先生正之,时老病在床褥,令二人捧稿朗诵于枕侧,先生呼曰'改',即加窜易涂抹,半载而毕功,由是史稿知名。"①吴怀清《天生先生年谱》辩正说:"鸿绪以康熙三十三年召来重领史局,在先生卒后二年,焉有就正之理。《文献征存录》亦沿此误。"②徐珂《清稗类钞》则记录为《李天生改王鸿绪明史稿》:"富平李因笃,字天生,性行忼爽,一秉秦中雄直之气,生平与李二曲交最密。天生宗朱子,二曲讲良知,各尊所闻,不为同异。康熙己未,以博学宏词及第,授检讨,与修《明史》,精熟明代事迹,史馆无者。授职数月,乞归养母。后王鸿绪史稿成,欲令正之。时老病在床,令二人捧稿朗诵,呼曰改,即加窜易,半载而毕。鸿绪,华亭人,文恭公顼龄之次弟也,官至户部尚书,有《横云山人集》。"③诸种说法不一,现无法确证。按照《清史稿·王鸿绪传》可知,王鸿绪于康熙二十一年(1682)转侍读学士,任《明史》总裁,当时李因笃尚在世,年方五十一岁,与馆中诸人一直保持着联系,似有可能审读过部分明史稿。

李因笃虽不愿出仕清朝政府,但却热心于《明史》的修撰,原因在于他希

---

① 李富孙:《鹤征录》卷一,清嘉庆十五年漾葭老屋刻本,《四库未收书辑刊》第二辑第23册,北京:北京出版社,2000年版,第569页。
② 吴怀清著,陈俊民点校:《关中三李年谱·天生先生年谱》,第460页。
③ 徐珂:《清稗类钞选》,北京:中华书局,1984年版,第11页。

望保存前明史实,特别是明末忠臣义士的事迹,以此发挥史学"表彰忠烈"的道德教化作用,这在李因笃为明末殉国士大夫所作的诸篇传记中有突出的体现。

一是《南冢宰弦蒲公传》,传主为明末南京户部尚书,陕西渭南人南仲企,"(崇祯)十六年冬,逆闯破潼关,公不食卒",仲企忠于明朝并以绝食殉国,李因笃称赞其"冢宰先事而去,皭然蝉蜕于污泥之中,可谓表表矣"①。二是《南大司空二太公传》,传主为明末工部尚书,陕西渭南人南居易,李自成陷西安后,南居易"将自裁,贼夺门,执之。知不可屈,因索饷,极炮烙之惨,闭目绝食七日而死",也因不与李自成农民军政权合作而绝食殉国。李因笃对陕西渭南南氏家族的殉国忠烈事迹给予很高的评价,赞许称:"外史氏曰:南氏阀阅之雄,近世以来未有也,十六年贼破关中,先后效义死者数十余人。而南氏得三人焉,皆从容引决,不愧世臣矣。"②三是《孙传庭传》,传主孙传庭(1593－1643),字伯雅,又字百谷,代州镇武卫(今山西代县)人,明崇祯十五年(1642)任兵部侍郎,总督陕西,次年升为兵部尚书。孙传庭带兵镇压农民起义,曾生擒高迎祥,屡建战功,最后于崇祯十六年(1643)为李自成所败,当年十月在陕西战死,年约五十一岁,《明史》称"传庭死而明亡矣"。李因笃在其所做《孙传庭传》中,表彰了孙传庭的功绩及其忠烈殉国事迹,将其视为关乎明朝存亡的忠臣典范。文称:"传庭肝胆智计,颖异绝伦。年十三应童子试,辄第一。及筮仕,值国家多难,一意以拨乱为己任。毁誉祸福,勿顾也。……自十六年十月丙寅,贼破潼关,传庭死,越五日遂陷西安,明年三月陷京师,传庭一身实系天下存亡云。"四是《骠骑陈公传》,传主为明末陕西宁夏镇标中军参将,西安前卫指挥使陈善政,明亡后隐居不仕。对于陈氏忠于明朝,不仕清朝的"忠节",李因笃也表彰称:"其先死事者三人,至骠骑光而大之,任侠喜客,出于天性,而晚节愈益粹。"

此外,李因笃在《贞节录序》中也表达了重视忠孝节义的史学思想,他说:"予观刘中垒列女图及范蔚宗所为传,忾然知其取义之博。顾妇德莫大乎贞,本之则无,他不足较也。国家有贞妇,犹其有忠臣。身处乱亡,不幸而值之耳。"③从这些史著中也可以看出,李因笃始终未放弃"心系故明"的"遗民"身份。

---

① 李因笃:《南冢宰弦蒲公传》,《受祺堂文集》卷三。
② 李因笃:《南大司空二太公传》,《续刻受祺堂文集》卷一。
③ 李因笃:《贞节录序》,《受祺堂文集》卷三。

第四节 "求实求用"的史学考证

李因笃的史学思想具有"以史为据,考镜源流,经世致用"的特点,而最显著的特征则在于,他将"以史为据、以古鉴今"作为一种基本的学术思想并将其贯穿于他的史学和实学研究中。这种思想在李因笃的十三篇策论中有突出的体现。究其原因,从宏观而言,应与明清之际的学术风气有关。当时学术界有意纠正晚明以来空疏不学的流弊,转向注重考据的实证学风,许多学者们喜欢用考镜源流的方法来阐发学术观点。从微观而言,来自于李因笃个人的学术追求。他贯通经史,博学多知,注重经世务实,反对空谈。因此,他能充分调动其史学积累并将其用于现实问题的解决,体现了熔古铸今、严谨求实的特色。

一、阐述漕运发展历史,强调漕运的重要性

李因笃在《漕运》策论中,首先通过阐述历代漕运的发展演变历史来说明漕运的重要性。他说:"漕,天下之重务也。"并结合司马迁当初论河渠而不论漕的历史状况,认为"治漕必本之治河,治河应兼于治渠","前者人知之,后者人不知也"。

他认为,据史书记载,上古禹贡时期九州之粮经河道入都,虽然没有明言为漕,但可视为漕运的源头,但当时运粮限于"甸服"之内,运输里程大抵不出五百里,其他各地的赋税皆用货币代替,与后代真正意义上的漕运有一定的距离。他援引《左传》记载,"僖公十三年秋,秦输粟于晋,自雍及绛,命之泛舟之役",即秦国从雍水至绛州(今山西新绛)输送粮食之事,以及鲁哀公九年(前486),吴王夫差开凿邗沟向江淮运粮等历史事实,认为它们已经具备了漕粮的基本特征,只是名义上尚未以漕粮相称。另外,这些事迹多是邻国饥饿所致,而且尚在国境之内,与后代的漕运还不相同。至汉高祖时期,朝廷从山东运粮至都城,这是漕运的开始。张良声称:"河渭漕,车免天下",第一次提出"漕"的概念。此后,三国时期魏国有寿春漕运、江淮漕运,隋朝从关东、山西汾阳等地漕运,唐朝自东南漕运,宋代分四路漕运入河汴,元代漕运至中滦、任城,明朝则有会通河。这是李因笃描述的漕运发展简史,一直讲至明代为止。他认为"历代都会不同,其取道各异",即因为都城位置变化而使

漕运道路发生相应地改变。

　　李因笃还以历史为依据,重点阐述了他对漕运改进发展的三条基本原则,即制用、恤役、议运。

　　(一)制用,是指节约费用。李因笃认为,汉代初年,漕运不过数十万石,到汉武帝元封年间(前110—前105),每年高达六百万石。唐代初年,水陆漕运不过二十万石,到了开元二十一年(733)增至二百余万石。按道理,建国之初,既要赏赐,又要建设宫室、购买物品,花费巨大。十多年后,子孙们只是守成,事实却是费用扩增百倍。究其原因在于,开国君主注重节俭,而守成之君用人过多,致使官员冗余,消耗庞大。对此他引用邱浚的话,认为如果官员多而不切实用,应该淘汰冗余官员,这样寄食者少而民力可以缓减。他提出统治者一定要注意奢俭有度,所谓"国计之赢缩,在用之奢俭,不在漕运之多寡"。

　　(二)"恤役",是指抚恤长年服役的漕丁,改善他们的待遇,增加他们的收入。明代之前,"漕运"主要实行转运法和兑运法,具体是指由民户将粮食送至指定地点的仓库,再由各卫所官军运送到京师等地点,明代成化七年(1471)开始实行长运法,系指运军直接到江南水边交兑,除加损耗外,再给米粮作为渡江之费。李因笃认为,漕丁一年四季多在路途,既不能享受家庭之乐,还要承受风浪的危险,途中不时会遭遇封闸、撞船、阴雨等不可预测的事故,以及沿途将官的盘剥和阻挠,一年四季非常辛苦。有鉴于此,他建议采用周世宗和宋代江南漕运的事例,给与漕丁一定的路耗补助,返航时将官盐运回南方,从而增加漕丁的收入。

　　(三)议运,是指减少损耗,节约成本。李因笃认为,唐代刘晏曾经通过陆运改水运,合理组织船只和人员,从而节省了许多运费,当时没有加兑米银,官军仍能全数上交漕粮。如今漕运过浅隘,加兑的米粮几乎是承运数额的一半,每年折损的数目追偿时所剩无几。究其原因,在于盘剥的费用过多,搁浅拖延的时间过长,不幸沉溺,就会一无所有。李因笃建议可以参照刘晏的做法,以布囊盛米,遇河浅处则将米运至陆上,等船过浅滩后,再运回船上;或者分载于小船之上,即使沉溺,尚能取出,也不至于全部损失。若有溃坏,还有其他用途。如果船浅无法承载,可以用踏船运输,加盖竹苇遮蔽风雨,以后再加造大船。装米的囊应该采用布料,可以使用数年,费用相对低廉。另外,前代漕运皆为雇用的民工,从明代起,才开始用官军运输,这样导致要耗费大量的军事费用。李因笃援引刘晏的说法,认为官府如果雇运夫,费用可从运盐利润中支取,官方不必按月廪,佣工也可获得应得的劳务费用,以支取费用。如果三项措施能够实行,则国粮可以积攒,民众也能因此富裕。

综上所述,李因笃的《漕运》策论突出地体现了"以史为据,考镜源流"的史学思想,并反映出清初经世致用的实学学风。他的每个观点总是追根溯源、旁征博引,且将一些历史经验和观点继承发扬,直接采纳。他首先系统勾勒出古代漕运的发展历史,为其纵横捭阖奠定了宽阔清晰的历史框架。在阐发漕运治理策略的过程中,他又大量援引古代漕运史上的相关事例,以及贾谊、管仲、裴耀卿、吕祖谦、刘晏、邱浚等古代著名思想家的主张,剖析实践效果及利弊得失,凭借翔实的历史资料用以证明他的观点。正是这些丰富的历史资源和实践案例,为他博采众长提出己见提供了深邃的研究视野和坚实的资料基础,使其思想观点有理有据,具有很强的说服力。

二、评述总结历代治理黄河的历史经验和治河思想

在《治河》策论中,李因笃追溯治理黄河的历史,对历代黄河水害情况加以评析。他称:"吾闻之善言天者,必有验于人;善言古者,必有验于今。"(《受祺堂文集》卷一《治河》)也就是说,从历史经验中可以总结出解决现实问题的答案。李因笃认为水患最为严重的是汉、宋、元、明、清等几个朝代,并探折其原因,加以说明。他认为,汉代患于决口,宋代患于入淮,元代患于山东诸郡妨碍运道,明代患于沁水、泗水同归于淮河,致使淮河、黄河合流,使得黄河、漕运相分离。相比较过去,清朝的黄河水患更为严重。他还进一步评述了历代治理黄河水患的功过。例如,他认为禹的功绩并非常人所说的在于将黄河下游分为九河,而是在于引黄河北行,使得黄河疏导成功。明代治黄的失误在于永乐年间恢复漕运,因为漕运恢复后,黄河与运河贯通,听任黄河流向东南,淮河、泗水、汉水、汝河等条河流受到冲击,山东各县都会备受灾害。

李因笃回顾历史上治理黄河的理论,归纳出十二家较有代表性的治河观点。一是"论本质",是指司马迁认为黄河从高处奔腾而来,至平处便会滋生灾害;二是"论其支",冯逡认为屯氏河决口处可以疏浚,帮助大河泄洪;三是"论其形",李寻认为黄河决口后任其自然奔流形成新的河道,然后顺势而为,既省力,又容易成功;四是"论其性""论其情"和"论其权",贾让认为治河有

三种策略,将冀州一地可能受黄河水患影响的百姓迁徙他处,放开河道让黄河从北部从容入海,是为上策,此乃"论其性";中策则是多处开凿漕渠,让百姓可以灌溉农田,又可降低水势,方便漕粮转运,此乃"论其情";下策则是整修故堤,数降其害,劳费不断,此乃"论其权";五是"论起属",关并认为平原东郡土地松疏贫瘠,而黄河决口不过百八十里,可以空出这块土地以利泄洪;六是"论其汇",韩收认为,不论九河故道,只需疏凿四五条故道疏导黄河即为有益,重在强调汇合;七是"论其旧",王横认为西山之下宜开出空地,使黄河随着山脚顺势流向东北入海;八是"论其上",欧阳修认为黄河夺淮河的主流,应使用人力将黄河回注;九是"论其下",刘彝认为,二股河已闭,御河之由冀北者应当疏导;十是"论其术",欧阳元认为,治河有"疏""浚""塞"三法;十一是"论其理",余阙认为,中原平衍却从未横向溃流,水势使然;十二是"论其时",宋濂认为,黄河南流通过淮河入海,河道难以容纳,自然问题很多。李因笃对上述十二家观点的总结和提炼特色鲜明、简明扼要,清晰地厘清了历史上治理黄河的主要理论,并为其治河方略提供了历史依据,这归功于李因笃深厚的史学功底。

三、梳理荒政、屯田、盐政、钱法制度的演变历史,总结代表观点

第一,对于"常平""当社""社仓"等古代荒政制度的评述。

在策论《荒政》篇中,李因笃依据历史事实,重点评述了常平仓、义仓、社仓、恤流、发赈等救灾办法及其实际效果,并建议官府酌情选用。

"常平之法"始于汉代,耿寿昌命令边郡建立粮仓,谷贱则增价买谷以利农业,谷贵则减价卖出以利百姓,名为"常平"。李因笃引用邱浚的观点,认为每年丰歉不定,谷物种类不一,因此,买卖聚散需要根据形势仔细斟酌调整统筹,还应该借鉴战国时期李悝的平籴法,根据大中小熟的情况,分别收购相应数量的余粮,使得粮价保持相对稳定。

"当社之法"始于隋代长孙平,他奏令民间每年秋天每户出粟米一石以下入仓社,政府派社司管理以备凶年,名之曰"义仓"。宋代理学家胡寅认为,义仓之法收取百姓的粮食并不多,存之于社,对百姓很方便。但当其后人离开州郡,或因文案的反复、官吏的吞没,导致受惠之人主要是城郭附近的人。李因笃认为,设立义仓的人不一定是官员,只要用责任大义激励管理者,又待以特殊的待遇礼仪,就会使义仓得到较好管理,一方面上级政府不必劳苦,另一

方面百姓能够享受便利。

"社仓之法"始于宋朝朱熹,初见崇安(今福建武夷山市)开耀乡,百姓从官府借得常平米六百石,夏天借出,冬天加息收回,遇到歉收年,酌情减免。一般没有专门的仓库而在祠堂庙宇储藏粮食,粮食的来源是劝捐或募捐,存丰补歉。粮食的周转则是通过借贷的形式,一般春放秋收,利息为十分之二。南宋孝宗乾道四年(1168),建宁府(今福建建瓯)大饥。当时在崇安开耀乡的朱熹,同乡绅刘如愚向知府借常平米六百石赈贷饥民,贷米在冬天归还。李因笃还指出,收息大臣综合借鉴北宋神宗熙宁八年(1075)越州大旱时知州赵忭在赈灾前统计各县灾情人口情况的做法、曾巩的赐贷法、南宋孝宗隆兴年间(1163—1164)的特例赏格、辛弃疾的痛惩首恶法等,采用多种办法一并致力于救济,百姓的困难就会解决,不必专门发放钱币。

第二,梳理盐政历史,明确"监盐""盐禁""盐商"的历史渊源。

李因笃认为,《禹贡》记载的青州"厥贡首盐"是经书中关于盐的最早记载。《周礼》中记载有盐人掌管盐政,这是监盐之始。齐国管子开征"盐荚",即对全国食盐人口进行详细登记,由官府按时按册籍卖给食盐,盐税成为人头税,这是盐禁的开始,至汉武帝时专门设立盐官。唐代刘晏上疏论盐法之轻重,军人及有功名之士人皆由国家供给盐。李沆作为真州运官,用空船载盐至吴楚,此为盐运转船的开始。宋代雍熙年间(984—987),朝廷令商人输粮至塞下,按照比值给予江淮之盐。端拱(988—989)后,军粮并输京师,这是召集商人参与盐业的开端。明朝范祥改革"钞法",要求商人输送粮食至边塞,然后拿着专门的凭证购买盐。明弘治(1488—1505)中,大司农叶淇奏请改输军粮入户部的仓库,然后分发给各地边塞,这是盐商输银的开始。对于政府垄断盐政,李因笃认为,管子巧取豪夺,开了谋取盐利的先河,为后世敛财树立榜样,但因计算详细,执行适当,尚不至于损害百姓利益。汉代桑弘羊继承这一政策,加倍征收利税,让百姓感到痛苦,只因是为公家谋利,尚不至于危害国家。刘晏管理盐税,每年盈利六百余万,占国家赋税的一半,食盐常由漕船转运,因此,漕政对盐政多有依赖。宋初,运粮漕船返回时常运盐,国家与百姓各得其利,赋税不必担心民役过劳,百姓不必担心吃饭过淡,范祥钞法实行以来,边塞粮食充足,州郡又省却运输的劳苦,两相便利。

第三,追溯屯田历史源流,评析历史上著名的屯田事例。

李因笃认为,古代曾经兴办屯田的知名人物有晁错、赵充国、诸葛亮、枣祗、邓艾、羊祜、韩重华、何承矩、孙良祯、康茂才。其中,汉文帝时期晁错募集百姓数万人在塞下屯田,既省却了戍边的士兵,也减少了将领,这是边屯的开始。西汉神爵元年(前61),赵充国向汉宣帝提出了留兵屯田"十二便",这是屯田兴盛时期。三国时期(220—280),诸葛亮让士兵和百姓共同屯田于关中,即"渭滨之屯"。三国时期,魏国屯田都尉与典农任峻一起招募百姓进行屯田,获得谷物百万斛,于是各州郡依例设置负责屯田的官员,解决了部队作战没有军粮的问题,这是"许下之屯"。蜀国将领邓艾正始年间在安徽寿春组织士兵五万人一边屯田一边守卫,此即"淮水之屯"。晋国羊祜在今湖北襄阳实行屯田,贮藏的粮食可用十年,后来杜预继续,史称"襄阳之屯"。此后还有唐代韩重华的"代北之屯",宋代李承矩的"河北之屯",元代孙良祯的"京畿屯田",明朝康茂才的"龙江之屯"等。

在积极肯定上述名家屯田成就的同时,李因笃也对几位前人的屯田建议提出批评。如北宋陈恕有"端拱之议",失在使者;南宋张阐的"隆兴之议",失在有司;虞集的"泰定之议",失在政府,因此上述诸议皆未能实行。历史上实行屯田制度较为成功的朝代有唐朝与明朝。唐朝在各战略要地设立军府,各地士兵按规定拥有一定的耕田,无论田地之肥瘠、税赋之轻重,皆由尚书省来定夺,这种兵法称为"府兵之屯"。明朝实行"卫所之屯",撤掉军屯,调运卫兵从事屯田,由每一卫指挥所负责管理。每卫指挥一般辖五千户,一千户辖十个百户,每百户督旗军百一十二人,划地而耕。平时则令士兵栽种桑、柿、桃、栗,以备岁歉。对于这种制度,明朝大臣王鏊认为利在休运,杨一清认为利在省赋,商辂认为且战且守,"最为今日边防之要",其利在裕兵。上述案例为当今屯田提供了经验,李因笃之所以不厌其详地回顾历史,其目的在于"皆前人所已试要,非徒托诸空言。"①

第四,梳理货币历史,总结代表性钱法思想。

所谓钱法,是指关于货币的流通、铸造等系列问题的管理措施。李因笃在策论《钱法》篇中,对中国古代货币的发展历史、远古至今的货币名称、种类及历代的货币制度进行了梳理,以此为其钱法改革主张提供历史依据。

李因笃认为,远古时期的燧人氏创造了货币,后来黄帝继承发扬,后大禹在历山,商汤在庄山也曾铸造货币,目的并不是敛财,而是补给不富裕的人

---

① 李因笃:《受祺堂文集》卷二,第42页。

家,周朝时期制定了名为"圜"的一套货币制度,开设了掌管财币的机构九府,其中外府、泉府掌管着出入;齐国制定了由上币、中币、准于刀布的三币以及名为"衡"的货币度量衡制度,这是货币制度化的开始,尚未严行。汉武帝中期,开始设置大农丞官职负责管理盐铁,实施了平准法,由均输官到各郡国收购物资,易地出售,辗转交换,最后把中央所需货物运回长安,便于不同地方之间的物品互相流通,用官物在市场上随物价涨落贵卖贱买以营利,由此有了货币公私的说法。货币轻重不同则有不同名称,例如言其钱重则有"赤仄比轮""四柱八铢"等说法,言其钱轻则有"鹅眼歌环""榆荚荇叶""风飘水浮"等说法。其中汉代元狩年间(前122—前117)的五铢钱,"周郭其质",即规定古钱圆边方孔的轮廓,防止奸民违背法律规定磨钱取铜熔化,唐代武德年间(618—625)铸造的开通元宝,共计十钱即一两重,相当于古代的七十铢钱,一轻一重,在诸多货币中最为适中。

　　李因笃认为历代关于钱法的思想观点论述不一,总计有八种理论:一是"论其德"。代表人物为春秋时期齐国的管仲,其观点是钱币不能吃不能穿,它是统治者利用物品管理民众的方式。二是"论其才"。代表人物为宋代孔琳,他认为货币的功能在于制无用之货币,通有用之材,既能便于物资流通,也能减少运输成本。三是"论其理"。代表人物为春秋时期单旗,他提出了"子母相权理论",其观点是钱之轻重指铸币分量的轻与重,重钱为母,轻钱为子,言下之意,在商品流通中,如果有人感到原来的钱太轻,交易不变,则可以铸造分量重一点的钱,重钱按照对轻钱的一定比价投入流通。相反,如果感到现行的钱太重,可以铸造轻一点的钱,轻钱按照对重钱的比价投入流通。四是"论其权柄"。代表人物是汉代贾谊。他认为,为了谋利,常有不良的民众不惜违法参与货币造假,即使每日处以黥刑,也不能使其停止。五是"论其弊"。代表人物是南宋时期的孔觊。他认为重钱的问题在于在难用,轻钱的问题在于背着国家私自铸造,即使严刑峻法也难以禁止。六是"论其术"。代表人物为唐代的刘秩。他认为,物贱会伤害农民的利益,钱贱就会伤害商人的利益,应该根据市场实情调控货币流通。七是"论其用"。代表人物是汉代的陆贾。他认为钱币可以使得货物广泛流通,应该严格执行以铜造器之禁令,以此保证专用铜来铸造货币。八是"论其本"。代表人物是东汉末年的刘陶。他认为,百姓可以百年无货币,但是不可一日饥饿。百姓穷困饥饿的根本原因不是货币发行太少,而是农业生产不足,负担过重,以此说明增加货发行数量,并不能在根本上增加人民的真实财富。

三、以史为鉴,论证天子重学的重要性

在策论《圣学》篇中,李因笃列举了大量历史事实,以此论证作为最高统治者的帝王天子应当重视儒家"圣学"的学习与应用,从而为其改良君主专制,实现明君"仁政"的政治主张提供历史依据。具体来说:

首先,天子重学具有悠久的传统。李因笃上溯古代历史,考察王者和学习的关系,认为:"古无不学之天子,无天子学而不为圣人。天下皆以天子为师,而以圣人之言为规矩。"①说明天子学为圣人具有悠久的历史传统。

其次,天子学圣具有维护思想统一的重要意义。李因笃认为"以天子为师,则不致有细响争鸣之害,而其本以端","自天子不学而学之统在下,在下则不遵,故处士得挟私以害公。自天子学不皆圣人,而学之失在言,言则不一,故百家得从起破道"②。意即天子学习圣人,天下将以天子为师,可以平息思想混乱的局面,端正学术根本。反之,天子不学,学统将由民间人士掌握,处士可以挟私害公,发表言论,国家的思想意识形态不再统一,百家纷起,必然破坏道统,这就揭示了天子学圣的根本目的。李因笃以秦汉历史为例,认为秦汉之时,天子偏重文学,后来甚至连文学也不学习,于是较之上古三代多有差距。

再次,天子学圣具有重要社会功能,与治术、言路、臣品、世风、国势等密切相关。李因笃列举了历史上历代英主明君好学善学的历史事例,例如汉高祖刘邦向陆贾学习《新语》、汉文帝夜感鬼神拜贾谊为太傅、汉武帝赏识董仲舒的《天人三策》策书、汉宣帝颁发诏令求贤、汉光武帝学习经书乐而忘疲、唐太宗、唐玄宗、宋太祖、明高祖等古代君王热爱读书、求教名家学者等事例。同时他也列举了许多不喜读书、不愿学习的皇帝。例如,汉元帝鼓瑟吹箫,优柔寡断,属于昏惰不学的皇帝,而魏文帝曹丕虽然博闻强记,但是更多耽溺于语言文字的文采辞藻,属于学而有误者。此后,他援引朱熹等人的话语,用以证明天子学习与治术(治国方术)、言路(诤谏建言)、臣品(官员人品)、世风(社会风气)、国势(国家运势)密切相关。例如援引汉代董仲舒的观点"强勉

---

① 李因笃:《圣学》,《受祺堂文集》卷一,第21页。
② 李因笃:《圣学》,《受祺堂文集》卷一,第22页。

于学德,日进而有功",北宋范祖禹的观点"今日之学与不学,即他日之治与不治",说明圣学与"治术"即统治方略相关。他援引北宋程颐的观点"君德之成就在经筵"、元代翰林学士承旨康里巎巎的观点"天下事宰相当言。宰相不言,台谏言之。台谏不敢言,经筵言之",说明经筵讲学与言路相关,并将讲学作为向皇帝建言献策的一条途径。他援引朱熹的观点"生平所学惟'正心诚意'四字,不敢不告",说明讲学与臣子的品德相关。他援引春秋时期曾子的观点"尊其所闻,行其所知,乃高明而光大",孟子的观点"以德行仁者王,以力假仁者霸",说明学圣与世风相关。他援引汉明帝刘庄尊师,登基之后还亲自到当年的老师恒荣府上拜见,并专设座位供老师讲学;唐太宗设立宏文馆,精选天下贤良文学之士如虞世南、欧阳询等人随时召见,听其讲经论义,商量政事有时至夜晚等史实用来说明帝王学习与国势相关。

总之,李因笃通过列举大量的历史事实,证明经筵讲学对天子圣学的重要性,及其与国势安危、天下兴亡的紧密关系。其目的正是以史为鉴,为现实政治提供历史经验与教训。

四、结合历史经验,论证人才选拔的标准

对于人才选拔的制度标准,李因笃从历史经验谈起。他认为古代许多帝王兴起之时,辅佐左右的人往往与他一同来自乡间草野,一起艰难创业,最终成为一代英才。当帝王统治天下后,考虑到后世子孙无法像自己当初那样,通过实力的比拼使得他人臣服而为己所用,于是借鉴古今,建立一套人才考核选拔制度,作为后世遵守的法则。实质上,这些制度并不足以依赖,因为时代形势在不断变化,制度也需相应的变化。自上古三代的"明扬侧陋"即举荐并重用出身寒微的贤人,到隋唐以来的科举取士,既有成功经验,也有弊端,没有完美无缺的固定制度。李因笃提出了自己的见解:"故不贵得其法,得其人而已矣。夫苟得其意,何求不可以来贤俊,得其人,即任取一法,而终不至贻冒滥之讥。"(《文集》卷二《用人》)言下之意,人才选拔的关键并不在于依赖某一种法则制度,而在于保证选拔出来的是真正的人才这一核心宗旨。也就是说,只要能够实现选出人才的最终目的,无论哪一种制度皆可使用。

李因笃对历代人才选拔方式的变迁及其利弊进行了分析,认为古代人才选拔主要有科贡和征辟两种方式,各有得失。科贡起源于《周礼》,所谓"乡大夫以三物教万民而宾兴之",即乡大夫依据三物即六德(知、仁、圣、义、忠、和)、六行(孝、交、睦、姻、任、恤)、六艺(礼、乐、射、御、书、数)等标准荐举贤能。汉代实施察举制度,范晔将之概括为"诏举贤良方正,州郡察茂才孝廉",魏晋时期实施九品中正制,有识之士将其概括为"乡举采毁誉于众论,中正寄雌黄于一人",导致了"上品无寒门,下品无世族"的结果。南北朝沿用而有所损益。至唐朝开始用诗赋取士,专门由考功司负责,与周汉时期完全不同。宋、元、明不断变革,基本上以唐代制度为准。总体而言,无论汉魏晋之师周,还是宋元明之师唐,各有得失。征辟之法起源于春秋,曾子等贤能之士都曾在大夫之家任职,汉代的刺史太守可以自己任用僚属,故而能够招纳来一些天下名士为其所用。到了唐代,各藩镇的僚属必须出自礼部备案在册的候选人员。至宋代后,人才统一实施铨选,以循资守例为贤才,不再留心民间那些出类拔萃的奇才贤人,导致山林豪杰没有机会得到官方任用,从此灰心失意,与汉唐时期大相径庭。至于元明两朝沿用宋制,即便偶尔征辟,也是徒然为了博得礼贤下士的虚荣。他的总体评价是,周汉晋唐的征辟之法虽然有得有失,但能够发挥起用贤才的作用,而宋元明三朝却未见有声震于世的征召名士,说明李因笃对征辟这一制度在人才选拔的灵活性、自由度方面很是肯定。

五、考辨历代郊祀合祭、分祭制度的历史源流,并评述其得失

在策论《郊祀》篇中,李因笃考证了历史上郊祀制度的变迁,并对其进行了评价。他认为,自三代以来,礼制不同。秦襄公时建造西畤祠白帝,他的子孙又先后建立青帝、黄帝、赤帝祠。汉高帝又建立黑帝祠,还亲自礼享。汉文帝开始在雍郊社五畤,建立渭阳五帝庙,并亲自祭祀,但是,祭祀活动未有确定的周期和频率。汉武帝元光初年(公元前134年)开始确定三年一郊的郊祀制度,不足之处是由于听信方士的说法,以至于这一时期郊祀中昊天上帝的地位还不如太乙五帝,汉高帝作为创业太祖也未曾配享于天。汉宣帝求仙,汉成帝祈嗣,汉哀帝、汉平帝之间,害怕祸福,南、北郊祀,甘泉宫、五畤互罢互兴,祭祀活动较为紊乱。直至东汉时期,光武帝建武二年(公元26年)初,制郊兆于洛阳,才开始配祀汉高帝,天地同坛祭祀,包括六宗、山川、群神皆在其中。

唐代天宝年间(742—755),在每年二月十八日亲享玄元皇帝(尊道教始祖老君为玄元皇帝)于太清宫,十九日亲享太庙,二十日合祭天地于南郊,举行了祭祀三大礼。宋代郊祀,皆合祭天地。只有在元丰六年(1083)郊祀时分

祭天地。元佑年间(1086—1093),苏轼主合,有五人支持;刘安世主张分祭,有四十人支持,史称"北郊议"。李因笃对唐宋时期的分祭制度予以批评:一是玄元皇帝享太庙,先郊祀三日,奉谥册宝于太庙,次日享玉清昭应宫及景灵宫,宿太庙,既享而赴青城,有跻祖逆天之嫌。原因在于祭祀的天帝有昊天上帝,有五方帝,又有感生帝,数量太多,所谓土不能有二王,天怎么能有七帝呢?二是在郊祀地的过程中,或者立方泽,或者立方邱,或立北郊,如同家有二位尊长,有崇地抗天之倾向。

明代建成天坛地坛,分为南、北郊,实行了数年后,天多变异,才恢复了天地合祭之礼,且在正月上辛之日举行。到嘉靖年间(1522—1565),又出现了合、分之争,当时主张分祭者有廖道南,主张合祀者有方献夫、霍韬、魏校等人。万历年间(1573—1619),王辅臣进祀礼图考,又恢复了过去的天地合祭的制度。总体而言,郊祀礼制随着时代前进不断完善,汉、唐时期主张天地合祭,宋代主张天地分祭,明代则分合递变,最终恢复合祭。各个时期内偶尔也有变化,如唐代主合祭,但中宗、睿宗两朝曾有分祭,宋代主分祭,但元符至绍熙年间也有合祭。也有同一位皇帝在位期间先合后分,如汉光武帝主张合祀,后在洛阳又举行北郊祭祀之礼。也有一个时期内同时举行分祀,如汉明帝先行南郊之礼,随后进行北郊祭祀。

此外,李因笃还总结提出,汉代郊祀有六天五帝的弊端,郑玄杂以星象,唐代沿袭道家,宋代封官提举,则有亵渎上天的不良影响。宋代实行三年一郊祀制度,它的弊端在于每一次郊祀,文武官员皆能因例得迁转官秩和丰厚赏赐,任内未满二载者,散官加五阶,或得勋、爵、食邑,耗费了大量钱物,在制度执行上也不能始终坚持,有时三年一次郊祀,有时过期不行,则有怠慢天之嫌。至明代朱元璋才革除这些弊端。

综上所述,李因笃通过梳理历史事实认为合祭的主张更为合理妥当。原因在于,天道是阳先阴后,人子则父母同恩,所以父亲母亲应该合在一起崇敬。天乃天子之父,地乃天子之母,也应该天地统一崇敬。每年祭祀天地,如同人子每日拜见父母,合乎情理。因此,明代的郊祀主天地合祭,而且每年举行一次,这种制度较为合理。而李因笃对于郊祀制度历史及其历代得失的总结梳理,对于廓清历史上郊祀制度的种种误区多有裨益,而其最终目的则是为当时的郊祀改革即恢复天地合祭提供历史的依据,这显示出其深厚的史学功底。

六、考辨古代乐律制度演变,探讨乐制衰落原因

乐制是中国古代礼乐文化的重要组成部分,但在李因笃所处的清初时代,古代乐律制度已经近乎亡佚不传。针对当时乐制衰落的现状,李因笃作《乐律》策论一篇,希望复兴古代乐制并为当时的社会教化服务。其中,他通过系统梳理古代乐律的历史演变,从而为乐制衰落的原因提供了答案,并为当时乐律的复兴寻找到一定的历史依据。

乐制起源于古代统治者制作音乐用以疏导教化人性,李因笃追溯礼乐制度的起源,认为古代统治者为了规范约束人的情感,设立礼制。又恐对人性约束压抑过度不能持久,于是制作音乐来劝服和引导。因此,乐(Yuè)即是乐(Lè),意思即是让人快乐愉悦。这一观点与荀子相同。李因笃解释到,因为品德高尚的君子乐于道,而小人则乐于欲望,先王为了避免小人因为欲望压抑而叛逆作乱,故而通过音乐和舞蹈引导小人抒发宣泄欲望,并在倾听音乐的过程中受到熏陶教化,明德知义,最终乐道向善。总之,李因笃认为音乐具有道德教化功能和满足欲望的双重功能,因而《礼记·乐记》中才会强调"生民之道,乐为大焉"。

李因笃还结合历史事实指出,乐制衰亡有五个原因:第一,音乐的传承需要文字、乐工的表演、乐器及其演奏出的声音,它们一旦失传就不便于学习,而且古代没有作乐的完善制度。第二,乐制传承随时代变迁而不断流失。汉代乐府官员能够记录古人声律,却不能说明意义。唐宋以来音乐保存在典籍当中,只有精通经书的士人方知古代音乐的义理,现在连乐律数谱、名物制度等等都已失传,一般人已经很难懂得古代的音乐。第三,上古三代至周朝,掌管音乐的人都是贵族公卿和君子。后来的乐人以俳优身份位列教坊,地位低贱,甚至让一些侏儒作为乐工,以至于士人君子引以为羞,不再传承古代乐制。第四,三代以上音乐以人心为本,具有统治社会的功能,现在统治者则依赖簿书、刑事、兵戎等手段,音乐不再与人心、天道、政治相关,而是流于草率简陋层面。第五,古人崇尚质朴,乐器和音乐皆很淳朴,后来乐器种类日益丰富,从金石钟磬改为方响①,籐竹变为琴、箫、筝、笙、匏等,而埙过去是土制,后

---

① 方响,是我国古代很有艺术特色并具有固定音高的敲击乐器。它出自距今一千四百多年前的南北朝时的北周,由十六块大小相同的长方形铁板、铜片或玉片组成,以厚薄不同定音高,分上下两层悬挂,用小铁锤敲击。

来改为瓯，柷敔①改为贯穿始终的声板。这些改变更方便于抒发喜怒哀乐、表达七情六欲，但高雅端庄的雅乐却很难听到。

最后，李因笃通过梳理音乐历史发展脉络，总结出与乐制相关的十二方面的问题，其中，与史学相关的主要是"着辨""论器"和"求工"：

"着辨"是指通过考证典籍辨析音乐源流，恢复纯正健康的正律正乐，纠正衍误。如古代风格恬淡平心静气的乐律，现在却意外变成了刺激人情欲望的工具；古代旨在宣扬美德教化的音乐，现在成为表达怨愤之情的作品。因此不恢复古礼，就无法明白古乐。

"论器"是指乐器的特点和制作。李因笃认为，按照《汉志》的记载，黄帝命伶伦到嶰谷中取那些天然中空而且厚薄均匀的竹子，按照乐律制成十二筒作为标准。至秦汉时期古代乐器尚且存在，到了晋魏时期开始逐渐衰落，到了隋唐时期则变得混淆不清，到了五代十国时期古代乐器就消亡了。到了宋代崇宁、宣和时期制作的古乐器则多有讹误。因此，用今天的乐器难以演奏出古乐的风貌，应该重新制作古乐器。

"求工"是指寻找优秀乐工。据《虞书》记载："帝、舜命后夔为大司之长，化洽邦国，其气质不齐者，就而正之，以立中和之极，率九德剂才之偏，过不及同归，以为教本。"说明上古时期乐工的素质很高，故而音乐繁盛。春秋时期犹有贤人。后来晋国乐工违制，优秀乐工被政权放逐，逐渐散失播迁到鲁、楚、秦等国，漂泊于河海之间，只剩下资质平庸的人来演奏高雅盛大的音乐，自然难以完美。因此，必须挑选优秀的乐工，储备丰富深厚的音乐素养，能够知其然和所以然，如此才能实现乐制的复兴。

七、对古代天文、历法知识的整理与总结

在《天文》一策中，李因笃首先阐述天无为而无不为、天人感应等基本思想，认为前代皇帝谨遵天象占卜吉凶，然后以此作为上天的警示来检视国家政治得失，因此关系重大。之后，他以上古太昊即伏羲时期仰观天文俯察地理，创立乾坤八卦图为中国古代天文历史的开端，其后有熊、颛顼时期有二正之官，高辛时期有三辰之式，重黎之世有羲和，夏朝有昆吾，商朝有巫咸，周朝

---

① 柷敔，古代乐器名。柷和敔为两种乐器，是古代宫廷雅乐必备之打击乐器，"八音"分类中均属"木"音。古代雅乐中，两种乐器历来相伴而用，故常并提。奏乐开始时击柷，终止时敲敔。一说二者同用以和乐，不分终始。

有冯相、保章之司,汉朝有司马迁、张衡,唐代有李淳风、僧一行,五代有王朴,宋代有沈括、郭守敬等。这些皆是古代著名的天文学家。

李因笃在梳理天文学历史的同时,还将天文学知识总结为授时、察变、分职三个基本内容。所谓"授时"是指时间计量方面的原理,与之相关的五个基本要素是:岁、月、辰、日、星。李因笃在文章中阐述了岁、月、辰、日、星的运转规律造成一个轮回十二年、一年十二月份、一天十二时辰的天文现象。李因笃还解释二十八宿、晦、朔、望、日食、月食、月亮盈虚、南北极、冬至、夏至、春分、秋分,以及二十四节气变化等天文特征现象及其形成原因。其中,岁星即今天所谓的木星,十二年围绕太阳一周期,古代曾以木星在天体中运行的规律用来纪年,叫"岁星纪年法",并将天分为三百六十五度又四分之一度。古人根据太阳一年内的位置变化以及所引起的地面气候的演变次序,把一年三百六十五又四分之一的天数分成二十四段,分列在十二个月中,称为节气。

所谓"察变"是指天文现象的变化。李因笃主要介绍了天星、星土、岁相、云、风等五种天文现象基本类型以及各自不同的变化,进而结合真实的历史案例,讲述天人感应、天象与人事吉凶相对应等思想。其中天星是指"日月五星"也即太阳、月亮、金星、木星、水星、火星、土星,即日月金木水火土。星土则是指古时以为山川之精上应星辰,故以星宿分主九州地域或诸侯封域。这些地域或封域即称星土。岁相是指在木星围绕太阳公转十二年周期中,在木则火为相,在火则土为相,在土则金为相,在金则水为相,在水则木为相。"云者,五云之物,见于日旁,青为虫,赤为兵荒,白为丧,黄为丰,黑为水,必观其色焉",即通过观察太阳周边云的颜色,按照天人感应之说,占察吉凶祸福。风是指八卦方向与八方风、十二钟乐律之间存在着相感应的规律。如艮为条风,从大吕、太簇。震为明庶,从夹钟。巽为清明,从姑洗、仲吕。离为景,从蕤宾。坤为凉,从林钟、夷则。兑为阊阖,从南吕。乾为不周,从无射、应钟。坎为广莫,从黄钟。李因笃也认为诸多天象的变化,可以从人事方面找原因,则为"迁";天有妖祥,则以人事责之,称为"修悖"。例如,日食发生则是天子失德的表现,"荧惑守心"即是指火星侵入心宿,这种天象象征着帝王有灾等等。

所谓"分职"是指日月星辰的运动规律皆与朝廷大臣们的行为活动相互感应相对,职责分明。感应有五个方面,包括日月之行、刚气、历斗之会、日行、日辰等,以及与此天象相应的人事物象,概属传统谶纬学说。李因笃继承了董仲舒的天人感应说,将天象与人事一一对应,阐述说:天上有五星,故而地上有五行,天上有列宿,故而地上有列国,天市则对应着明堂之位,太微即太微垣十星,则对应着朝廷,南宫朱鸟则代表着天权天衡等。总而言之,天上的日月星宿皆与天子大臣们的活动品行一一相对,天象进退之理犹如人的活动,彼此相关联。

天文与历法二者密切相关,李因笃在策论《历法》篇中也对古代历法的历史进行了梳理,并总结出历史上具有代表性的知名历法学家、历法著作及其代表观点。

李因笃认为历法的核心在于与天象验证,而且无论现在和将来都能与天象吻合。他认为中国古代历法起源于上古,从神农氏开始,成型于黄帝时期,羲和世代守职,更新于三统历,即夏、商、周三代的正朔。所谓三统,指夏正建寅为人统,商正建丑为地统,周正建子为天统,亦谓之三正。经过春秋战国时期诸子百家对历法的发展演变,至秦汉以后,古人方才掌握了较为精确的历法。此后各个朝代的历法不断变迁发展,总体而言,可从人、书、法三个方面进行分析总结。

就人而言,李因笃认为古代最著名的五位历法学者分别是汉代的司马迁、扬雄、唐代的僧一行、元代的郭守敬和明朝的刘基。这五位天文学家各有其独特成就。其中,司马迁虽为太史,但他不仅能够清楚明白地用文字来记载历法,而且改革旧历法,传授新的历法,和诸多专家合力完成《太初历》。扬雄不仅知晓历法,而且掌握历法形成的原理。僧一行能在实测日月五星运行情况的基础上更加精细地推算历法,弥补了旧历法的不足。郭守敬综合古代历法成就,最终折中考量斟酌选用。刘基则长于分析且明辩历法传统。

就书而言,他认为最著名的历法著作共有七部,分别为《太初历》《太衍历》《宣明历》《纪元历》《统天历》《太明历》《授时历》。每一个历法的准确程度不尽相同。如"太衍合者三十二,不合者十七。宣明合者二十六,不合者二十三。纪元合者三十五,不合者十四。统天合者三十八,不合者十一。大明合者三十四,不合者十五。授时合者三十九,不合者十。"相比之下,《授时历》最为严密准确。

就法而言,他认为历法学主要包括八个方面的内容,分别为观天、治闰、测景、考律、辨器、历元、日食、差法。

其中"观天"指观察天象,掌握时间变化的规律。李因笃认为观天最早见于《易经》的"观乎天文,以察时变",虞、舜时期有用于观天的仪器璇玑玉衡,《尚书·洪范》则记载有与历法有关的"五纪":"五纪:一曰岁,二曰月,三曰日,四曰星辰,五曰历数。"孔颖达对此注解说:"凡此五者,皆所以纪天时,故谓之五纪也。"《周礼》中记有五物之官,《礼记·月令》中有孟春之命,《春秋》有六物之求,《左传》记为岁、时、日、月、星、辰;汉代有舒速发敛、改进推进之气象,唐代依赖于数术推演,五代准于占卜,宋代考核其绩,元代注重实测验证天象。总之历代历法各有不同特点,但其宗旨是一致的,即步数以授时。

"治闰"是指计算合理的闰年闰月规律;"测景"概指测算景象的变化规律;"考律"是指将音律与历法相关联,确定历法。对此,李因笃举史实说,司马迁总是将乐律与历法相关联探讨,并得到后世认同。朱熹则提出:"古之乐,皆推历以生律,而其测候亦皆协律以定历,二者恒相资以为用,故不可相无。"此外,从汉到隋的书志中皆有相关文献可供考证。"辨器"是指设计天文仪器。李因笃认为,自黄帝问鬼臾苼后出现了盖天说,而且盖天说是中国古代最早的一种宇宙结构学说。这一学说认为,天是圆形的,像一把张开的大伞覆盖在地上,地是方形的,像一个棋盘,日月星辰则像爬虫一样过往天空,因此这一学说又被称为"天圆地方说"。后来又出现了三家天文学说,一是《周髀算经》,它是我国最古老的天文学著作,主要阐明当时的盖天说和四分历法。二是宣夜说,它是我国历史上最有卓见的宇宙无限论思想。三是浑天说,它认为天不是一个半球形,而是一个圆球,地球被包裹在其中。蔡邕评价三家学说,认为浑天说最合乎事理,李因笃还论述了中国古代天文仪器发展演变的历史,又有洛下闳建造了浑天仪,并经过鲜于妄人、张衡等人不断完善,唐代李淳风则增加了六合仪、三辰仪、四游仪,僧一行新创了黄道游仪,沈括在熙宁年间(1068—1077)改进了浑天仪、浮漏等观天仪器,郭守敬又成功地制造出简仪、仰仪。其中,李因笃认为郭守敬"以管窥天,未得其的。改用二线,而推测余分,纤征皆可考",积极肯定郭守敬测量历法的精准。

"历元"是指确定新纪元的开始日期。最早的纪元是从黄帝开始的,据《史记·封禅书》载:"黄帝得宝鼎神策,是岁己酉,朔旦冬至,得天之纪,终而复始",以冬至为新年的开始。到了汉代太初历则更改新的纪元,即为今天农历正月初一为新元年。

"差法"是指历法周期存在一定的误差。李因笃总结了历史上天文学家对岁差的不同观点,晋代的天文学家虞喜发现天五十年退一度,称之为岁差,是中国最早发现岁差的人。南朝何承天提出了新的岁差值即岁差为一百年西退一度,则纠正过度。刘焯提出了七十五年黄道上西移一度的岁差值,也有不尽完全切合之处。对此他也援引《宋史》《元史》以及邱浚相关著述中的说法,用以说明天在不停地运转,变化无穷,很难保持一个的固定岁差值。

综上所述,李因笃在史学研究方面取得了颇为突出的成就,其史学研究的最大特色在于将实学与史学结合,李因笃一方面试图通过史学研究表彰忠君爱国的士大夫,以此发挥史学的道德教化功能;另一方面他也注意从历史研究中探寻解决现实的社会、经济、政治问题的答案,这些都体现出清初思想家"经世致用"的学术风气。

第四章　李因笃的实学思想

明清之际,在批判理学心学空泛无用的过程中,兴起了经世致用的实学思潮。清初学者在深刻反思明代亡国的历史教训的过程中,普遍认为明末心学盛行,致使学界空谈心性,不切实际,贻误国事,这是导致明朝灭亡的重要思想原因,故而清初学者们积极倡导学术研究要经世致用,实学成为学术界的主要思潮。同时他们把学术研究的范围从儒家经典扩大到了自然、社会和思想文化领域,对天文、地理、河漕、山岳、风俗、兵革、田赋、典礼、制度等,皆在探究问学之列。明清之际的多数思想家如顾炎武、黄宗羲、王夫之、颜元、李塨、朱之瑜、方以智、陈确等人,都是这一经世实学思潮的参与者与推动者。

就关学而言,自北宋张载创派以来,关学思想家就一直关注国计民生,形成了注重实践、关注社会现实问题的学派特色。李因笃作为清初关学大家,其一生为文治学都具有鲜明的经世致用倾向,实学思想也是其学术思想的重要组成部分,并构成其思想的一大特色,在当时的关学思想家中独树一帜。李因笃的实学思想集中体现在他的《漕运》《郊祀》《圣学》《荒政》《治河》《天文》《历法》《盐政》《钱法》《屯田》《乐律》《用人》等十二篇策论中;而从内容上看,则可以归结为发展社会经济、改良君主政治、复兴传统文化、重建礼仪规范等四个主要的方面。

第一节　发展社会经济

最能体现李因笃实学思想成就的是他的发展社会经济的主张。这些主张主要包括漕运、治河、盐政、钱法、荒政、屯田等六个方面。这六个方面关乎中国古代社会的经济命脉,涉及粮食、食盐等重要物资的运输流通,以及农业生产、河道治理、货币管理、荒政救灾等与社会经济密切相关的制度措施,它们共同构成了李因笃在国计民生实务方面的系统方略。

一、漕运

《漕运》,据《辞海》释:漕运者,水道运粮也。漕运关系到国家的统治和社会稳定,是王朝兴衰的命脉。因此,历代统治者都重视开凿运河以通漕运,李因笃对此也颇为重视。漕运起源很早,秦始皇攻匈奴时,曾"使天下飞刍挽粟",自山东向北河(今内蒙古乌加河一带)运粮,攻南越时,又令监禄凿灵渠。隋唐时,由于全国经济重心逐渐南移,漕运路线由原来的自东向西,改为主要自东南向西北,从长江流域运粮至长安。隋炀帝为巩固其全国统治地位,大力开挖运河,发展江淮漕运,增强国力。漕运关乎国家经济命脉,在中国古代社会中是国家调控经济的主要手段。经济是政治最重要的基础,发展经济的根本目的在于维护统治。对此,正如宋人张方平说:"今日之势,国依兵而立,兵以食为命,食以漕运为本,漕运以河渠为主。今仰食于官廪者不惟三军,至于京师士庶以亿万计,大半待饱于军稍之余,故国家于漕事至急至重。有食则京师可立,汴河废则大众不可聚。汴河之于京师,乃是建国之本,非可与区区沟通水利同言也。大众之命,惟汴河是赖。"(《论汴河》)

著名历史学者黄仁宇的博士学位论文即以《明代的漕运》为题,分析了漕运对明朝政治的影响。《受祺堂文集》首篇策论即言漕运,显示出李因笃独到的眼光。他在考证经典、梳理漕运历史的基础上,提出了"三要为纲,徐图五举,兼采六说"的治理漕运方略。

"五举"即五项具体的漕运改革措施,包括:建仓、开渠、垦田、屯籴、复海运。

一是建仓,是指建立中转粮仓。他列举汉、魏、唐、宋历代建仓的案例,又援引裴耀卿和邱浚的观点,提出了建仓的建议。具体措施是水浅船滞时,将粮食储于仓中,这样漕丁可以休整,不必长期疲劳,漕船可以回转,不必受制于长途运输,漕粮或运或留,可以机动处理。

二是开渠,是指疏通开凿河渠。他援引汉代郑当时引渭穿渠、隋初开凿大运河、元代郭守敬修通济河等案例,用以证明河渠畅通,漕运才有条件顺利开展。

三是垦田,是指开垦荒田,兴修水利,目的在于增加本地粮食供应,降低对漕粮的依赖。

四是屯籴,指自行购买粮食,减少漕粮供应负担。他援引汉武帝造柏梁台自购四百石粮食等数则历史事实,以论证这一举措的合理性。

五是恢复海运。李因笃简述了自秦代起中国的海运史,认为京师地处北方,主要物资供给仰仗东南,仅靠会通河太过拥挤。且以官兵担当运输人员,兵力不足,还会影响国家安全。元代海运与漕运并行,万一漕渠有误,海运可以继续运行,正如胡长孺所言,可作预防作用。他认为,这五项举措彼此相辅相成,只要多管齐下,漕运问题可以基本解决,国家可以不必专门依赖漕运,漕运可以永远为国家服务。

此外,李因笃又补充六条建议("兼采六说"),以期漕运制度更加完善。

一是漕运路线中最险的路段即高邮湖段有数百年的治理历史,但依然水患危害严重,他建议加高堤堰,恢复诸塘,疏浚淮浦,使上下水道畅通,消除黄河夺淮入海倒灌清江口的水患。

二是针对九月后运河断流等现状,他建议蓄水成坝,设立木栅,专人管理,船只分道上下,计量放行。

三是为了使到京的漕粮更加顺利平稳地接收,在通州和京城之间开凿大型水潭,构筑锸门,在禁城内蓄满水,每锸旁边构筑月河以停泊等候过锸门的船只,以使漕船更为便利地运粮入京城。

四是在都城之东,官道旁边,更辟两条宽十丈的新路,旧道专供官民往来,新道专供辇运漕粮的大车。下行者从左,上行者从右。道旁民居,皆令于距路边百步之外建造房舍,靠近路边的酒楼饭铺只许作临时的浮铺,使得道路不再泥泞。另在庆丰诸锸门建立专门管理机构,并在中途设立一提举司。维护锸门的锸夫可以编为甲乙,负责维修。大车入门,免收税赋。同时集中管理车户牙行,由官方确定运费,使其负责短途运输。修路占用民田,可采取补偿、购买、租赁、减税等办法征用。这一办法,较之新开河道费用省近十倍。

五是为了改变山东至江苏的伽河一带黄河水患的问题,李因笃建议疏浚彭城西境至夏邑之间的黄河故道,使黄河分为南北两道,水势渐微,这样秦沟、留城之间可以免于被黄河淤塞,徐州拥堵的沙土可以去除,萧山、砀山一带可保平安。

六是疏通黄河河道,使黄河由清江口入海,另外别引沁水,从魏博折而向东流入济河,从而使此河段可以行船。

这六项策略主要是针对保障运河畅通而提出的建议。此外,对于各级官员的盘剥等诸多事情,以及"未兑而禁弁旗之需索,既行而敕漕官之催趱,将到而清仓场之壅滞"等弊政,李因笃建议需要采取"省经费、杜私装、核签报、优廪给"等等办法对治。另外,有关部门必须制定漕运法予以规范。

最后,李因笃忧心忡忡地指出当今漕粮成本太高,效率低下,而国家仍在用兵，需要万里运粮，"乃公私交困之秋"。他劝诫皇帝节俭爱民，希望"人主授一官，兴一役，费一物，必以此为念，痛自裁抑，渐求其丰。愚终以节用为拳拳焉"。谆谆恳切地希望统治阶层能够注重节约，减少奢华以达到节省民力的目的。

漕运制度是中国古代的一项重要经济制度，它要确保将粮食输送至京师用以支付官俸、军饷以及宫廷消费，在两千多年的封建王朝中一直发挥着维系中央集权与国家稳定的重要作用，堪称经济命脉。康有为曾说："漕运之制，为中国大政。"因此，历代探讨漕运的学者官员为数不少，思想主张各有千秋。相比而言，李因笃漕运思想具有以下特征：

首先，是推陈出新，自成体系。李因笃以史为据，却不泥古。他统筹规划，推陈出新，从"三要"到"五举""六说"，构建了自己独特的治漕策略体系。这一治漕策略体系具有三个特征：一是宏观和微观结合。既有河漕并举、恢复海运等高屋建瓴的宏观纲领，也有"囊米法"如何应用、何处设锤门、何处开挖故道，如何收购民田等具体的细节规划，条理清晰，主次分明。二是多管齐下。从其涉及的领域而言，他从消费层面提出节制漕粮需求，从运输层面提出改进运输办法、改善漕丁管理、仓库建设、航道疏浚、冗员裁撤、设关修闸、修路招商等建议，涉及运输业务、人员机构、基础设施建设、配套经营管理等多个方面，从需求、效率、成本三个角度保障漕运畅通。三是内外结合。李因笃并没有局限于就漕运言漕运，而是从整体出发，提出屯田、修渠、恢复海运以及黄河治理并举等配套措施，谋求对漕运进行综合治理，实现各相关部门之间的协调合作以收实效。同一时代也有李塨、靳辅等多位学者专家曾将治漕、治河、海运等问题相互联系，但是，像李因笃这样以漕运为中心，将诸多相关因素统筹规划，形成完整清晰的体系者殊为少见。

其次，是体恤民生，利民便民，体现关学的"民胞物与"精神传统。漕运关乎国家政经大局，也与百姓民生息息相关。李因笃的"治漕"策略非常重视对民生的保障和维护。治漕"三要"中的"制用""恤役"，一是劝诫统治者节制漕粮需求，一是改善下层漕丁的境遇，调动漕丁的积极性。他建议改漕丁运粮为雇佣民工，旨在减轻国家财政支出的同时，也能让百姓有机会增加收入，具有利国利民的双重功效。策论篇末，他忧心忡忡地希望"人主授一官，兴一役，费一物，必以此为念，痛自裁抑，渐求其丰。愚终以节用为拳拳焉"。再次呼吁统治者要节俭理政，首尾相应，言之谆谆，体现了关怀民疾的民本主义进步思想,这也是对关学鼻祖张载所倡导"民胞物与"这一关学精神传统的继承发扬。

李因笃漕运思想既有对漕运发展历史的梳理、前代漕运思想的评析,也有自己的治理漕运策略,具有一定的学术价值和重要的现实意义。清朝初年,由于王朝新建,战争不断,漕运的经济命脉地位非同寻常。顺治二年(1645)清政府即恢复漕运,康熙皇帝亲政后,更是将漕运和治河、平三藩一并视为朝廷三大政,书于宫柱之上"夙夜廑念"。李因笃将漕运视为天下重务,并将漕运与黄河治理、运河开凿相提并论,表明他对清初漕运的重要地位具有清醒的认识。李因笃的漕运策略是否得到当政者的采纳,不得而知。但是,此后漕运发展实践充分印证了李因笃漕运思想的科学性和前瞻性。

嵇建琴认为,中国古代漕运思想呈现出四个演变趋势:一是河运漕粮方式由直运变为转运;二是在河运漕粮中运用商业原则,一方面为改征夫制为雇佣制,调动百姓积极性,一方面是官船、商船并行,促进商品经济。三是以海运代替河运,旨在降低成本,逐渐向先进的商人承运体制过渡。四是实行"常平仓"和"田赋改征折色",减少漕运的烦劳和耗费,体现经济简便原则。李因笃的漕运策略多半符合上述四个趋势。最具代表性的是他恢复海运的主张。中国古代南粮北运途径主要有三条:陆路、河漕和海运,三者之中,海运最为经济。海运起源很早,但是直至元朝仍是偶尔为之。明初实行海运未久便复告停止。清初沿用河运漕粮,屡因黄河水患受到冲击,耗费巨大。当此之时开通海运,既能新增漕运路线,保证漕粮供应,还可减轻河运的压力,节省维修运河的费用消耗。与李因笃同时代的颜李学派思想家颜元、李塨等人也都主张恢复海运,李塨认为"海运必宜复",继而让漕粮经天津北上。康熙三十九年(1700),运河要临清口淤垫,康熙下谕"海运交部臣议奏"(《海运记》),后来清口被疏浚,漕运恢复运行,海运遂搁置。直至一百多年后,嘉庆皇帝见河运困难重重,又诏漕督商议海运,当时的实学思想家包世臣提出了"海运南漕"的主张。至道光六年(1826),江苏巡抚陶澍改河运为海运。于是海运逐渐取代河运成为漕粮的主要运输方式。

除海运外,与李因笃同时代的著名治河专家靳辅从康熙十六年(1677)起主持治河,在下游实行疏浚并举的办法,他的部分措施与李因笃提出的治漕与治黄河、运河疏浚相辅并举的策略相吻合。至嘉庆年间,包世臣面对漕运耗费巨大、积弊丛生的状况,提出了"以屯代漕"的主张,意即停止漕运,在北方水源充沛之地屯田,从根本上废除南漕北运制度,与李因笃的屯田之策所见略同。当然,李因笃的一些主张也有一定时代局限性。例如,他提出了雇佣漕丁制度,却未能更进一步提出让商人参与漕运。

李因笃的漕运思想是其实学思想的代表性成果之一,与其治河思想、屯田思想等相辅相成,突出体现了关学学派的"经世致用"精神,是清初漕运思想的重要组成部分。晚清学者饶玉成主编的《皇朝经世文续编》(清光绪八年(1882))一书第四十七卷《户政二十二漕运》中收录了李因笃的《漕运》一策,同篇前后还录有林则徐《筹划漕务折》、曾国藩《会议海运交米折》、贺长龄《严禁旗丁刁难示》等六位清代经世名臣关于漕运的奏折和规定,足见李因笃漕运思想的历史价值和地位。

二、荒政

荒政是我国古代政府救济饥荒的政策、法令和制度,是官府处理灾荒事务的行政策略。救荒问题关系着经济问题,也关乎政治问题。作为农业大国,中国历史上一直是灾荒频发的国家,而在李因笃所处的清初时代,百废待兴,民力贫弱,抵御自然灾害的能力更为弱小。

针对当时荒政制度的弊端,李因笃认为应改革清初不够实用的荒政制度。他指出国之本在民,民靠食而生,因此,每年的岁收丰歉至关重要。从历史来看,从古至今,历代皆有灾荒之年,当政者应该有备无患。而当时执掌荒政的官员的思想观念大多不够实用,只知重视农业生产,重视粮食储备,对于如何救灾并无得当的措施,对于古代实行的常平仓、社仓、恤流事等救荒策略皆视为迂阔之举。事实上,一旦灾荒发生,救荒如救火,再做计议,为时已晚。另外,古代的常平仓、社仓等措施在具体实施的过程中,也并非事事皆能完善,需要有合适的管理者准确实施运用。因此,李因笃认为应将各种灾荒救济办法与平时的垦田薄敛并行实施,以保证救荒的效果。

李因笃在借鉴历史经验的基础上,针对当时荒政制度中的某些措施,又审时度势,提出了自己的见解。

(一)"宽就食之禁",即允许百姓外出谋食。李因笃认为,安土重迁是人之常情,不到万不得已,百姓是不愿意背井离乡的。因此,当灾荒频发之际,在官方已无存粮,向周围邻居借贷无果的情况下,百姓在当地难觅生路,官府可以准许他们自行到外地求生糊口。在此情形下,官府应该让郡县仔细统计逃荒的流民数量,然后运送粮食给需要救济的流民,或者引导流民到有粮食的地方,或者高价招商,或者动用国家的钱来买米用以救助灾民。倘若公私同时没有粮食,可以上报朝廷,派遣官员就地安抚,发放公共储备的粮食而不要求偿还,且派人护送流民,保证当地社会秩序稳定,使得流民不至于四处溃散,避免争夺抢劫滋生动乱,最终使其回归原籍,家室复原。

(二)"严迟报之罪",即对于迟报瞒报灾情者进行严厉处罚。李因笃认为,通常朝廷在灾荒发生时蠲免租税调拨粮食,往往时间迟缓,来不及救助,原因在于有关官员上报文书急速,但是具体安抚的行动实施起来却非常缓慢。每逢旱涝灾害,直到严重到不得已的时候才会上报,由县至府道、由府道至督抚,层层批复,最少十多天,等朝廷命令下来,为时已晚。表面上这是有关机构的罪责,根本原因还在于中央政府的失误。朝廷平时不要求政府官员深入细微了解农情,及至灾情突然暴发,上级官员却因习惯于安稳而往往怀疑灾情的真实性,于是又派遣官员前去勘查,所派官员又因拘泥于法规条文,顾虑灾难后果,常存疑虑,从而耽误了救灾。李因笃认为,救灾过程中有机会贪污受贿的官员毕竟是极少数人,而且各级地方官员是朝廷层层选拔任用的贤能之才,当其上报灾情时应当给予信任。他建议,应该如明朝邱浚所言,确定报告灾情的限期,颁布天下,灾情程度至八分以上驰传,五分以上差人,二三分以上则入递,如果拖延不报则治其重罪。

(三)"厚劝输之典",即对于愿意捐赠粮食者,朝廷可以重赏,授以官职或赐予品级。李因笃援引邱浚的观点,认为售卖官爵,通常情况下是不允许的,但可用于救荒,原因是有利于为民办事,非为谋取利益。因此,他援引宋仁宗采用过的鼓励富人出粮的赈灾政策,遇到灾荒,对于愿意捐赠粮食者,朝廷可以授以官职,确定等级品第,赐以官印和文书,地方官员待之以相应的官职礼遇,若非重大事故,不予剥夺。采用上述办法,富民在收成一般的年份则会争着储藏粮食,收成不好的年份则会争着拿出粮食赈济灾民。

(四)劝课农桑。即重视农业生产,从根本上保证粮食供应,鼓励农民的积极性。正如晁错所言"地无遗利,民无余力,而后邦本固"。

(五)谨慎选择官员,整肃吏治。正如司马光所说的"简公正者为监司,俾察被灾郡邑,其守令不胜任者易之,而后吏治肃"。也就是选取公正廉直的官员负责救灾,撤换不胜任的官员。

(六)减租税,减轻百姓负担。统治者在灾荒发生后应当学习汉文帝、汉景帝,或全蠲或免半田赋,并遍及于四海,与民休养生息。

最后,李因笃援引吕祖谦关于备荒的一段话予以总结:"备荒,总而论之,先王有预备之政,上也。修李悝之政,次也。所在有可均使之流通,移民移粟,又次也。咸无焉,设糜粥最下也。"认为有备荒策略是上策,李悝的平籴法位列其次,移民移粮更在其次,最下之策是施粥。他寄语统治者务求实效,缓治其本,急治其标,循序渐进,建立系统的荒政制度。同时,他还要求天子修身养德,"民惟邦本,本固邦宁",施行保民爱民的仁政。

三、盐政

食盐作为一种关乎国计民生的重要物资,从汉武帝开始实行食盐国家专卖制度后,盐政遂为历代王朝所重视。李因笃的盐政思想包括"按古之文,就时之论、通久之谋",也就是在考证历史的基础上,提出解决当时盐政问题的主张。

李因笃首先阐述盐政治理的重要意义。他认为封建国家财政来源除农赋之外,莫大于盐政,盐政的重要作用和本质在于"夺民以自便,出于霸者,功利之习而未有敢轻言报罢者也",揭露了封建社会国家垄断盐政以谋取暴利的本质。他指出,目前国家财政短缺,盐法弊端重重,导致没有办法振兴国力,充实国库,因此必须改革盐政,去除弊端。李因笃认为当时的盐政工作存在"场灶之弊"和"中纳之弊"两大弊端。

(一)场灶之弊。主要是指实行盐禁之后,盐场灶丁在生产管理方面存在的问题,具体包括灶丁贫困和豪强欺行霸市等。

李因笃指出,明初从事盐业生产的灶丁按例付给卤地草荡,出盐一引即二百斤,付给灶丁工费钞二贯五百钱,并且免除徭役,全国每年盐税七十万引,所以灶丁总体的待遇还是很优厚的,只是盐引不许私售,只能凭官钞购买。自从钞法废止后,官府无法处理剩余的盐引,两淮囤盐者高达三百余万引,湖北、河南数千里,仅仅靠七十万官府正规的盐引,中间商怎能盈利,食盐又怎么够用呢?因此,官方又恢复旧法,并规定持多余盐引者与私贩盐者均处以绞刑。正统年后,朝廷屡次下令以米易钞,事实上徒有虚名,官员挟之虚取其羡,灶丁又想得米,又想得余引,不得已便向富人借贷,以后数倍返利。因此,盐禁越严,贫困的灶丁越多。这是弊端的第一个表现。

第二个表现是,私贩中贫困者被抓捕,富有的盐贩则上下活动得到官府的庇护。故贫困灶丁的私盐全部通过富人出售。豪民募集强徒霸占盐卤滩地,气势嚣张堪比公侯,因此,盐禁越严,而豪民越放肆。

第三个表现是盐禁愈严,盗贼愈多。原因是法律越严,利润越大,个别人只见暴利无视法律,起初小试抢劫,时间一久就会发展成强盗,唐代的黄巢、王仙芝、元代的张士诚都曾是私盐贩子。官府既不能按照古法处置余盐,又不能实行钞法以救其本,百姓无所依靠,因此发生变乱。

(二)"中纳之弊",具体表现在六个方面:

第一弊端是官盐税重,明代洪武年间(1368—1397)招商纳银中盐,每引输银八分,官方征收少,盐商获利多。永乐年后,改为向边塞运粮换取盐引,每引需纳粮食一斗五升不等,边塞军粮储备得到充足保障,百姓也能受惠。如今一引盐税增至八钱五分,而且还有科例补贴,其间的消耗几乎高于课税。因此,税愈重,而贩私盐的利越大,奸商逃避重税、趋大利,故而国家正规的盐课壅滞不畅。私盐泛滥不可遏制,官盐深受挤压流通不畅,对边塞军储没有多大作用。第二弊端在于,私盐贩的罪行过去听任赎买,法律规定人与盐不同时捕获,就不问罪,有放纵盐贩之嫌。第三弊端在于过去贩私盐,超出的多余斤两悉数没收。如今,盐运使以多为能,有时甚至强行加罪,收取税值。第四弊端在于过去应征收却未能征收的盐税积累渐多,难以悉数完成。如果当年的利润不及弥补旧年累积的欠账,就有可能出现逃亡欠账的现象,留下赔补的后患。第五弊端在于欠账存积越多,相对之下产出的越少,而支出的越多,积蓄的就越少,使得今日积累的欠账与往日的通常收入情况没有多少差异。第六弊端在于盐监所的牵制。一条船足以容纳百引盐,商人故意先拿着满额的盐引,运少量的盐过关,使得盐引不被截留,稍后食盐运到,就按照所封的盐引接受检验,通过贿赂官吏让盐过关,一同欺骗官府,事实上前面的盐并没有盐引。上述六项属于中纳之弊。简而言之,一是盐税过重,私盐泛滥;二是法律有放纵私盐之嫌;三是对超额贩卖的盐并不制裁,反而强行加罪收取税值;四是欠税过多,形成逃税;五是淤滞的盐量与通常流通的数量基本相当;六是盐商设法贿赂盐监让部分私盐蒙混过关。

针对上述两大弊端,李因笃提出了解决策略。他认为,场灶之弊在于工本未能完全兑付给灶丁,他建议应当多给米粮,以抚恤灶丁,使其没有穷饿之忧虑,然后严禁私售。解决中纳之弊可以采取如下措施:清理盘点以往的欠账,减少相关的支出;加强对担任盐场总榷的富豪灶民的管理,避免其瞒上欺下,假公济私;同时要议定合理的盐引数量,除去预征的税赋,使其没有额外的负担。从重惩罚那些层层盘剥的官员,杜绝官员巧立名目。对于私贩不能听任其赎罪,检验盐时不许弄虚作假,听任其缩减盐量。

李因笃借鉴古代的合理经验,在革除时弊以应当务之急的基础上,进一步提出改革盐政制度的长远策略。

首先,制定合理可行的盐政制度。李因笃首先针对沧州盐价低,淮扬盐价高的市场形势,建议采用宋代"转搬"的办法,即遇有向京师运米的漕船途经沧州南回时,每船量给官盐,按照引量付给运输费用,最后运至扬州,交给官府储藏,如果数量不亏,则兑付钱数,这时,官府可将食盐依次转售商人获得一定利润,军队可获运输费用。其次也可借鉴汉代的"官给牢盆"之法。具体措施是允许百姓自行煮盐,不统一组织编籍。灶户开工时向官府报告,由官府提供煮盐的盆具,盆具有一定的规格,并铸有官造的姓名,同时付给一定的盐券和一定的火钱,听其自煮自卖,商人自由前去盐场买盐,将盐数告诉官员。官府给商人盐引,派其前往指定的区域,盐过期不售卖则没入官府。给商人盐钞时,商人支付工墨钱若干,可以至一百五十文。对于那些不报告官府擅自煮盐的灶丁、不向官府请钞的商人,皆要治其罪过,一并交付运司,每年报告户部,发配边疆。亦可令商人养灶丁自煮,但应依照原额,按季节命令课税。这样,盐务全部由商人自由运营,变成了私人的自由贸易,私贩自然不会存在。明代霍韬称"盐之行必变通钞法",让灶丁获得实利,具体措施或者如永乐年间之输送军粮至边塞,或者如成化时引折银四钱亦可。

其次,制定合理的人事策略。在人事方面,李因笃建议选择廉洁而有才能者一位担任边督,一位担任漕督,两者兼有促进农业生产,治理盐政的职责,可以自行设立运司、提举官员,将盐税与盐量储存互相关联,用以调节增减。他针对霍韬的钞法,提出自己的不同意见,认为最难执行的莫过于重钞,钞过于轻则难以执行,经济便会从上壅堵。

再次,加强对私盐的管理。针对私盐泛滥,李因笃认为多由于官府的正课太过沉重,如果正课适均,私盐就会不禁自止。

最后,李因笃还将盐政与其他政务相关联,拟出三条盐政管理的基本准则。

一是盐法与吏治相关。首先盐政官员一定要态度端正,不得徇私舞弊。他认为,唐代刘晏管理盐铁时,开始仅得利润四十万,后来涨至六百余万,由专门的盐运使用官船负责运输,民力得以纾解。后来变为"钞法",即由商人运输,国家出钱收购,供给边塞,节省了巨额费用。主管盐政的官员应将节余的钱财归还朝廷,这本是他们职责范围之内的事,朝廷却视其为贤才,后来竟然形成惯例。于是官员们一边中饱私囊,一边将剥削商人得来的钱财上奉朝廷,这种做法的实际效果是既教官员贪污,又在奖赏官员奸诈。也就是说,朝廷在盐政制度设计上存在一定缺陷。

二是盐政与国之贫富相通,不可不谨慎。他引用前代贤臣的话语:"国之贫富,在上之俭奢,不系于盐之有无。"以此批评当时正值国家创建之初,朝廷的政策不在节用恤民,却在竭尽办法攫取天下所有的利益,甚至到了锱铢必较的程度。因此,他劝统治者要勤俭养德,使天下财力不至于枯竭,留有日后增加的余地。唯其如此,才有利于朝廷的统治。

三是盐政可通于国势,不可不厚。他以关中为例指出,官盐价高,百姓无力购买,只能淡食。官方则按照人口数量发放食盐,随后催要钱款,有如赋税。部分百姓无法给付只好铤而走险贩盐赚钱,导致私盐泛滥。朝廷规定盐贩抓住后立即处决,百姓在被逼之下相率为盗。因此,他认为"盐之可为,则国之可为",将盐政的重要意义提升到国家安全稳定的高度。李因笃认为人有贫富,不能按照人口数量管理。制定政策时既不能"听之不敢,禁之亦不敢",意即不能听任自流,也不能完全禁止。

此外,李因笃还提及了买官卖官的危害、国家垄断经营专利等方面的不足,他希望能够让商人的负担有所减轻,使"勋戚恩赐之滥、零盐所盐之私、存积越次之征"等风气较之过去有所减弱。总而言之,他希望当政者能够以德为本,以财为末,以天下百姓为重。

四、屯田

李因笃的屯田思想主要阐述的是军队如何开荒种田,寓兵于农,减少国家开支,减轻人民负担。他在策论《屯田》篇中开宗明义,引明朝实学思想家邱浚的观点称:"天下无田不税,而吾求无税之地而耕之。无农不耕,而吾取不耕之人而役之。无兵不战,而吾乘不战之时而用之。则惟屯田。"旨在说明屯田的重要性。屯田是以军人的身份从事百姓的农业劳动,既能解决士兵供养的实际问题,同时又不必加重百姓的赋税,可与古代的井田制相类似。如今,井田制已经消亡,屯田制一直代有传承,足见其渊源流长,现实意义重要。

对于屯田的类型、特征及其功效,李因笃认为,屯田共有军屯、民屯、商屯三类。军屯适合在边疆进行,安排士兵垦荒种地,民屯适合集中流民、犯人从事耕种,或者召集富人来从事,由有司来管理。商屯是指商人在边关买田送粮食供给边疆,按值付钱,这些事情皆由大臣负责。此外,他还援引数则屯田事例,用以说明其功效。

例如,永乐年间(1403—1424)征朝鲜牛,目的在于促进农业生产。天顺年间(1457—1464),叶盛屯田宣府,广收粮食,并以盈余筑城买马,目的在于加强边防储备。嘉靖间(1522—1565)李承勋于东北兴水县设立三大营,耕战具备,目的在于加强边关防御,遏制边患。这些策略,皆和兵事缓急有关,可以不拘泥于具体形式,师法其用意。最后,他也提醒,因为古今情势不同,屯田效果难料,所以必须详尽地总结历史经验,革除弊端。

在结合历史经验与现状的基础上,李因笃拟订了全国性屯田的规划方案,具体阐明了屯田的地域位置、屯田理由以及经验管理办法。他认为,如今屯政弊端很多,必须革除旧弊,否则难以调动人的积极性。李因笃列出的屯田地域有的是古代屯田的旧地,有的是因地制宜新开垦的土地,并就其管理、开垦、人员、税赋一并作了安排。例如,他认为可以派遣大臣,组织福建、浙江两省的民众在京畿之东屯田。在漳河、御河、白河至潞河一带,构筑长堤,引淡水,围田屯耕。沿海各地皆可效仿,如此一来,东南民众的赋税得以减轻。还可在江南实施围湖造田,然后按照官田起科,有力者优以爵田,田成则依公田出税田,由是可以兴渔盐之利,也可以建筑民居恢复扬州当年的盛况。颍州、寿州之间可置屯田,收获必丰。其次,湖北襄阳、邓县之间可以遴选河北、河南的官员负责,此地本是晋代羊祜垦田的地方,南多水,北多陆地,可召募南方来的流民和北方的民众进行耕作,每年的粮食可以储藏在官仓,一旦河、洛地区遭遇年荒,可以用作赈灾之粮,通过武关经陆路进入陕西,万一三边军粮告缺,也可救济,从而使西北局势得到有效改善。

李因笃认为屯田与海防、漕运、盐政、财政乃至国家统治的稳定等密切相关。例如,沿海屯田,可以熟悉潮汐规律,防御倭寇,因此有助于海防。沿着黄河屯田,需要疏通渠道,分其支流,降低河势,故与治河相关。屯田可以就近供给京师,减轻东南漕运的压力,故与漕运相关。屯田可使商人们运粮至边关,然后按比例换取一定份额的盐,可以加快盐钞的流通,故与盐政相关。可在明初养马监苑故地屯田养马,恢复旧制,故而与马政相通。可在当前战事集中的贵州实施屯田,可以提高御敌能力。此外,屯田可以丰富国力储备,保障边境安定,因此,屯田可与国家财政相通。

李因笃认为,明初实施军屯,除了商人运输粮食外,此外别无军饷。永乐年间增补盐、菜银三钱,后来改为银两折扣制。于是,仓储匮乏,卫士怠惰,只好招募流民,一开始是内地民众养边防士兵,后来成为内地之民养内地之兵,最后演变为内地之民养内地游惰之兵。又因内地官员趁机克扣贪污,反而培养出一批腐败奸猾的官员,匪寇们借机享受国家饷银,所以朝廷养兵的同时又在供养强盗。最终,天下的赋税不足以养天下的士兵,明朝由是崩溃。因此,屯田可与国祚相关。这一观点,来自于李因笃对明朝灭亡原因的分析总结,见解独到,教训深刻。

最后,他郑重告诫朝廷不要过度贪婪,使得民心浮躁,不要刚准备屯田,便欲增设官员,建立机构,拨用国家财政,结果未见屯田之利,却受屯田之害。

五、治河

黄河是中华民族的母亲河,但是历史上一直灾害不断,治理黄河成为古代社会一项要政。李因笃《治河》策论正是针对这一问题而作,他的主要思想包括如下几点:

首先,李因笃在策论中开门见山,概括出六项治理黄河的基本观念:一是治理黄河必治理下游;二是治理黄河与治理运河相关;三是治理黄河与治理漕渠相关;四是治理黄河要用疏浚之法,不用堵塞之法;五是治理黄河运用分头治理之法,不独专门治理一河;六是治理黄河需要迁徙的是百姓,而不是迁徙河流。

其次,李因笃提出了十种可资借鉴的治河经验。在回顾历代治河策略的基础上,他从利弊的角度将诸家观点分为百世之利、百世之弊、一时之利、一时之弊四种类型。在上述四种情形中,他认为正确的策略应是,当代应谋求百世之利,国家应谋求万世之利,去除一时之害。他总结历史,提出十种治理黄河的成功举措,主要包括王延世治河运用竹落筑堤、宋礼在中滦河下游二十里疏浚黄河故道、刘大夏疏浚河道、筑三百里长堤等。

李因笃认为,治理黄河不仅仅关注黄河自身,还需其他相关举措配合实施,才能有效。具体来说包含三个方面。一是治渠,需要多开沟渠,分水蓄水,灌溉农田。二是治屯,需要大力开展屯田,促进粮食产量,从而减少漕运的压力,还可补助治河的费用。三是治海,主张恢复海运,减轻漕运压力,便于治理黄河。

概言之,李因笃治河思想的主要特点是从治河得失、治河理论等方面对黄河治理经验做了深度总结,对于历代治河思想有着深刻的研究,他的治河策略立足历史经验,也有现实考虑,既有长期宏观战略规划,也有短期具体操作办法;既有系统内专深的部署,也有外在配套的措施,形成了统筹规划、综合治理的治河方略。

六、钱法

钱法是指货币流通的制度,它关乎社会经济,商品流通的平稳发展,也是具有重要现实意义的问题。李因笃在《钱法》策论中指出,当时钱法的主要问题是铜制货币的国家库存不多,民间使用数量过少,流通时间不能长久。针对这一现状,他提出十二项改革建议,分别是厖铜、易旧、核禁、聚工炭、定值、疏滞、抵赋、酌省铸、立质、辨文、通市籴、治私冶。这是李因笃货币思想的精华所在。

"厖铜"是指用铜作钱,国家应禁止私人采铜,保证官方铸钱有足够的铜料。他认为,流通的钱币数量不足是因为铸钱的原料铜太贵,所以民众争着采铜逐利,因此应禁止采铜,而铜做兵器不如铁,做器皿不如漆料。所以禁止私人采铜也不会有多大的害处。

"易旧"是指出台法律,按一定比率将旧币换为新币,这样既可以根除民间旧币的流通,减少对市场的干扰,同时也能通过回收旧钱币来获得铸造新币的铜料。如果简单地采用禁止旧币流通的办法,民众无利可图,自然不会上交旧币,旧币仍有可能在市场出现。

"核禁"是指禁止不法民众私自熔钱铸造器具。他认为一旦允许熔钱化铜为器,不但影响铜币的生产流通的数量,而且铜器有可能流出到别的国家,当年王安石撤销钱禁,致使边关海防废弛,国用消耗。因此,必须将熔化铜器者定罪,走私铜器到外国者以刑法处置,百姓知道储藏铜器无用,自然会上交给官府。

"聚工炭"是指政府可以组织身强力壮的流放罪人制造工炭,增加炭料供应,用于铸钱以赎罪,由此降低铸钱成本。

"定直"是指以黄金为参照确定铜钱币的价值,不要轻易变更。他批评当时钱币更换过于频繁,批评新钱流通不到十多年就又发行新货币。例如明朝洪武至成化百年之间,仅大中、洪武、永乐、宣德四钱没有变更,其余时期钱币频繁变化,结果导致百姓更愿意藏金而不愿意用钱币。

"疏滞"是指从制式和价值等方面统一全国的货币,便于钱币的流通。李因笃批评当时的货币不仅南北各省不统一,边关和内地的货币也有差异,有的地方流通新钱,有的地方新旧钱并用,各地钱币贵贱价值不同,于是就有商人从事货币买卖牟利。

"抵赋"是指允许民众以铜钱抵赋税。他批评当时朝廷要求百姓用铜钱币,却不允许百姓用铜钱币抵交赋税,而是以白银抵赋。原因在于百姓以钱抵赋,赋税的总额数目明确,官员难以从中牟利,故而借口不便。

"酌省铸"是指在京师之外的行省增加铸钱的工厂。他批评当时铸钱只允许京师宝源、宝泉两家铸造,不便于向外省输送钱币。

此外,"立质"是指制定质量标准;"辨文"是指辨别货币上的文字;"通市籴"是指统一全国市场的货币;"治私冶"是指治理好私人铸钱的问题。

综上所述,李因笃对于当时社会经济发展中的一些重要问题都提出了自己的合理建议。如改革漕运以保证粮食供给,完善荒政以维持社会稳定,消除盐政弊端以提高国家赋税收入,扩大屯田以保证边境军需,治理黄河以消除水灾影响,改革货币体系以促进赋税缴纳和商品流通等,都体现出李因笃在实学方面的成就,其中不乏真知灼见。

第二节 改良君主政治

李因笃的政治思想从根本上是儒家的民本主义。例如,他在策论《荒政》篇中就提出:"盖闻国托本于民,民仰资于食,食听命于岁","俾国常藏富于民,而民无待哺于岁",表现出鲜明的重民、爱民、保民的民本思想。在此基础上,李因笃在政治上主张改良君主专制统治,实施爱民仁政以保障人民的基本生产和生活。他的政治思想主要集中在《圣学》和《用人》两篇策论中。前者是关于教育封建君主的经筵讲学,后者是关于人才选拔。二者都是涉及到提高政治管理者的素质、减轻君主专制统治消极影响的政治目的。

一、提倡儒学和道德教化以改良君主专制

李因笃在策论《圣学》篇中,集中讨论了改良君主专制、实现明君仁政的

政治主张。所谓"圣学",旨在探讨封建君主如何学习。古代封建社会,君主经常通过经筵讲学等教育方式,学习儒家书籍和有关历代王朝兴废代替的历史著作,掌握治世施政的方略。李因笃《圣学》一篇所论大多与经筵讲学相关,主要思想观点如下:

第一,主张天子学习的内容应当务实,避免空谈理论。李因笃认为,天子学习的内容应该包括《大学》《中庸》《孝经》等儒家经典,《汉文本纪》《贞观政要》等重要政治文献,以及宋代真德秀、明代邱濬等人所列的政治典籍。他认为皇帝学习圣人,要循序渐进,多元学习,既要以《大学》《中庸》等作为理论学习的基础,即内圣之学;也要研习治国平天下的著作,探讨施政治国的具体措施,以此作为外王之学。

第二,批评当时的经筵讲学不切实际、内容浮虚。首先,李因笃认为当时讲学内容较为虚浮宽泛,更有许多内容沿袭陈说缺乏新意。而且经筵讲学只是在一个地方一段时间内进行,对于长居深宫的天子而言,会有一定的启迪帮助,但是由于难以长期坚持,学习效果不免一曝十寒。更何况面对皇帝,讲学者往往巧言令色以免触怒皇帝,难以自由地表达发挥,更不敢直陈错误纠正弊端。其次,李因笃认为讲学最大的失误是讲学者往往空谈"心即政,政即道",一如制科八股文般虚论性理等理论,不知变化创新。他说心有道心、人心之别,政有善政、法政之别。《大学》言心必言政,《中庸》言性不言心,朱熹认为心生于形气之私,或源自性命之理,因此,心即政的观点未能准确区分心的内涵层次。程颐认为二帝三王传道传政的根本宗旨是实行周官、周礼之法。现在所谓的"政即道",难以保证为政尽善且一一合于先王之道。何况皇帝既要勤于听学者讲学,经常进行自我省察,又政务繁多,劳心费神,欲望诱惑万变纷纭,这些对于皇帝的心性修养有很大的影响和威胁。而心性放纵容易,节制修行则难,知悉理政容易,执行实践操作则难。因此,李因笃批评当时的讲学多是不切实际的空谈,这也反映出其重视实效的实学思想。

第三,提出天子学习的六条具体建议。李因笃认为,皇帝要有正确的学习态度。皇帝生于富贵之家,生活奢华,既然要学为圣人,就要摒弃奢侈的服饰、宫室、美食、声色之娱。他提出的六条具体的学习方案是:明效法、切日讲、严侍从、敦节俭、厚风俗、信功令。

其一是"明效法",指明确学习效法的榜样,即引导皇帝学习古代的明君圣主,重点是学习先朝的实录和祖宗的家法,择其善者而从之。

其二是"切日讲",即讲授内容要切近实际,不要好高骛远。李因笃批评当时的经筵讲学综合讲述十三经、二十一史,内容太过繁多,即便是专门的儒学大家终生也难以全部掌握,日理万机的皇帝更是难以有足够的时间来专心学习。他建议每天仅讲精选的经义数条即可。另外,要安排有见识的大臣精选《孝文本纪》《贞观政要》,庆历、弘治政论编成一书,放置在皇帝面前,然后讲臣逐条简明扼要地予以清晰阐释,这样可以避免内容过于高远宏大不可行的缺点,摒弃那些缺乏依据扰乱思想的稗官野史杂说。

其三是"严侍从",即精简侍从。应当选用贤能正直的人担任皇帝仆从,皇帝也应该多与贤能大臣相处,以此修德积道。他认为,皇帝接触最多的人员往往不是贤能之臣与有识之士,而是宫内仆从、宦官、侍卫,以及陪伴皇帝打猎娱乐游玩的侍从,这些人多是无能力只知奉迎皇帝的人员,因此需要为皇帝严选贤能的侍从。

其四是"敦节俭",是指注重节俭,改变奢靡风气。李因笃援引《孟子》"上有好者,下必有甚焉"以及汉代民谚"城中好高髻,四方至一尺",批评当时社会最大的弊端是奢靡之风,人们贪图金银珠宝,生活糜烂奢侈,恬不知耻,官场腐败,贿赂横行,而其源头就在位居高位的上层统治阶级生活奢侈。他认为"以言教者讼,以身教者听矣",因此要想正本清源,皇帝必须能以身作则注重节俭,为民众做榜样,这样才能带动社会民众风气的好转。

其五是"厚风俗",是指尊德扬善,使得风俗淳厚。他以周朝的兴亡之道为例,指出统治者应当以《八诰》即《康诰》《召诰》《洛诰》《多士》《无逸》等篇为据,倡导忠厚诚实的社会风气。皇帝作为最高的管理者,应该赏罚分明,奖励那些善良正直之人,惩罚那些奸佞邪恶之人,要有"先礼而后刑"的君德。此外,李因笃认为:"夫大臣,国家所与共治者也。"皇帝对待臣下要真诚,选拔任用人才不能徇私,皇帝若以刻薄猜忌之道对待臣下,臣下也会对皇帝不信任,导致君臣互相欺瞒。

其六是"信功令",是指皇帝所颁政令要注重诚信。他批评皇帝经常更改政策制度,导致政策在执行上没有连续性,频繁更改的政策往往给百姓带来许多不便。

李因笃最后总结说,"明效法""切日讲"是皇帝学习的中心内容,"严侍从""敦节俭""厚风俗""信功令"不是皇帝学习的内容,却与学习密切相关,它们可以帮助学习者了解学习的目的。皇帝唯有学习儒家圣学,才能够领导天下,成为天下道与法的引领者,天下的社会规范才能端正有则。只有天子成为圣人,制度的制定和精神思想才能由上层统治者教化统领,社会大众才不会思想混乱,视野盲目,所谓"天子而必学,则道与法皆自上操之,而天下之仪型乃端。天子必学为圣人,则制行与立说,皆自上教之,而天下之视履不惑"。李因笃希望皇帝能够"主敬以立其基,克勤以扩其虑,存诚以俟其积,无倦以期,以终其德,以正其本。发政以观其施,原于稼穑,艰难以定其志,推乎礼乐,修明以达其才,体诸尊贤敬士,以作其孚,极之配天飨祖以尽其蕴,而学之能事于是乎毕。然此皆载于史传,备于经筵,近而求之,有余师矣"。其意义是说,主敬是宋明理学家提出的一种道德修养方法。它要求人们专心致志,不为邪念和私欲所诱,保持认识主体修养自身的前提,这是涵养心性、洞察天理的必要条件。存诚,慎重独处,则心胸安然;庄严恭敬,则身体强健;坚持不懈,进行敬、勤、诚等心性品德的修养;不畏艰难,运用礼乐治理天下;修明尊贤敬士,提高自身的涵养。唯有如此,学习的功效才能达到完满的境界。

　　从李因笃倡导圣学的目的来看,他旨在提高封建统治者的文化素养,改良封建君主专制统治。从政治功能而言,这种学习有助于社会政局的稳定和国家意识形态的统一。不足之处在于,李因笃要抑制下层士人自由发表言论,平息百家争鸣的局面,必然会禁锢思想,这有利于清朝实行封建思想文化专制统治,却不利于民主自由的发展。从学习内容来看,李因笃注重学习实效,在内容上避免空谈玄理,倡导联系现实政治,全无古板书生的学究气息。从现实意义来讲,清人入主中原后,出于统治的需要,他们开始学习汉族先进文化。顺治十四年(1657),顺治皇帝曾开展经筵日讲活动。因此,李因笃的经筵讲学策论,可谓有的放矢,具有很强的现实意义。事实上,康熙皇帝在学习过程中即以汲取治国经验作为明确目的,在日讲活动中,注重将日讲内容与实际政治相联系,在日常施政时也会有意识地借鉴,这些证实了李因笃《圣学》策论的合理性。

二、合理选拔人才以改良官僚体制

　　李因笃的《用人》策论主要探讨的是如何选拔人才。他通过对荐举征召、科举取士等人才选拔制度以及人才考核标准等问题进行分析评论,提出了重视实际能力、恢复举荐制度等主张。这些主张反映出李因笃的人才观念,以及通过合理选拔人才以改良官僚体制的实学主张。

李因笃在总结历史经验的基础上,对于汉代和唐代以来实施的以"明经、词赋、策论、制义"四科取士的方式持辩证态度,认为这些方式如果运行良好,则能够表里一致,如果运行不当,则会流于剽窃迂疏。在借鉴前人得失的基础上,他提出了自己的人才选拔观点。

一是反对以言取人,主张求人以实。李因笃认为,废除制义,改用策论,并未有多大的改善。周、汉时期取人以人,即根据人的才能品质选拔人才,唐宋以后则是取人以言,亦即根据人的言论选拔人才,事实却是能言者不一定能践行。比如高谈阔论忠孝廉节者言行未必一致,许多不善言论者未必没有实际才能,何况有的言论不一定具有可行性。例如许多关于屯田漕运等实务问题的言论往往无法在实践中行之有效,有的言论甚至还是老生常谈之论,缺乏创见。因此,他反对单纯以言取人,主张求人以实,反对求人以名。他认为,经明行修者通晓经学,品德端正,比较实际,而贤良方正者则是外在的虚名,相比之下,应该更加注重实际,使得名实相副。

二是反对在人才选拔中设立门第、相貌等方面的资格要求。他认为,当时实行的科贡之法有求名之嫌,原因在于身份、相貌等方面的资格规定,过于循规蹈矩,仅能适用常规人才,有碍于杰出人才的选拔。他特意列举了许多古代名家作为典型事例,指出资格审查中存在许多不合理的规定。例如,舜帝是瞽叟之子,商朝宰相傅说曾经是奴隶,姜太公曾经是屠户,因此人才选拔资格中不应该有对门第的要求。汉代张良貌若妇女,司马相如、扬雄等人则口吃,唐代宰相裴度身材矮小相貌丑陋,因此,人才选拔资格不应该有相貌方面的要求。汉代名臣霍光不擅长文学,宋代司马光不善写四六骈文,因此,关于文学义理的要求也可省略。倘若严格按照上述要求,那些才华绝伦的优秀人物只能和普通人一样按部就班,默默等待偶然的机遇垂青,结果往往是无尽地等待,最终错失施展才华的机会。

三是主张继续科举制度,同时恢复荐举制度。李因笃认为,唐宋以来实行的科举制度、周汉时期实行的荐举制度各有利弊,但是天下没有完美无缺的制度,只要实施得当,二者皆可继续执行。

四是谨慎选用负责人才选拔的官员,高度重视铨选人才的工作。他认为,负责铨选的官员,可以借鉴汉代左雄设立人才选拔年限的做法,如规定孝廉年不满四十,不得察举;此外,还要学习寇准的公正,树立以才能选人的原则;学习山涛之贤明,能够尽力荐举他所知道的人才;学习刘毅的深谋远虑,尽量避免独断任性。唯有从根本上慎用制度的执行者,才能知人善任,确保制度得到正确有效的实施,杜绝那些有名无实、以次充好的不良现象。

五是改革科举考试的内容,注重考察人的实际能力。他提出,在"论"试部分,可以列出经书中的疑义请考生辨析,重点考察其思想内容,通过辩难问答,可以考察出未来他们在处理公务时的理念,辞藻文采则可忽略不计。在"策论"中则需陈述时政见解,探讨吏户礼兵刑工等六曹行政事务,考察其主张是否具有可行性,从而保证所选之人具备真才实学。

综上所述,李因笃人才观的主要特色在于重视人才实际能力的考察。基于这一原则,他放宽了身份、相貌等人才选拔的资格限制,摒除许多不合理不公平的歧视。他打破了单纯依靠科举考试的用人思路,指出了以言取人的不足,提出了恢复举荐制度的建议,让实际能力较为优秀的人才有机会发展。他主张在科举考试内容中增加与社会实际相联系的内容以及对实际事务处理能力的考察。李因笃的这些思想,一方面为身份卑微的社会底层士人提供了发展提升的机会,增加了人才选拔的公正性;另一方面,在书面知识考察之外注重实践能力考察,可使考察内容更加切合实际,人才素质结构更加健全,具有相当的进步性,直至今天仍有一定的现实意义。

第三节 复兴传统文化

李因笃的《天文》《历法》《乐律》等三篇策论集中阐述了他对古代天文、历法、乐律的研究,这既是其深厚学术功底的体现,同时也是其实学思想的重要反映。因为在他看来,天文、历法、乐律不仅是中国古代儒学文化的重要组成部分,而且具有指导现实生产生活的实践作用。在李因笃所处的清初时代,天文、历法、乐律研究较为衰落,出现了错讹甚至亡佚的状况,因此他的相关研究具有传承和复兴传统儒学文化,并利用其经世致用的实学意义。

一、总结天文学知识,纠正当时的天文学错误

古代天文学和现代天文学的研究内容大不相同。古代天文机构多设有天文、历法、漏刻等分职机构,主要负责观象、制历、报时等方面的事务。历代天文机构的名称、部门的设置、职官的品级与职掌范围都有过一些变化,但基本职能未有实质性改变。其中负责观察天文天象的部门相比制历、报时等部

门的地位尤为特殊,它不仅推算参验历法,具有重要的科学研究意义,也有着指导现实农业生产活动等多方面的社会功能。

李因笃通过整理和总结古代天文学知识,指出当时天文学中存在的主要错误,并提出了"太阳大于地球,并非出自大海"等科学观点,正确解释了日食、月食的形成原理。具体来说包括四个方面:

第一,李因笃不认同"日自海出",认为这是迷惑于太阳从海上初升的景象。他的观点是日大于地,海仅仅是地中一物,太阳并非从海中升起。

第二,不同意"日食月食"缘于"月亢日"。他认为日食是月亮处于太阳和地球之间,挡住了太阳的光辉,月食是地球位于太阳和月亮中间,挡住了太阳照到月亮的光辉。月亮在下,而太阳在上,故而遮掩了光,李因笃认为日食、月食是月亮和太阳相抗衡的说法根本就不成立。

上述两个观点,在今天已是妇孺皆知的天文常识,但在当时属于非同寻常的新论,这说明李因笃已经摒弃了大众化、表象化的错误认识,具备了太阳、地球、月亮彼此分离运转等现代天文学的基本科学观念。

第三,不同意"参觜井"的排列次序。二十八星宿是中国古代天文学的重大创造,它把连续通过南中天的恒星分为二十八群,各以一个字来命名:角、亢、氐、房、心、尾、箕、斗、牛、女、虚、危、室、壁、奎、娄、胃、昂、毕、觜、参、井、鬼、柳、星、张、翼、轸。二十八星宿沿着黄道和赤道之间的距离来划分,自古以来,人们都是依据二十八星宿的出没和中天时刻来定一年四季与二十四节气。当时的人因为觜与井的距离更为相近,就将觜、参、井改为参觜井,李因笃认为这种观点没有科学依据。原因在于二十八星宿的次序历来觜先于参,参先于井,是有固定次序,不能单纯因为距离远近而随意更改,更何况"觜与井距离更近"的观点尚未得到科学有效地验证,不足为凭。

第四,个别天文现象的解释有待勘核。甲辰之冬即康熙三年(1664)十月初一有彗星自二十八星宿之轸出现,按照星象图推断应是辰星即水星;乙巳之春即康熙四年(1665)彗星再次出现,时人起初认为是"荧惑"即火星,后来占验为含誉星。按照古代天文学的解释,荧惑出现意味着不祥,而含誉星是瑞星,意味着喜庆,二者解读截然不同。李因笃不同意这种随意变化的说法,他反驳道,蚩尤的旗帜也很像彗星,难道可以说是蚩尤星出现吗?据清朝陈康祺记载:"康熙甲辰,有星孛于翼轸,抵降娄。占星以为含誉星。"(《燕下乡脞录》卷四)虽然李因笃的质疑并不一定正确,但是他的认真严谨、不媚世俗的学者品质和科学精神值得尊敬。

最后,李因笃希望统治者留心天象,他勉励天子勤修德政,"修之于未然",唯其如此,即使有凶险天象出现,也不会有灾祸应验,或者不会很严重。此处显示出李因笃思想的落后之处,他还停留在古代的天人感应和谶纬之学的层面,但同时,他并不一味地迷信天象,而是认为社会的伦理道德才是最重要的。正如子产所谓的"天道远,人道迩",《尚书》"天聪明自民聪明,天明威自民明威",李因笃将民意视为天意,表现出儒家把原始宗教的"天"观念落实于民的身上,和对民意人情的尊重;他反对当时统治者用各种奢华的礼器祭祀,对于人事的得失却不加过问。最后,李因笃希望天子能够严格要求自我,恭敬戒惧,静默体察天道征兆,以天为法,自强不息。这实际上反映出他借用天道变化约束君主专制权力的意图。

二、管理改进历法的建议

天文与历法二者密切相关,是一体的科学。李因笃在《历法》一篇中阐述了历法学的知识体系,并对历法管理、历法改革提出了自己的建议。

李因笃阐述了管理历法的三个要点:辩事、分官、约术。

所谓"辩事"是指历法事务应由不同身份的人来负责管理,要重视天人相通,知晓凶吉变化。天子应该自强不息,按照天的旨意积极作为、统领天下;大臣们应该敬畏天地,认真帮助天子治理国事。历法学者的职责就是潜心钻研,深入探究天文历法的规律原理,务求历法与天象吻合,使其更加精确。

所谓"分官",是指历法官员应该精选有学养有传承有专长的人员担任,各司其职。班固《汉书》"史官丧记,畴人子弟分散","时御史大夫儿宽明经术,诏宽与博士共议"等记载说明,历法官员应该世袭该职,代代相承。历法官员应选用有学问且懂得筹算的儒士,而不能选用方士。

所谓"约术"是指古往今来历法众多,但是基本原理是以三部历法为准。《太初历》以音律起历法,所谓律、历合一;《大衍历》以精密计算制定历法,《授时历》所定的数据则是通过实验测量天象而确定历法。这三部历法可以作为后代制历的典范。

对于当时实行的历法,李因笃提出几点意见。他认为,现行历法采用的分野之法不太合适,应当顺天以求,不应该本末倒置,刻意寻求天象的特征来验证历法。他指出,大寒、余日以及闰年闰月的确定都与实际不太相符,移动子午线使得位置不正,与古法有异;日月星辰等天体在不断地运行过程中发生缓慢且连续的变化,形成所谓的岁差现象,先前制定的历法因此也应该随着岁差的实际变化而不断改变革新。所谓"即其异以求其同,推其差以尽其变。而历之能事毕矣。虽然有可变有不可变,可变者明其理,不可变者待其人也"。但李因笃同时认为不能随意改变历法,改变历法必须要有充足的理由,如果条件不足应该等待有能力的人来实施。他以古代本无闰,至尧时期历法中才设闰;古代无岁差,至晋代虞喜才发现岁差;古代无定朔和里差,至唐李淳风才有定朔,至郭守敬才发现里差等事例说明,历法的改变是随着历法学的完善进步不断推陈出新的。明朝历法由于自实行以来从无改进,到明朝末年因误差过大,预测天象往往不准确,致使万历年间有关历法的争论持续不断。当时的观点主要有两种:一种赞同明代邱浚的看法,积极主张更改历法,以免一误再误;另一种观点是反对历法改革,如江以达等人就认为《授时历》过去运行总体良好,应该继续沿用,彼此争讼不休。李因笃认为,当时以经术取士,对于选拔历法人才不利。应该在掌管天文历法的钦天监之外,不拘一格选拔懂得历法、岁差、星象,如扬雄、郭守敬等对历法有精深研究的专业人才,让他们进入到天文历法机构中,就不会出现当时的争论和误区。

三、复兴古代乐律制度、传承乐文化的举措

在《乐律》策论中,李因笃一方面从经学角度考证了古代乐律制度的具体内涵,另一方面从史学角度梳理了古代乐律演变和衰落的过程,并在此基础上探讨了当时乐制衰落的原因。同时,他在其经学和史学研究的基础上,针对清初乐律制度衰落的现实问题,进一步提出了恢复古代乐制、传承和复兴古代乐文化等具体措施。这些举措主要有以下六项:

第一,确立音准。李因笃引用《国语》《后汉书》等经史典籍,认为恢复乐制的当务之急是确定"中声",意即选择轻重适中的音调作为标准音。他认为应以十二律为准,传统将历法和音乐相关联,十二律的地位就如同历法中的十二月,审定音乐标准不在于声而在于律,不在于宫而在于黄钟。在具体制订音准的举措方面,他详细介绍了古代汉斛之铭记载的"黄钟围径法"[①],《淮

---

① 黄钟围径法:古音律以黄钟为首,九寸竹管定音为音律之始,音名为宫,减三分之一长度的竹管,其共鸣声将升高五度(例如由 C 升为 G),增三分之一长度将降低四度音(例如由 G 降为 C),反复增减,产生音差,又将高低八度音互相参考,以产生十二平均律。

南子》记载的"一寸九分法",以及杜佑《通典》、孔颖达《礼疏》记载的"五声二变"法。

此外,他认为确定"声气之中"的最好办法是参考宋代蔡元定的理论,用多截竹来拟黄钟之管。衡量围径的最好办法是按照邱濬的观点,寻找秬黍,分为三等,长度为1200粒,不多不少。衡定声音可参照孟万年的观点,最好是根据人声来逐一衡定丝竹等各类乐器的声音。

第二,模仿已有曲目恢复古声。关于今声与古声不同的问题,李因笃认为,《诗经》三百首旧皆可歌,据《晋书》可知,南北朝时期,后汉、刘宋曾有四首诗曲流传,即《鹿鸣》《驺虞》《伐檀》《文王》。《旧唐书》中又记载唐代开元年间制乡饮酒礼,有诗曲《鹿鸣》《四牡》《皇华》《鱼丽》《嘉鱼》《有台》《关雎》《葛覃》《卷耳》《鹊巢》《采蘩》《采苹》等十二篇,所以,古声可以仿照这些乐曲来创作。至于"有其诗,失其声"的问题,他认为唐代赵彦肃曾经传有"开元十二诗"的乐谱,每一个字都有标有相应的律吕,这应该是开元遗声。朱熹《仪礼传》就以此为《诗经》配音乐,应该可以由此模仿古声。当时有学者认为,古乐唱以发歌,和以继声,其外应有迭字散声,现在已经佚失。朱熹也曾对赵元肃怀有这样的质疑,认为赵谱并非真正流传下来的古乐谱,原因在于赵谱记载是一字一叶声的形式,与古代乐谱不相符合。李因笃认为,开元十二诗曲《鹿鸣》以下六章标注为"黄钟、清宫",俗称"正宫",《关雎》以下六章标注为"无射""清商",俗称越调,所以他建议可以试着由俗而入雅,按照这一原理逐次恢复各个古乐曲。

第三,运用现在的乐器演奏古乐恢复雅调。关于现在的乐器不太适用的问题,他赞同北宋音乐家房庶的观点。房庶认为,古乐与今乐本末相差不远,也可以用现在的乐器演奏古乐,只要去除靡靡之音,恢复雅正的格调,也能达到治世音乐的要求。这种主张虽然未能恢复古乐原貌,却能顺应音乐变化的规律,实为一种进步的观点。

第四,统一古声。针对古声不统一的问题,他认为可以先用歌声齐箫声,再用箫声定十六声,再用十六声定八器,逐一使之齐全和谐。

第五,从钟鼓入手逐一制作古乐器。针对古乐器制作规范业已失传的问题,他认为可以先确定钟鼓的样式,再通过钟鼓依次确定管弦、干羽(古代舞者所执的舞具,文者执羽,武者执干),这样做虽不能完全达到古乐的微妙,却也能实实在在地有所继承。

第六,官员、学者、天子应各尽其责。他希望主管乐师与乐器的官员即乐正应当积极履责,"因其所易,及其所难,因其所习,及其所未达,为之以其渐,循之以其方,深造之以其道"。只有从易到难,从已有的推导未知的,循序渐进,深入钻研把握其中的乐理,才能逐步恢复乐制。学者的责任是考证解读《钟律通解》和蔡元定的《律吕新书》,研究相关学术问题。天子的职责则应该立德修行,选择优秀的人才担任乐官,确定音乐的基本原则,树立中和完美的音乐典范。

此外,根据《周礼》、司马迁的《律书》等文献,李因笃提出自己见解,认为音乐与观天、治辰、授历、劝田、生财等不同领域可以相通,彼此有着某种共同规律。如"农气不伤则土音正,土音正,则黄钟出",所以音律与劝田相通。这都体现出李因笃作为儒学大家拥有高屋建瓴的视野和融会贯通不同领域思想的学术功力。

总之,李因笃在考察古代乐制的兴衰原因、总结古代音乐体制十二个主要因素的基础上,立足现实问题而提出了重建乐制的实学举措。通观《乐律》策论,他引经据典,让读者能够较为系统地掌握古代乐制知识,获知重建乐制的途径,从理论与实践两个方面感受到其乐制主张的经世致用之意。李因笃希望恢复乐制,以丝竹风雅的音乐化育人心,这正反映出礼乐为现实服务的实学理想,也与儒家圣贤的文化精神一脉相承。

第四节 重建礼仪规范

礼乐思想是中华传统文化的重要组成部分,也是儒学思想的核心之一。中国古代社会通过实行礼乐制度治理天下,礼乐制度起源于西周时期,相传为周公所创建。它和封建制度、宗法制度一起,构成整个中国古代的社会制度,对后世的政治、文化、艺术和思想影响巨大。其中,礼主要对人的身份进行划分和社会规范,最终形成等级制度,并通过礼仪制度实现社会秩序的规范化和社会环境的稳定,因此中国古代学者特别重视对于礼仪制度的研究,并形成了相关的"礼"学。李因笃重视礼仪规范的研究考证,并结合古代礼制和当时流行的礼仪而制定了相应的礼仪规范,其主要目的是希望通过研究经史、重建礼仪规范而实现"以礼教人",即通过礼仪道德教化而实现社会稳定的现实目的。因此,李因笃的礼仪研究也是其实学研究的重要方面。

第四章　李因笃的实学思想

李因笃在"礼"学方面的创见及思想,主要集中在《仪小经》一书所阐发的蒙学礼仪教育思想中。中国儒学历来非常重视伦理道德的教化,所谓"人君之治,莫大于道,莫盛于德,莫美于教,莫善于化"。(王符《潜夫论·德化》)主张通过教育培养社会成员良好的道德习惯,形成良好的社会风尚,达到"化民成俗"的目的。李因笃不仅继承发扬关学重视礼教的传统精神,还在《仪小经》一书中对日常生活中除君臣之外的人伦关系和基本礼仪规范做了系统性的阐述,体现了他对礼仪规范及基础伦理道德教育的重视。

《仪小经》一书不分卷,篇幅近两万字。该书至清光绪十年(1884)由陕西传经堂刊行,由清末关中理学家贺瑞麟作序。据贺瑞麟序言可知,他所见的《仪小经》为草本,推知李因笃生前应未刊刻此书,其著书目的在于深感礼教不明,世俗日下,不惜以名家大儒之身阐发"微文琐意"即通俗常行的礼仪规范及其伦理依据,"准乎天理,达乎人情",以此教化庶民百姓,使其能够知礼遵礼,行为举止更加文明。《仪小经》还被收入《西京清麓丛书》之《蒙养书十三种》,成为对儿童进行启蒙教育的蒙学书目。

一、《仪小经》中的礼仪规定

从目录来看,《仪小经》主要根据人伦关系的远近亲疏列有父母、子女、夫妻、兄弟、伯叔、祖孙、从亲、母党、妻党、翁婿、姑表、师生、朋友共十三篇。通常古代人伦关系总体划分为"五伦"即"君臣、父母、兄弟、夫妻、朋友",李因笃则对"五伦"中君臣之外的人伦关系更为详细地分类辨析。在父母、夫妻、兄弟、朋友四伦基础上,又增加了"子女、伯叔、祖孙、从亲、母党、妻党、翁婿、姑表、师生"九类,涵盖了"三党"即父党、母党、妻党以及师友,为今人系统地认识古人的亲朋师友关系提供了较为完备的知识。每篇又统一细分为总序、称呼、书札、诗文、行礼、奉祀等六个部分,详细叙述了上述十三种人伦关系的内涵以及彼此之间的称呼、书信往来、诗文写作中称谓、不同场合的行礼方式、供奉祭祀活动中的礼仪规范等。

其中,总序主要是准确阐释本篇所述人际伦理关系的概念内涵及其地位意义。如《父母·总序》曰:

> 五伦首父母,从《家礼》也。由子而子妇,子妇之事舅姑,犹子之事父母也。女虽外嫁,归宁不得略焉,故并附。父之继室,曰继母。前生嫡子、庶子皆同。庶子于嫡母曰嫡母,于所生之母曰生母。父

> 之妾，嫡子曰庶母。庶子非其生母，曰诸母。女与儿同。子妇于舅姑，曰君舅、君姑。君舅之妾，嫡妇曰庶姑。庶妇于庶子生母曰姑，非庶子生母曰诸姑。

李因笃首先说明本书根据宋代理学大师朱熹所著的《朱子家礼》的结构，将父母之伦安排在最前面，并将子女一节附后。随后叙述了嫡子、庶子、女儿以及儿媳和父亲的正妻、继室、妾之间的伦理关系。据文中所述，嫡子是指正妻所生的子女，庶子是指妾的子女，对父亲新娶的继室，此前所生的子女，无论嫡子、庶子，皆应称其为继母。庶子称父亲的正妻为嫡母，称自己的亲生母亲为生母，嫡子称父亲的妾为庶母，庶子对于父亲的妾中非自己生母者称为诸母。在父母称谓方面，女儿、儿子没有差别。儿媳妇则称丈夫的父母为君舅、君姑，对于丈夫父亲的妾，嫡子的媳妇应称其为"庶姑"，庶子的媳妇应称庶子的生母为"姑"，对于父亲的妾中非生母者则称为"诸姑"。

这些说明清晰梳理了父母伦理中不同身份的家庭成员之间的关系。有的总序中还包含着对人伦观念及其由来的解读和考证。如《妻党》曰："礼有三党，妻党其一也。妻之祖，曰祖舅。妻之祖母，曰祖外姑。妻之父，曰外舅，亦曰外父。妻之母，曰外姑，亦曰外母。外父、母，亦曰丈人丈母，盖因泰山有丈人峰而得名，意以父母比天地，故妻之父母比泰山也。则岳父、母之说，有从来矣。"据此可知，妻党乃是三党之一，非常重要，对妻子的祖父、祖母、父母皆有特定的称谓，其中丈人、丈母称谓的由来在于泰山上有丈人峰，而父母通常与天地相比，故将妻子的父母比作泰山，由此衍生了岳父、岳母的称谓。

《称呼》一节主要介绍不同场合的称呼礼仪。如《夫妻·称呼》：

> 夫妻之间，夫于妻，觌面从俗则曰尔、汝，即你、我，或娘子。妻于夫，觌面称官人，或相公，从俗亦曰你我。妾于主君，官家称老爷，于主母称奶奶。奶奶者，通俗尊于母之称也。平常家称主君为爹，主母为大娘。主母于有子之妾呼曰他姨，无子照姓曰某家。夫对人称其妻曰拙荆，或贱内。妻对人称其夫曰夫主，曰夫君，曰家夫子。通俗，官家，借奴隶而称之曰他老爷；平常家，借子女而称之曰他爹。对人呼其妾曰小妾。妻于有子者亦曰他姨，无子者曰某氏。妾对人称主君曰主君，主母曰主母，或用家字。称人之妻，官场别论。平常曰令夫人、令正，或令正老夫人。称人之妾曰令宠，或曰如夫人。

据此可知，夫妻彼此之间见面时的称呼和对别人谈话中提及对方时的称谓有所不同。同样的夫妻关系,会因妻妾的尊卑差异、有子无子以及丈夫的官职身份而有不同的称呼。这些称呼用于日常生活中的口语交际,有助于今人了解古人丰富鲜活的称呼文化。

《书札》一节讲述的是书信往来中的礼仪规范。主要包括开头、信中以及结尾时的他称、自称、问候语乃至封皮题字等。如《子女·书札》称:

> 于子,书父母示某儿,呼儿或尔或汝,中自称我。问子妇,则于札中、札尾带出。封皮,书某宅家报。于女,书父母示几姐,或照其夫姓,提起平书某门几姐。中呼之亦曰尔、汝。自称同上。封皮,则照其夫家书某宅家报。请启,用单帖,书某日家集,专迟提起书几姐妆次,旁书母具。有大事某日下书某事内集,余同。或全帖,或代全。下书只书一单帖,置内行之。书单帖,见父母之尊。用全帖、代全,夹而行之者,外重其夫家也。俗泛常庄写者非,不可从。

据此可知,父母给儿子、女儿的书信规范基本相同,如书"示某儿"或"示几姐",中间父母自称我,称呼儿女皆为尔、汝。但是对出嫁的女儿会遵照其夫姓,书"某门几姐",封皮也会遵照其夫家称某宅家报。此外单帖、全帖等不同形式也分别代表着父母之尊严和对其夫家的尊重。

《诗文》一节讲述的是诗文中礼仪规范。古代人经常有诗文赠答唱酬活动,行文落笔时经常会提及彼此,不同关系在诗题、落款等处的称谓形式也有不同的规范要求。如《夫妻·诗文》曰:

> 夫与妻,曰内子,或曰妻,或曰吾妻,曰细君,或曰偶。妻与夫,曰夫子。夫与妾,曰侧室。妻与夫妾,亦曰侧室。妾,仍称主君,主母。诗题,夫与妻,书寄内或答内。妻与夫,寄夫子或寄外、答外。主君为妾,书示某姬,某者,妾姓也,或同某姬云云入事。妾为主君,书侍主人云云入事,或奉怀主人。落款,夫为妻,书时日为。提起,书内子某夫人把咏,或时日寄怀。提起,书内子某夫人即书吟正,某者,妻姓也,旁书某,书名不书姓。妻为夫,书时日敬呈。提起,书家夫子某翁以佐高咏,或时日奉怀家夫子某翁敬呈吟余尘教,某者,其字也,旁书内子某氏拜稿,某者,其姓也。主君为妾,书时日示某氏校韵,或时日忆某姬寄书正字,某者,亦其姓也。旁书某某主人手稿,某某者,别号或斋名也。妾为主君,书时日写怀敢呈。提起,书执事以破烦襟,旁书内姬某氏敬稿,某者,其姓也。或有名者,内姬

不书名。

据此可知,夫、妻、妾之间皆有多种不同的称谓,因尊卑关系,在诗题起等方面有着明确的要求。如夫妻之间有"答内""寄内"或"寄外""答外"之别,其中夫为外,妻为内。丈夫为妻写诗文,则称内子某夫人,某为妻姓,丈夫自称则只书名而不书姓,而妻为丈夫写诗文则需称家夫子某翁,某为丈夫的字,且要有"以佐高咏""敬呈吟余麈教""拜稿",以示对丈夫的尊敬,自称则只能书自己的姓氏即某氏。妾的地位较低,则需书"侍主人"或"奉怀主人"。

《行礼》一节主要介绍在不同时节不同场合见面时彼此间行礼的仪式、姿势等,分为行礼、受礼、还礼多个环节,行礼的形式有拜礼、高拜、平起等。如朋友之间行礼为互拜平起,最为简单,其他人际关系的行礼则因尊卑、男女、长幼、亲疏等原因,规定比较繁多。如《师生·行礼》规定:"拜师,还两礼,受两礼。拜师之父、师、母、妻,俱平起而微分先后。以下,俱平起。"学生拜老师,师受两礼,还两礼,学生拜老师的父母、妻子、老师,则是略分先后,行平起之礼。较为复杂的如《父母·行礼》规定:

> 凡生辰、年节,子以兄弟同拜,子妇以先后同拜。无兄弟者,夫妇同拜、各拜俱可,皆拜于内房。父母坐而受之,或随俗立而受之。或遇坐,坐受;遇立,立受。总之,父不还揖,母不还拜。俗之还者,非是。宴会,在家在外,子皆告坐,揖而不拜。父母或坐受、立受,不还。子妇与子同。女虽既嫁,以至有子,凡归宁于父母之家,遇生辰、年节、宴会,跪拜与儿同。父还揖,母还拜,不答跪礼。嫡子拜有子庶母与庶母年长者,俱还高拜,仍扶而受之,他庶子则还高拜。或嫡子年长承家者,其庶母虽有子,亦还两礼。无子,则止令勿拜。于他庶子,则还两礼。庶子拜其生母,则还高拜而受之。子妇、女子并同。

据此可知,在生辰、年节、宴会等不同场合儿子、媳妇需向父母行礼,父母或坐或立,受礼不必还礼。其中生辰、年节时需向父母行拜礼,兄弟同拜,而媳妇们则按照先后一起行拜礼,没有兄弟时则可以夫妻同拜或各自拜礼,而宴会时只需作揖而不行拜礼。女儿出嫁后回娘家归宁,遇到生辰、年节、宴会则需和儿子一样行跪拜礼,不同之处在于父母要还礼,其中父亲作揖还礼,母亲则还拜礼。嫡子和庶子行拜礼有所不同,如嫡子拜庶母,庶母皆须还以高拜之礼,且在受礼时扶起嫡子,如果是继承家业的嫡长子拜庶母,庶母则需还两礼,无子庶母者则需推让嫡子不用拜。庶子拜庶母则庶母还高拜礼,无子的庶母则需还两礼。庶子拜其生母,生母则还以高拜礼。

《奉祀》一节讲述供奉祭祀的礼仪,主要包括去世后的称谓,告终书、祭祀、丧葬等方面的礼仪规范,关系最亲近者礼仪愈加复杂。仅称谓一项已是多种多样,如对于已故的父母,儿子和女儿同称其为考妣、先考、先妣,或先严、先慈。身份显赫者则称为先公、先太夫人,先大人、先太夫人,媳妇称其为先舅、先姑,从俗则称先公公、先婆婆。子女去世后父母称其为亡,则对别人称其为其为亡儿、亡女,儿媳妇去世后则称为小儿亡妇,或几儿亡妇,如果儿子先去世,儿媳还健在,则对别人称其为亡儿妇。妻子去世后,丈夫称其为亡妻,丈夫去世后,妻子称其为先夫,自称未亡人,妾死后称其为亡妾,妾称已故的主君、主母为先主君、先主母。弟弟称亡故的兄、嫂、姊为先兄、先嫂、先姊,兄长称亡故的弟弟为亡弟,弟媳妇为舍弟亡妇,或舍几弟亡妇,称亡故的妹妹为亡妹,如果弟弟去世而弟媳妇尚存,则称其为亡弟妇。伯叔关系中,对于已故的伯、叔,伯叔母统一称为先伯、先叔,先伯叔母;对亡故的侄、侄妇、侄女统一称其为亡侄、亡侄妇、亡侄女,或者加上排行几字。对亡故的侄妇则称其为舍侄亡妇,或舍几侄亡妇。祖孙关系中,对已故的祖辈以上者皆称先,对已故的孙辈以下者皆称亡。从亲关系中,从祖以下皆属于旁亲,对上称其为先,对下称其为亡,或加排行、字号。母党关系中,对表兄以上的已故尊者皆称其为先,自表弟以下的已故卑者皆称其为亡。妻党、翁婿关系中,对亡故的尊者一律称先,对亡故的卑者一律称亡。姑表关系中,自祖姑至舅公,已故者皆称先。师生关系中,对于已故的老师称为先师,对亡故的老师之妻,称先师母。除称谓之外,在告终、丧葬方面也有更细致的秩序规定,此不赘叙。

二、《仪小经》中的伦理道德教育价值

综观李因笃所述的礼仪规范,可以看出中国古代伦理秩序的严谨细致,体现了《孟子·滕文公上》所谓"教人以伦,父子有亲,君臣有义,夫妇有别,长幼有序,朋友有信"的古代儒家伦理道德总纲。特别是男女、妻妾、嫡庶方面存在的差别,体现出封建宗法社会正统观念中的注重血缘、男尊女卑、以男性为中心、以父系血缘关系为基础等思想特征,但该书在理论层面的创新和突破较少。不过,从伦理道德教育而言,该书体例较为全面系统,行文通俗晓畅,简便实用,是一部优秀的古代日常生活伦理礼仪基础文献。

礼仪是一个民族精神面貌和文明程度的标志,也是一个人道德水准、整体素质的外在体现。礼仪文明乃是中国传统文化的重要组成部分,中国古代历来重视伦理道德教化,被誉为"礼仪之邦"。孔子云:"不学礼,无以立。"(《论语·尧曰篇》)意思是不学习礼仪,就无法处世立身。荀子说:"人无礼则不生,事无礼则不成,国无礼则不宁。"(《荀子·修身篇》)儒家十三经中即有一部关于礼仪的经书——《仪礼》,又名《礼经》,主要记载了周代的各种礼仪,以士大夫礼仪为多。宋代理学大师朱熹曾经特意编写了《朱子家礼》,作为日常百姓居家礼仪的规范,在宋元明清广为流传,备受尊崇,后来成为蒙学教育中的经典著作。李因笃的礼学主张以朱熹为尊,从《仪小经·父母》一节开篇即称《朱子家礼》可以看出,他对朱熹的礼仪之学多有继承。贺瑞麟也是将《仪小经》视同于《仪礼》《朱子家礼》列入蒙学书目著述。这些蒙学之书皆以"明人伦"为宗旨,通过基础性的礼仪教育,使儿童从小在日常生活的行为规范细节中践履和体悟儒学思想,为培养良好的道德素质、行为修养打下良好的基础。这种家庭化、生活化、日常化的基础性礼仪教育是一种优良的教育传统,除却其中落后的封建伦理观念,对于当代青少年文明礼仪教育仍然具有一定的文化价值,值得今人学习和借鉴。

　　上世纪八十年代以来,《仪小经》收入由宫南庄主编的《蒙养书集成》,于1989年由三秦出版社出版,一同收入的还有《广三字经》《弟子规》《小儿语》《教子词》等供幼童阅读的古代蒙学经典。2006年,《仪小经》又入选由北京师联教育科学研究所主编、中国环境科学出版社出版的中国教育名家名作精读丛书《(宋—清)历代(960—1911)训蒙教育与训蒙要籍选读》(下)第四辑第五卷,无疑是对《仪小经》蕴含的教育价值的再次肯定。

第五章 李因笃的诗学理论与批评

作为清初文坛名家,李因笃集文学创作、理论批评于一身,成就显著。相比之下,他的诗学理论与批评成就更胜一筹。他继承并发展了明七子派的复古思想和格调理论,并将学习的对象由盛唐诗歌拓展至《诗经》、汉魏古诗、六朝诗歌等传统经典;他提出了"清新蕴藉"的美学新主张,贬斥宋诗议论说理,被视为清初宗唐派诗学的代表人物之一;他秉持温柔敦厚的儒家诗学精神,却能突破礼教藩篱,提倡抒写真性情。这些主张既与清初诗学主潮相一致,又有许多个人创见。他没有系统性的诗歌理论著作,主要成果《汉诗音注》《杜律评语》《古今韵考》等诗学批评专著是他苦心孤诣数十年研究汉代诗歌、杜甫诗歌、音韵学的学术结晶,显示出了李因笃在诗学领域的精湛造诣,得到了当代学人的积极肯定,被视为汉诗学、杜诗学专家,诗歌音韵学领域的先驱。

第一节 诗学理论:标榜"清新蕴藉""真气候"

作为诗学专家,李因笃曾系统评点过汉代诗歌、杜甫诗歌,也评点过同一时代的诗人如曹溶、颜光敏、康乃心、许孙荃、温日知等人的诗集,还为钮琇、康乃心、王象天、曹鼎望、张淮南、南师仲、李翔凤、杨白石等友人弟子撰写过诗集序言,在书信当中常与友人切磋诗艺,《汉诗音注》《杜律评语》的评语中也蕴含着丰富的诗学观念。概括而言,他的诗歌理论包括如下主要观点。

一、继承并发展明七子派的复古思想,主张学习《诗经》、汉魏、六朝、盛唐诗歌传统

李因笃生长于关中,少时即受地域诗风熏染,遵从明七子的复古诗学主张。《钮玉樵明府诗集序》曰:"予方弱冠,结交皆老苍。时诸公论诗,竞斥

钟、谭,左袒中原七子。七子主声调,似近盛唐。"①他曾作诗《二李》表达他对前后七子领袖李梦阳、李攀龙的景仰:"沧溟表齐帜,北地本秦风。绝构皆千古,雄才有二公。雪岚尝抱日,金翮久摩空。薄哂看流辈,江河逐渐东"。②推许二李为千古雄才。对此,钱钟书《谈艺录》作过一番评述:

> 竹垞诗学曲折处,较之李天生可见。天生与竹垞友好,作诗也同沿明人风会,专学盛唐。《受祺堂文集》卷三《元麓堂诗集序》,力称七子,以为"必取材于《选》,效法于唐,直登高廷礼正宗之堂"。《续刻受祺堂文集》卷一《王使君书年五吟草序》谓:"诗自唐大历以还,至明之李、何称最盛,取材于《选》,效法于唐,虽圣人复起,不易也。"《张源森诗序》深不以牧斋之非沧浪、献吉为然。《许伯子茁斋诗序》至谓:"诗效法自《三百篇》以迄盛唐,而用掌故率于汉魏、六朝,下此不雅训。"盖纯乎七子不读唐以后书之说,故其诗美献吉、于麟曰:"绝构皆千古,雄才有二公。雪岚尝抱日,金翮久摩空。"(补订一)清初诗家如天生、竹垞、翁山,手眼多承七子,即亭林、梅村亦无不然。然天生取径既如七子之专,取材亦同七子之狭,斯则异于清初之沿明诗者,亭林、梅村隶事初不如此拘谨,渔洋更渔猎疾呼宋元,竹垞尤灏汗无断止矣。"③

后又补订曰:

> 天生于献吉亦每有思齐之慨。参观《受祺堂诗集》卷二十六《春日岐山诣茹明府感旧述怀十首跋》、同卷《文姬诗·序》、卷二十八《五丈原再叠前韵·序》。其友好径以天生为献吉继人,如傅青主《霜红龛全集》卷五《为李天生作》第一首:"空同原姓李,河岳又天生",屈悔翁《翁山文外》卷二《荆山诗序》:"李子德诗陵轹少陵,五言律尤善,曹秋岳使君叹为空同以后一人。"又按秋岳《静惕堂诗集》卷二、卷五、卷七、卷十二皆有天生跋,申明谈艺宗旨,足与集中诸序相发明,而《续刻受祺堂文集》未收。④

钱钟书征引数条李因笃论诗的文献,用以论证李因笃继承明七子"宗唐"的诗

---

① 李因笃:《受祺堂文集》卷三,第28页。
② 李因笃:《受祺堂诗集》卷五,第493页。
③ 钱钟书:《谈艺录》,北京:中华书局,1983年版,第108页。
④ 钱钟书:《谈艺录》,北京:中华书局,1983年版,第429页。

学主张,批评其师法对象如七子一样偏于窄狭,贬抑宋元之诗,不比朱彝尊之兼容并包。这一评定准确地指出了李因笃诗学思想的渊源及其不足,但是李因笃与明七子的学诗对象并未仅限于盛唐,李因笃也并非全盘认同明七子的主张。

事实上,李因笃提出的师法对象远不止唐诗,一直上溯至中国诗歌的源头《诗经》。《许伯子茁斋诗序》曰:"天下之无诗,久矣。非无诗也,无学诗者也。学诗必本之三百,而三百之后有苏李,苏李之后有曹阮,有鲍谢、有开元、天宝诸公,皆其嫡传也。"①囊括了《诗经》、汉魏古诗、六朝诗歌以及盛唐诸家,皆为古代诗歌的正宗传统。

蒋寅曾在《李因笃诗学新论》一文中就李因笃与明七子的诗学进行比较:"李因笃诗学的目标与明代格调派初不相左,只是由于具体步骤和艺术路径不同,最终与格调派分道扬镳,以至于格调派的终点,成了他的起点。"②揭示了李因笃对明七子诗学理论的传承与变革。他援引数则文献,指出二者间的不同,主要表现在两个方面:一是李因笃将师法对象追溯至"诗三百",对格调派"诗必盛唐"的诗学观念是很大的突破和发展。二是李因笃注重六朝诗歌,尤其强调取材于《文选》。其有一则文献是《王使君书年五吟草序》:

> 诗自唐大历以还,至明之李、何再盛。所谓取材于《选》,效法于唐,虽圣人复起,不易也。吾尝准此以衡近代大家合者,独近体耳。于鳞则云:"唐无五言古诗。"徒矜拟议之能,而略神明之故,固七子所繇自域也。少陵有曰:"永怀江左逸,多病邺中奇。"世之诗家,或高举汉魏,而杜所轩轾如彼,寸心得失,非好学深思,其孰知之。③

另一则是《曹季子苏亭集序》中的一段评论:

> 盖近贤弃《选》不讲久矣,于唐仅以门面留杜。而所心折之太白,独契之襄阳,并驱之高、岑,尚友之王、杨、卢、骆,犹吐弃而不屑矣。予按少陵全集,托兴莫如府,遣怀专拟陶公,其生平自言亲而师者,都尉、属国、宋大夫、曹东阿数人而已。篇中"熟精文选理""呼儿续文选"盖尝三致意焉。乃若"咏怀江左逸,多病邺中奇"。又"何刘沈谢力未工,才兼鲍照愁绝倒",偏袒晋宋,独冠参军,信乎

---

① 李因笃:《续刻受祺堂文集》卷一,第40页。
② 蒋寅:《清初李因笃诗学新论》,《南京师大学报》,2003年第1期,第122页。
③ 李因笃:《王使君书年五吟草序》,《续刻受祺堂文集》卷三,第38页。

千古寸心,大历以后之诗人未有津逮者也。①

蒋寅认为,李因笃一方面肯定前七子为"再盛",另一方面则将李攀龙归为不无微词的"近代大家"中,批评李攀龙对唐代五言古诗抱有偏见,只知标举汉魏古诗传统,忽略了杜甫极为推崇的六朝古诗,更没有注意到杜甫对《文选》的看重,据此说明李因笃对《文选》的推重。

笔者认为,李因笃对明七子的诗学主张确有一定的变革,但在学诗路径方面并无多大变化。事实上,明七子不仅仅宗法盛唐,而是自《诗经》开始,直至盛唐,盖因"文必秦汉、诗必盛唐"的简要提法而被后人误认为独尊盛唐。张健《清代诗学研究》引李梦阳、何景明等人的言论,认为七子派"认定《诗经》既是后代诗歌的源头,又是后代诗歌最高的典范,也是评判后代诗歌的最高标准"。②黄卓越《明永乐至嘉靖初诗文观研究》曾对七子派的复古统绪做了详细论述,梳理出"唐虞三代《诗经》——两汉与魏晋诗——六朝诗歌——初唐诗——盛唐诗"的学诗途径,而且均以《诗经》为坐标,作为复古的最终归属。③例如王廷相《刘梅国诗集序》曰:"浚川子曰:'古人之作,莫不有体。《风》《雅》《颂》逖矣!变而为《离骚》,为《十九首》,为邺中十子,为阮嗣宗,为三谢,质尽而文极矣。又变而为陈子昂,为沈宋,为李杜,为盛唐诸名家,大历以后弗论也。"④可见明七子诗学途径之广博。又据黄卓越研究可知,明七子对于六朝诗歌态度有褒有贬,对其浮丽文风确有批评,但对谢灵运、谢朓、鲍照、沈约等人以及《文选》多有肯定。如李梦阳云:"李杜二子往往推重鲍谢,用其全句者甚多"。⑤何景明咏王九思曰:"驰情继谢朓,日宴吟红药。"⑥康海述张治曰:"若鲍谢复出,沈宋再作。"⑦因此,李因笃之推许六朝诗歌,倡

---

① 李因笃:《曹季子苏亭集序》,《续刻受祺堂文集》卷三,第44页。
② 张健:《清代诗学研究》,北京:北京大学出版社,1999年版,第76页。
③ 参见黄卓越:《明永乐至嘉靖初诗文观研究》第四章《前七子复古主义观考辨》中关于"前七子诗统"的论述,北京:北京师范大学出版社,2001年版,第173—191页。
④ 王廷相:《王廷相集》卷二,北京:中华书局,1989年版,第35页。
⑤ 李梦阳:《刻陆谢诗序》,《空同集》卷五十六,《影印文渊阁四库全书》第1262册,第465页。
⑥ 何景明:《六子诗·王检讨九思》,《大复集》卷八,《影印文渊阁四库全书》第1267册,第60页。
⑦ 康海:《太微山人张孟独诗集序》,《对山集》卷四,《影印文渊阁四库全书》第1266册,第369页。

导取材于《文选》,自与杜甫的诗学主张密切相关,亦可在明七子诗论中找到类似的话语,不同的是,李因笃的态度更加肯定,也更加明确。综上所述,李因笃宏观的师法路径基本与明七子保持一致,并在局部上有所深化。蒋寅所谓"具体步骤和艺术路径不同,最终与格调派分道扬镳,以至于格调派的终点,成了他的起点"的说法仍可商榷。

当然,从整体诗学思想而言,作为清初诗学名家,李因笃在继承明七子复古主张的基础上,又随诗学思潮的递嬗演变提出许多新的观点,较之格调理论已有很大不同。不仅如此,他还针对明七子的某些观点作过批评。例如,他对七子的形式模拟风气深为不满。《王使君书年五吟草序》云:"徒矜拟议之能,而略神明之故,固七子所縢自域也。"①强调学习古诗重在精神内蕴,批评七子拘泥于字句模仿。又《与许学宪》曰:"(乐府)至太白则毅然独会心,遂成一家。献吉学六朝者也,事轶而辞近之,于鳞学太白者也,用其事失其辞矣,其失却在于规摹。所谓王之学华尽是形骸之外,去之弥远耳。"②赞誉李白学古能够"独会心",倡导学古而能化,有自己独到个性,批评李攀龙模拟字句。《许伯子茁斋诗序》则对如何学习古诗作了集中阐发。

> 天下之无诗久矣。非无诗也,无学诗者也。学诗必本之三百,而三百之后有苏李,苏李之后有曹阮,有鲍谢,有开元天宝诸公,皆其嫡传也。苏李不必三百,而继三百者,必苏李。曹阮鲍谢之于苏李,开元天宝诸公之于曹阮鲍谢亦莫不然。夫不必者,时故迭为升降矣。而其学则何可诬乎?否则以四言为风雅,以五古为汉魏,句栉而字比之书柱,求声如安乐公之学啼,弗悲也,如王司徒之学蜡饮,弗欢也,如优孟之学故相,悲矣欢矣弗涉也。此苏、李、曹、阮、鲍、谢、及开元、天宝诸公所不为也。学三百而得苏李,学苏李而得曹、阮、鲍、谢,学曹、阮、鲍、谢而得开元天宝诸公,是真能学者矣,是故湛于三百而后为苏李,学苏李而未能为苏李也,湛于苏李而后为曹、阮、鲍、谢,学曹、阮、鲍、谢,未能为曹、阮、鲍、谢也,湛于曹阮鲍谢而后为开元天宝诸公,学开元、天宝诸公文,未能为开元天宝诸公也。溯回从之,必自三百。所谓登山而诣其极,道水而穷其源也,溯

---

① 李因笃:《王使君书年五吟草序》,《续刻受祺堂文集》卷一,第38页。
② 李因笃:《与许学宪》,《续刻受祺堂文集》卷三,第16页。

流从之必自盛唐,否则欲入而闭之门,升高而去其梯,恶乎可?且夫繇从苏李迄盛唐,体屡变而法乃日严。苟惮其严,矫语深造,则未及整而已散,舍正而求奇,恶在其为散为奇也。故曰:"效法于唐,至盛唐止矣"。然盛唐诸公所用掌故率于汉魏六朝下,此其文不雅训,并其衣冠笑貌非矣,追问其人,故曰:"取材于《选》也"。知斯二者,拟之议之,久之变化生焉,神而明之,与古为徒矣。

……仁长固学诗者也。其于苏李曹阮鲍谢开元天宝诸公揣摩既精,予又审其合离。非句栉而字比也,得其肉好矣。必察其情焉,得其情矣,必察其所安焉。拟议乎法之中,而神明乎法之外。……①

文章开宗明义强调学诗的重要性,详列了他的学诗对象,随后论述其学习态度,所谓"时故迭为升降矣,而其学则何可诬乎?"言其时代在不断发展变化,学习古人,但不必逼肖古人。他连用"安乐公之学啼"等三个比喻,嘲讽了亦步亦趋的错误态度,认为唯有学习前人而又形成自家的特色,才是"真能学者"。正确的步骤应该是"拟之议之,久之变化生焉,神而明之""非句栉而字比也,得其肉好矣。必察其情焉,得其情矣,必察其所安焉,拟议乎法之中,而神明乎法之外"。言下之意即是经过反复的揣摩,摒弃字句层面的模拟,深察其思想情感,进而遵循法则而能灵活运用,最终超越法则,进入精神层面的肖似。

二、宗唐抑宋,标榜"清新蕴藉"

清初诗坛,唐宋诗派争执激烈,李因笃属于坚定的宗唐派。清初诗家邓汉仪评述曰:

今诗专为宋派,自钱虞山倡之,王贻上和之,从而泛滥其教者有孙豹人枝蔚、汪季懋麟、曹颂嘉禾、汪苕文琬、吴孟举之振。而与余商略不苟同其说者,则有施尚白闰章、李屺瞻念慈、申凫孟涵光、朱锡鬯彝尊、徐原一乾学、曾青黎灿、李子德因笃、屈翁山大均等人。②

这则文献列出了唐宋派两大阵营中的代表人物,李因笃乃是唐诗派的代表,和他同一阵营的施闰章、朱彝尊、屈大均、徐乾学、申涵光、曾灿等人皆是清初

---

① 李因笃:《许伯子茁斋诗序》,《续刻受祺堂文集》卷三,第40—41页。
② 邓汉仪:《慎墨堂诗拾》附,北京图书馆藏钞本,汉画轩民国年间刊本。

诗坛的知名人物。除河朔派领袖申涵光未见与李因笃交接外,其余皆是李因笃的朋友。相比同派宗唐诗家,李因笃的独创之处在于推崇唐诗的"清新蕴藉",以此批评宋诗偏重说理议论的特点。康熙十一年(1672),李因笃致信诗人李良年,针对当时日渐兴盛的宋诗风气,陈述他的唐宋诗观。

> 近时作者多以朴胜。试观宋人诗何尝不朴老,究其终逊于盛唐者,失其秀令也。夫秀者清新,令者蕴藉之谓也。合此四字,古人之能事过半矣。杜之称太白曰:"清新庾开府",寄高、岑亦曰:"更得清新否"。三公唐之巨擘,而老杜所以许之期之者,其道如此。若蕴藉,则上自三百,下延大历,无诗不然。否则其文不雅训,荐绅先生难言之矣。又有要者,格必整齐,而世多好为散调,气以疏行,而承接繁密,反多间断不属。弟顷妄评同人每以上句解下句,此大病也。苦于足下阻阔未繇罄吐所怀。然区区欲献其刍荛者,亦惟整与疏是务,而更使无一语凑泊,动自本然,则宏我汉京,度越诸子矣。幸足下恕其狂简而加采焉。①

他承认宋诗的朴老,同时陈述自己宗唐抑宋的两个理由:第一,宋诗逊于唐诗主要在于唐诗秀令,秀令即"清新""蕴藉"。他认为"上自三百,下延大历",所有诗歌皆具有蕴藉特色。第二,以格调理论为准则,肯定唐诗格调整齐,批评宋诗"好为散调,气以疏行",意即宋诗行文不如唐诗格律谨严,诗法整饬。这两点中,以格调论诗乃是继承七子主张,并无新意,"秀令""清新""蕴藉"诸词则是李因笃本人特别拈出的理论术语,具有一定的原创性。

除此信之外,他还数度运用类似话语评论他人诗歌。如《许伯子茁斋集序》曰:"黜议论,绝凑泊,以本色为宗,使情余于声则实沈矣,使景余于情,则蕴藉矣。要其极则归之妙悟。"②他对弟子张淮南谆谆教诲曰:"求疏于整,求澹于工,求蕴藉于清新,多读汉魏六朝盛唐,而潜心静气以自审其离合,久之如'羚羊挂角,无迹可寻'矣。"③又《曹季子苏亭集序》曰:"而予又进以蕴藉,期于秀令。夫秀令,则清新之谓也。少陵云:'更得清新否',又'清新庾开府''清词丽句必为邻',是清犹称要。"④通过上述言论,可以确定"清新蕴藉"

---

① 李因笃:《复李武曾》,《续刻受祺堂文集》卷三,第5页。
② 李因笃:《许伯子茁斋集序》,《受祺堂文集》卷一,第42页。
③ 李因笃:《张仲子淮南诗序》,《受祺堂文集》卷一,第43页。
④ 李因笃:《曹季子苏亭集序》,《受祺堂文集》卷一,第45页。

的基本内涵。它是一种审美风格,也是一种艺术境界。其中,"清新"源于杜甫之"清新庾开府",核心要旨在于一"清"字,亦即李因笃所谓"是清犹称要。然未有不古而清者。欲诗之古,舍汉魏、盛唐何遵焉。古则清,清则雅矣"。一般而言,清新的首要内涵,应是一种清明新颖的审美风格。在此,他将清与古、雅两个概念联系一起,互融互通。蒋寅曾在《古典诗学的现代诠释》第二章以《清:诗美学的核心范畴》为题,考察了"清"在古典诗学中的位置、流变及其丰富的美学内涵。他将"清新"解释为"立意修辞上的超凡脱俗,力求新异"。他还专门引用了李因笃上述关于"古""雅""清"的议论,认为清的审美内涵中包蕴有古意和雅趣,也即古雅的意味。① 因此,李因笃所谓的"清新"可以进一步理解为清新古雅。"蕴藉"一词源自严羽的"妙悟"诗学理论,意指严羽所谓的"羚羊挂角,无迹可求"的审美境界。李因笃本人的解释则是"使景余于情",意思是指多写景,少言情,善于借景抒情,达到情景交融、意境浑成的境界,表现含蓄朦胧的美感,从而与偏好说理议论、意蕴直露的宋诗形成鲜明对照。

联系当时的诗学背景,可以发现,李因笃倡导的"清新蕴藉"和文坛领袖王士禛的神韵说颇有几分相似。二人皆师法严羽的妙悟说,都曾引用"羚羊挂角,无迹可求"这一经典话语,崇尚一种含蓄淡远的审美境界,说明他们对于盛唐传统的理解是一致的,不同之处在于李因笃所言"蕴藉",未能如王士禛拈出的"神韵"更为高妙传神,更能表达美感的幽渺无形。此外,王士禛专主神韵,创作了许多具有"神韵"之美的诗歌,李因笃的诗歌创作数量及影响力均不及王士禛。囿于种种原因,李因笃的观点虽然深刻独到,却无多大影响,未能够像王士禛那样开宗成派,流被诗坛。

李因笃在宣扬唐诗的同时也对宋诗进行批驳。例如他对提倡宋元诗歌的钱谦益屡次予以批评。如《张森源诗序》曰:"虞山论诗与予异。昔者沧浪专主妙悟,献吉不取大历以下,宗伯皆深非之。"②如《与许学台》曰:"近宗西崖者莫如牧斋,公请证之牧斋生平作诗论诗之离合,便知此等如狂药诱人,万万不宜入口矣"。③

---

① 参见蒋寅:《古典诗学的现代诠释》,北京:中华书局,2003年版,第50页。
② 李因笃:《张森源诗序》,《续刻受祺堂文集》卷一,第58页。
③ 李因笃:《与许学宪》,《受祺堂文集》卷三,第16页。

三、提倡抒写真性情、真气候

按张健《清代诗学研究》所论,清初诗学可以划分为格调优先的以陈子龙为代表的云间、西泠派,性情优先的以钱谦益为代表的虞山派,以及施闰章、宋琬等人为代表的格调诗学、性情诗学的融合派。李因笃既是明七子格调派诗学的继承者,同时也是性情派诗学的倡导者,属于第三种类型。他对"诗以道性情"这一传统诗学命题有着清醒的认识。在《王督学文石诗序》中曰:"传曰:'诗以道性情'。其人而仁,必言之和易而朴茂,其人而廉且勇,必言之静深而简直。"①揭示了诗人的气质品格与作品的审美风格间的密切联系。在其主情的理论基础上,他进一步要求诗歌必须抒发真性情,反对情感虚伪浮夸。他认为:"芟伪黜浮而诗文之真气候乃出,推之父子、君臣、朋友之间,一以贯之,沛然若决江河,莫之能御矣。"②要求诗文创作必须排斥虚伪浮夸的情感,表现"真气候",才会产生难以抗拒的艺术感染力。不仅如此,他还将诗歌是否表达了作者的真性情作为衡量诗歌优劣的一个标准,即便是学习古诗,也不能拘泥于模仿古人,而应抒发诗人自己真实的性情。如《艾悔斋诗集序》曰:"大抵以三百篇为宗,而浸淫于汉魏三唐之间,得心寓目,各写其性情所欲言,不必拘拘以古人为法,而无不与古人合。"③这些主张,与清初倡导真性情的诗学主潮非常契合。

尤为难得的是,按照儒家诗学的传统,温柔敦厚、中正和平乃是性情中的雅正之调,"发乎情,止乎礼仪"亦是儒家诗教的不二准则,李因笃秉承儒家诗学精神,却能以真性情为由,对于那样一些表现男女情欲、抒发怨悱痛苦的诗歌作品予以包容和肯定。如《王督学文石诗序》曰:"三百篇具在,彼夫劳人怨女,尤愤愉悦之端,未必粹然俱出于正,而圣人犹有取者以为不欺其衷,其性情故可考而知也。今之作者,则异于是。冥搜博骋,日崇其辞,以其性情求之,茫然无据。然则圣门风雅之科,将黜闵、冉而有其性情求之,而有德者必有言,何以称焉。"④在此,他以《诗经》为例,指出那些劳人怨女的诗歌宣泄劳

---

① 李因笃:《王督学文石诗序》,《受祺堂文集》卷三,第 31 页。
② 李因笃:《筠庵使君集序》,《续刻受祺堂文集》卷三,第 57 页。
③ 吴怀清著,陈俊民点校:《关中三李年谱·天生先生年谱》附录《艾悔斋诗集序》,第 478 页。
④ 李因笃:《王督学文石诗序》,《受祺堂文集》卷三,第 31 页。

苦的愤恨、爱情的哀怨,并不完全合乎儒家正统的道德规范,却因性情真实而被孔子保留,借此批评那些只在形式字句上下功夫,缺乏真性情的作品。

最能显示他的真性情观念是一则汉诗评语:"往观汉诗至'荡子行不归,空床难独守',喟然叹曰:'惟守而后知其难,惟难则益见其贞,此意黄初以下,绝无津逮者。'谓汉人之深得其情,故其语真,语真则至也,夫人情本不相远,岂贞妇别具一肺肝?——出于自然哉!国风好色而不淫,小雅怨诽而不乱,知是解者,可与读使君之诗。"他对"荡子行不归,空床难独守"这样较为大胆表达男女情欲的诗句给予肯定,认为它是人的自然本性的真实流露,贞洁之妇也是具有七情六欲的人。如此观念颇有晚明个性解放的特点,若在风流盛行的江南倒也不足为奇,但对恪守程朱理学、讲求封建礼教的关学大儒李因笃而言,已是相当开放。

无独有偶,近三百年之后,晚清诗学大师王国维在其《人间词话》中也就同一诗句作了评论,观点竟然大同小异。他说:"'昔为倡家女,今为荡子妇。荡子行不归,空床难独守''何不策高足,先据要路津。无为久贫贱,坎坷长苦辛',可谓淫鄙之尤。然无视为淫词、鄙词者,以其真也。五代北宋之大词人亦然。非无淫词,然读之者但觉其亲切动人;非无鄙词,但觉其精力弥满。可知淫词与鄙词之病,非淫与鄙之为病,而游之为病也。"①同以"真"的缘故将这些诗排斥在淫鄙词之外,几与李因笃的评语如出一辙,更能显现李因笃的非凡见识。

四、标榜秦风,积极建构陕西地域文学传统

傅璇琮、蒋寅《清代文学通论》专设一章《清代文学与地域文化》,探讨了文论中地域差异与地域传统意识。按其所述,明清时期,各地文坛逐渐开始关注本土的地域文学传统。文中认为"对地域文学传统的体认,不只激发乡邦文化的自豪感,更重要的是对传播地域文学史知识,培养地域文学观念产生积极的影响。通过编集某个地域范围内古代和当代的作品,通过序跋、评点和诗话的批评,地域文学传统愈益清晰地浮现出来,成为现时文学批评的一个背景,一个参照系,无形中营造出一个相当于小传统的价值尺度,在一定

---

① 王国维:《人间词话·人间词》,合肥:安徽人民出版社,2005年版,第82页。

程度上影响着当地的创作风气和批评趣味"。① 李因笃享有"西京文章领袖"美誉,具有鲜明的地域文学观念,他着力标榜"雄放苍茫"的秦风,自觉建构和弘扬陕西文学传统,用以展现陕西地域文学成就,提高陕西文学的地位和影响。

早在李因笃之前,陕西文学以其特有的地域风格令海内瞩目。突出表现在有明一朝,陕西李梦阳崛起诗坛,以文坛领袖之尊引领海内风骚。他师法盛唐,风格雄健高放,颇有秦人雄豪气概,遂被奉为陕西地域文学的尊主。陕西文人竞以乡党为荣,自觉继承他的风格。清代诗家杨际昌曰:"秦中自空同酷似少陵,万历之际,文太青(按:文翔凤)复为扬波,海内有秦声之目。"②以此可知,至明朝晚期,陕西地域文学业已形成声势,享有"秦声"的称号。例如诗坛巨擘钱谦益评点陕西诗人李念慈的诗歌时称:"秦人诗自李空同、文太青皆有《车邻》《驷铁》之遗声,屺瞻行安节和,一唱三叹,有兼葭白露,美人一方旨意,非秦声也!"③此处提到的《车邻》《驷铁》乃是《诗经·秦风》中的两首代表性诗歌,皆以描写车马兵甲、狩猎备战为主要内容,展现了秦人的英武刚勇,风格雄壮豪放,遂被奉为秦地文学的经典风格。钱谦益将李梦阳、文翔凤的诗歌视为秦声,即是指其诗风雄壮豪放。李因笃本人即以李梦阳为尊,作诗《二李》有句曰:"北地本秦风"④,赞誉李梦阳诗歌本自《秦风》,同时自己身体力行,逐渐形成雄放苍茫的诗风。

更为重要的是,他自觉以"秦风"来称许陕西籍诗人的作品,旨在标榜一种地域诗风,建立起特色鲜明的地域诗歌传统。他评价渭南南企仲的诗歌风格曰:"先生诗慷慨激发,兼周秦之故,此系乎其地也。"⑤认为陕西地域形成了诗人慷慨激发的诗歌风格。他评清初合阳籍诗人康乃心诗曰:"孟谋诗数百首,诸体略具,雄姿逸气,不受羁衔,故皆直抒性灵,磊落壮凉,得秦风本

---

① 傅璇琮、蒋寅:《清代文学通论》中编第五章《清代文学与地域文化》,沈阳:辽宁人民出版社,2005年版,第304页。
② 杨际昌:《国朝诗话》卷二,郭绍虞《清诗话续编》第3册,上海:上海古籍出版社,1983年版,第1724页。
③ 钱谦益:《绛云楼题跋》,潘景郑辑,上海:中华书局上海编辑所编,1958年版,第139页。
④ 李因笃:《受祺堂诗集》卷五,《四库全书存目丛书》集部第248册,第493页。
⑤ 李因笃:《元麓堂诗集序》,《受祺堂文集》卷三,第25页。

色。"①他认为只要是秦人,即便是迁居外地,也能表现出秦地风气。例如他评价久居山东的蒲城籍诗人雷亨豫诗曰:"吾秦风气,在家则驽钝,而出门则千里也。献吉生北地而长于大梁,遂为故明三百年文人之冠。陇西孙太初,浮湘汉,躐衡庐,买田苕溪,遂卜居焉,其诗悲壮奇伟,为吴越翘楚。而焦获孙豹人,浮家广陵,亦声震江淮矣。今伊嵩复崛起于海岱间,与献吉诸人声价相先后。古人云:'出门有功',其是之谓乎?谁谓迁其地而弗能为良哉?"②他以李梦阳、孙太初、孙枝蔚三人为例,称赞其虽然远离三秦故土,仍能葆有雄壮的秦人风格,言语之间充满自豪,反映出李因笃对乡邦文学的回护和对乡贤的景仰。

基于对地域文学的自觉维护,李因笃进一步追溯陕西文学的源头,提出"秦风"具有多种风格的独家见解。据朱彝尊《王崇安诗序》曰:

> 子德曩语余曰:"吾秦,周之旧也。小雅之材七十四,大雅之材三十一,非产于周者乎?降而《秦风》,于《车邻》侈车马侍御之好,于《驷铁》有田狩园囿之乐,于《小戎》、《无衣》美甲兵矛戟之备,若似成周之遗俗,一变而为无道之秦。不知《蒹葭》白露三章,其云'在水一方'者,概言洛也,所谓'伊人',则东迁之主也,溯洄溯游,缠绵悱恻,本情深故主之思。此延州来季子叹其为夏声焉"。悉乎哉!子德之善言诗也。③

他将陕西文学的源头最早追溯至《诗经》中的《大雅》《小雅》,并对有关周人属地的诗歌数量进行统计,共计有一百五篇,几占《诗经》的三分之一,依此证明陕西文学早期的繁荣。他认为《秦声》中既有以《车邻》等诗为代表的、最具地域特色的雄壮风格,也有以《蒹葭》为代表的含蓄婉约风格。针对钱谦益对李梦阳之秦声风格的批评,他进行反驳,并对"秦声"的风格类型作了开掘。

> 夫论诗与古文辞异,关中北地崛起,含宫吐角,其乐府骎骎汉人矣。近钱侍郎受之,顾摘其字句而微疵,至诋之以秦声。不曰关中丰镐旧凡,二雅之遗音具存。而诗十五国风如召、如王、如郑、如魏、

---

① 李因笃:《康孟谋诗序》,《受祺堂文集》卷三,第30页。
② 吴怀清著,陈俊民点校:《关中三李年谱·天生先生年谱》附录(《艾悔斋诗集序》),第478页。
③ 朱彝尊:《曝书亭集》卷三十九,《影印文渊阁四库全书》第1318册,上海:上海古籍出版社,1987年版,第100—101页。

如齫,皆在邦域之中,不独秦也。即以秦《小戎》俊收,所言者武勇,而终之曰"其人如玉"。蒹葭霜露,所感者节序,而承之曰"所谓伊人",其情悱恻而缠绵,其词光明而峻洁,殆超然诸国之上矣。①

他认为,陕西地区域广阔,不仅是《秦风》、大小雅的产地,也是《召风》《王风》《郑风》《魏风》《豳风》的故乡,即便是以武勇著称的《小戎》,其末句也是优美的"其人如玉",《蒹葭》一篇更是缠绵悱恻,超越诸国国风。这番梳理从源头上展现了陕西文学风格的多样性,改变以往视"秦风"唯有单一的雄壮风格的偏狭观念,对于充分认识陕西地域文学传统具有重要意义。

另外,李因笃还在《寄怀杨太舅白石先生》一诗中历叙李梦阳以来明代陕西文学的成就,表现出他对陕西地域文学的偏爱。

> 开元以降南雅坠,五百年来北地兴。步曹蹑刘自跌荡,凌鲍烁谢何峻嶒,此时风气首关内,河岳翕然同向背。壮藻浐西尝竞发,新声户杜共酬对。三子并擅德名扬,五星重瞻井魁会。最怜胎簪称俊逸,犹喜昌谷绝伦辈。后来宫商频动容,天下倾耳待黄钟。援古愿立汉京制,纵谈曾标骚赋宗。历下初难离阡陌,瑯玡晚亦夹元白。哀思一变为楚声,秀令千秋堕唐格。遂有光禄起经学,同时孝廉推词伯。野卧征纶久寂寥,公车老死空烜赫。未见侯芭前萃业,稀闻羊陟过相索。先生游处两公间,迥若片云秋在山。兴至不羁红尘色,吟成实助白雪颜。遐寄旷揽慎攸讬,杜陵崆峒非香廊。郡乘已舒五马骖,私田反较诸生薄。鲍叔仗义多赒给。陶公辞荣竟一鑿。倾家结客乃徒然,闭户摊书聊足乐。予溯渊源遵自出,半生零落不具述。唯桑与梓每系怀,涧曲云亭增洄谲。咫尺东里尚书庄(张),嶙峋南川太宰坊(孙)。侍御直声追贾董(杨),中丞古调逼卢王(李)。从遭兵戈尽散佚,况复行役愁苍茫。②

他称许李梦阳为开元后五百年来重振陕西文学的第一人,之后康海、王九思并起,以雄健昂扬的汉唐格调引领海内风骚,近来又有文翔凤、东荫商等名声再振,借助讴歌诸位前辈乡贤的文学成就,勉励诗人继承先辈遗风,发扬乡邦传统。其中,"唯桑与梓每系怀"一句道出了他的乡土情结。另外,诗中提到

---

① 李因笃:《元麓堂诗集序》,《受祺堂文集》卷三,第25页。
② 李因笃:《受祺堂诗集》卷七,第519页。

的张、孙、杨、李四人分别是明洪武年间吏部尚书张沈、吏部尚书孙丕扬,万历年间御史杨爵、河南巡抚李宗枢,他们皆是富平人,李因笃曾经整理他们的文集,究其动因,依然是受其乡土情结所驱使。正因为如此,李因笃常常情不自禁地宣扬秦风,自我高置,以至对其他地方的文学风气心存轻视。如《赠采公参藩初度四首》其三曰:"一自秦风高鲁史,诸侯皆作小侏人。"① 又据屈大均《又复汪于鼎书》"往者关中李天生尝以偏军待江南人,比见仆登华百韵长篇,始惊叹,以为山东大敌"。② 山东、江南是明清时期的文学盛地,李因笃却不以为然,足见他对乡邦文学的偏爱。

五、主张诗人要有学问

李因笃才学富赡,兼学者、文人于一身。在其诗学理论中,他多处强调学问对于作诗的重要性。他评价东云雏的诗歌曰:"盖诗必讨论其六艺,胸藏浩然而后自命有基,用事敷词皆能稳协,无剽窃支离之患。所谓多闻阙疑,择其善者而从之。汉诗所云:'辨佳哉,诗审博'。杜工部亦曰:'读书破万卷'。读云雏之诗乃知云雏之学。"③ 主张诗人应有丰富的知识积累。又《复李武曾》"尝论李何以来,诗体不振。太史公曰:'好学深思,心知其故'未为诗而必知其故,此即历下琅琊所不敢当"。④ 倡导好学深思。又《钮明府玉樵诗集序》曰:"天之赋才,非啬于今而丰于古。江河日下,视古人不啻径庭。岂独其才疏? 学之不逮古人矣。'读书破万卷,下笔如有神',往惟顾亭林征君不愧斯语。征君古文辞纵横左史,诗独爱盛唐,尝言诗有景有情,写景难于抒情。舍难而趋易,趋向一乖,辟王之学华,去之俞远。征君不可作,盱衡当代贤豪,好学深思,心知其故,不少概见。"⑤ 他认为同时代的诗人并不缺乏才华,但学问不及古人,衡量当世名家中真正学问广博、思想深刻者寥寥无几,只有顾炎武能称得上"读书破万卷,下笔如有神",所以他的古文辞能够自如援引经史典籍。

---

① 李因笃:《受祺堂诗集》卷二十三,第686页。
② 屈大均:《又复汪于鼎》,《翁山文外》卷十五,欧初、王贵忱主编《屈大均全集》第三册,北京:人民文学出版社,1996年版,第246页。
③ 李因笃:《许使君刊东云雏孝廉忆略序书》,《受祺堂文集》卷三,第16页。
④ 李因笃:《复李武曾》,《续刻受祺堂文集》卷三,第5页。
⑤ 李因笃:《钮明府玉樵诗集序》,《受祺堂文集》卷三,第28页。

第五章 李因笃的诗学理论与批评

对于李因笃的诗学思想,蒋寅认为"李因笃是关中学者中对诗学下过专门功夫的一位,他的诗论相当明显地带有明代格调派的印迹,而与江南诗学异趣"。① 在肯定成就的同时,指出李因笃的诗学观念具有一定的地域保守性。联系明末清初的诗学背景,笔者认为,李因笃的诗学思想虽与某些江南诗学不尽相同,但是绝不滞后,倒与时代主潮多有近似。张健将明清之际诗学的总趋向概括为:"儒家诗学政教精神出现复兴,在审美上从公安、竟陵派的主性情诗学与七子派的主格调诗学的两极对立,开始趋向综合与统一。"② 蒋寅也认为:"清初诗学形成的诗教中心观念、对传统的开放态度、崇尚'真诗'和以学问为本的创作理念,后来成为贯穿清代诗歌创作的主导倾向。"③ 不难发现,李因笃诗学思想中的核心要点即积极学习古代诗歌传统,倡导抒发真性情、主张诗人有学问等完全符合这一时代主潮,他所标榜的"清新蕴藉"与王士禛的神韵说异曲同工,他标榜秦声,凸显地域文学特色,符合清初文学地域性增强的特征。因此,除拘泥于排斥宋诗外,李因笃的诗学思想具有鲜明的时代性、原创性,不愧为清初著名诗学专家。

第二节 诗学批评:汉诗学、杜诗学大家

一、汉诗学

《汉诗音注》④,又称《汉诗评》,是李因笃研究汉代诗歌的一部学术专著。该书共分十卷,以汉高祖《大风歌》为第一首,共收两汉乐府诗、五言古诗共

---

① 蒋寅:《清初李因笃诗学新论》,《南京师大学报》,2003年第1期,第127页。
② 张健:《清代诗学研究》第一章《明清之际:儒家诗学政教精神的复兴》,第1页。
③ 蒋寅:《在传统的阐释与重构中展开——清初诗学基本观念的确立》,《中国社会科学》,2006年第6期,第158页。
④ 据《四库全书总目》记为《汉诗评》五卷(直隶总督采进本),注中曰:是编评点汉诗,兼注音韵。一卷至五卷题曰"汉诗音注",六卷至十卷题曰"汉诗评",一书而中分二名。又前五卷之评夹注句下,后五卷之评大书诗后,体例亦迥不同,不知其何所取也。"民国时期,宋联奎辑《关中丛书》,收录有李因笃的《汉诗音注》,据王梓的刊本刊刻,由陕西通志馆民国二十五年(1936)排印。据该书跋称:"王氏刊本自一卷至十卷,皆题为汉诗音注,初无汉诗评之目,当时另有刊本。又《受祺堂文集》之《新刻受祺堂文集小序》中曰:"所著《汉诗评》《仪小经》,上郡刘石生已尝序而刻之。"可知,确有《汉诗评》这一版本。

390首。体例为题下有解题、字下有音注、诗间有评说。它是李因笃四十年苦心钻研的成果。康熙二十八年(1689)十月十日,李因笃撰《康孟谋手录汉诗评序》,自叙其研究汉诗经历:

> 予自垂髫受汉诗,其中不解者半,往往屏人独处,苦思至忘寝食,间解得一二语,则喜不自持,舞蹈狂呼。如是积三十余年而尽通焉。友兄顾亭林先生谬相推许,谓尽发古人之覆,劝作音注。尚未竣工,而朝夕于斯,丹铅之余,多缀评论。

据此可知,他自少年起就开始研究汉诗,经三十年钻研终告贯通。在顾炎武的建议下,他开始注释汉诗音韵,同时进行评点。

另在康熙二十五年(1686),他致信陕西学宪许孙荃,谈及平生著述概况时说:

> 仆音注古诗纪自汉讫六朝,惟汉诗确完,评语亦细载其上。囊携京邸,江浙诸友欲刊,以中间尚须校雠,坚辞未与。迩日茹明府、曹公子亦屡请剞劂,仆意此书曾费四十年苦心,一出必盛行。俟使君冬底旋车,当亲斋,更有商榷也。

由此可知,李因笃曾经计划为汉朝至六朝的古诗加以音注,迟至康熙十七年(1678)入京之时,汉诗部分已经完成,有江浙友人愿为其刊刻。他自信该书必有好评,为保证学术质量予以推辞,后来岐山县令茹仪凤、凤翔知府之子曹冲谷也欲出资刊刻,李因笃仍未答应。他希望继续和许孙荃等人交流探讨,力求精益求益,臻于完美。由于这一原因,直至康熙三十七年(1698),亦即李因笃去世后的第五年方才刊刻。书前有三篇序言,第三篇是康熙三十五年(1696)合阳王梓题于孝昌槐荫堂,王梓,字琴伯,陕西合阳人,合阳籍诗人、学者康乃心的弟子。据序言所讲,康熙二十七年(1688),李因笃和康乃心相聚华山,共同编订顾炎武遗集,王梓随康乃心同行,得与李因笃相识。李因笃对王梓的诗歌颇为赏识,赞为后起之秀。康熙二十九年(1690),两人重逢于华阴,李因笃以《汉诗音注》书稿相赠。数年后,王梓任职湖北孝昌县令,念及恩情,于康熙三十七年(1698)筹资刊刻。目前所见刊本即以此为底本。该书共十卷,每卷前题有"频阳李因笃子德评""某某阅""合阳王梓适庵校"。每一卷阅者各有不同,他们均为关中籍学人,同时也是李因笃的朋友。如卷一阅者为周至李颙,卷二为河滨李楷,卷三为三原孙枝蔚,卷四为泾阳张恂,卷五为泾阳李念慈,卷六为华阴王弘撰,卷七富平朱廷璟,卷八为潼关杨端本,卷九为合阳康乃心,卷十为合阳王又旦。依此可知,此书已在关中学术圈中多有流传。蒋寅《清初李因笃诗学新论》中曾就李因笃的汉诗学成就做过一定评析,充分肯定了李因笃的汉诗学成就,但是囿于篇幅所限,探讨比较简略,也有一些观点不够准确。笔者通过更加全面细致的分析认为李因笃的汉诗学成就主要表现在如下四个方面。

(一)注释汉诗音韵,揭示诗歌的正确读音和押韵规律

给汉诗注释音韵是李因笃汉诗研究的一大特色。《四库全书总目》针对李因笃的音注做了百字以上的评述,最后的结论是:"知汉人有汉人之韵,下不可律以今,上亦不可律以古。因笃以三百篇之韵断其出入,未免胶柱之见。至其所评,亦罕精鉴。"几乎否定了李因笃的音评成果。对此,民国二十五年(1936年)宋联奎在《汉诗音注跋》中予以反驳:"考三代汉晋迄唐,虽历代之音间有不同,然根本究不能出三百篇之外,读世所行《通韵》即可参校而知。"上述两家各持一论,大体而言,《四库全书总目》的评价过于苛刻,李因笃的音注未必全然准确,但是,凭借他在音韵学方面的造诣而言,应该具有相当的学术水准,为后人阅读汉诗提供了方便。

蒋寅认为,该书对于声韵的注释主要在于古今读音的变化,凡以今音读之不谐音,均注明古音读法,如卷一《幽歌》末句:"吕氏绝理兮托天报仇",注:"仇,古音渠之反,与财之为韵。"[①]如卷一淮南王安《八公操》:"观见瑶光,过北斗兮",注:"斗,古音滴主反。"[②]他认为,这种音注,相比顾炎武由音韵学的角度论诗史、王士禛从古诗声调的角度研究音韵搭配及规则,还有一定距离,但毕竟是以自己的古音研究超越了理学宗师朱子的"叶音说",将汉诗音注放置到一个科学的基础之上。这无论在理学内部还是诗学中,甚至在音韵学史上都是有历史意义的。

需要补充说明的是,李因笃注音,除蒋寅所举的类型外,还有其他多种情形。如注明古音后,复又指出其并不押韵,如卷二《讽谏诗》:"追思黄发,秦缪以霸(霸,古音博,故反不与过通,此诗乱之)。"[③]有些注释并非其古音,如卷五《西颢》:"含香垂颖,续旧不废(叶音发)。"[④]卷五《朱明》:"桐(读为通)生茂豫,靡有所诎(丘勿反)。"[⑤]有的仅为生僻字注音,如卷五《青阳》:"群生

---

① 李因笃:《汉诗音注》卷一,第5页。
② 李因笃:《汉诗音注》卷一,第6页。
③ ④ ⑤ 李因笃:《汉诗音注》卷二,第2页。

唊唊(下注:徒感反),惟春之祺。"①有的则是注明某些字词读音的一些变化,如卷二《别歌》:"径万里兮渡沙漠,为君将兮奋匈奴。"后注曰:"漠,去声则音暮,与奴韵平入通用。"②有时则注明押韵规律。如卷一《修成歌》中注"愁莫愁,生无聊。心重结,意不舒。"注曰:"舒与愁、聊不通,此二句无韵,然汉人间有混用者。"③

音注之外,还有文字的校注。如《讽谏诗》"殆其怙兹"下注曰:"《文选》作'兹怙'",④他认为卷五《石留》篇名当为《石流》,同胡应麟《诗薮》观点一样,姚小鸥认为他们的解释很有道理。⑤

(二)揭示汉诗对杜甫诗歌的影响,对《诗经》、楚骚的继承,梳理汉诗承上启下的诗歌史的地位

蒋寅认为,李因笃注重揭示汉诗在诗歌史上的继承、因袭和影响关系,并引数则诗例用以说明汉诗与杜诗之间互相发明的特殊关系。如评卷七《古诗为焦仲卿妻作》曰:"曲尽人情而无刻画之痕,篇法句法字法惨淡经营,然非有意为照应者,至矣至矣。后代惟老杜得其神具。"⑥指出杜甫《北征》铺排处最得其神理。反之,他在评杜诗时,又能发现它与汉魏诗的相通之处,如评卷二《潼关吏》云:"'连云'下直以吏对终篇,与汉人《董娇娆》篇用'请谢彼姝'相同。"⑦这是李因笃评诗的一个特色。蒋寅认为,这种批评方式能在汉、唐诗歌的相互印证和比较中揭示古典诗歌的艺术技巧,既扩大了格调派诗学的批评视野,同时也赋予其诗歌批评以分寸感。

笔者认为,蒋寅只探讨了李因笃关于汉诗影响杜诗的评述。事实上,李因笃还对汉诗继承《诗经》、楚骚等前代诗歌有着诸多评点,特别是汉诗与《诗经》的密切关系更是他的论述重点。《诗经》作为我国第一部诗歌总集,既是李因笃学诗的最高典范,也是他评点汉诗的基本参照系,书中随处可见关于汉诗与《诗经》关系的点评。如评卷二苏武的《诗四首》:"语质而情悲,

---

① 李因笃:《汉诗音注》卷二,第2页。
② ③ 李因笃:《汉诗音注》卷二,第9页。
④ 李因笃:《汉诗音注》卷二,第2页。
⑤ 姚小鸥:《〈汉鼓吹铙歌十八曲〉的文本类型与解读方法》,《复旦大学学报》,2005年第1期,第14页。
⑥ 李因笃:《汉诗音注》卷七,第8页。
⑦ 刘濬:《杜集诗评》卷二,嘉庆九年(1804)浙江海宁刘濬刊本,第2页。

二南之遗响也。"①评卷四苏伯玉妻之《盘中诗》:"古质自然,叠用三字,视'房中安其所'等句,浑脱无痕,悱恻淋漓,怨而不怨,以此绎《骚》承《雅》,周汉之正宗也!"②有时,他还会直接指出具体篇章之间的关联。如评卷一《幽歌》:"虽直赋其事,而语语称情出之,《小弁》之外篇,得怨诗之正者。"③《小弁》乃是《诗经·小雅》中的篇目,据说是周幽王放逐太子宜臼,或是尹吉甫儿子伯奇受父虐待而作,诗中抒写了被父母抛弃后的忧怨,故称《幽歌》,与《小弁》同为怨诗。如评卷六《西门行》曰:"结语妙绝,正与《唐风·山有枢》篇意同。"④《山有枢》讽刺守财奴只知搜括索取,而不享用,《西门行》则在劝人及时行乐,二者用意相似。

总结上述评语可知,李因笃之所以将汉诗与《诗经》相关联,除了思想内容方面的相似外,主要共同点在于汉诗继承了《诗经》"怨而不怒、哀而不伤"的儒家审美精神,反映了他的诗学倾向。正因为如此,蒋寅认为"他(李因笃)的理学家情怀也同时流露于笔端,构成浓烈的道德批评色彩,其批评话语大体本自体现汉人诗学观念的《毛诗序》,简直像是《毛诗序》作者本人在评论"。笔者认为,之所以采用这种批评话语,除了受理学家的思想情怀所决定外,另外还有两个原因。一个原因是《毛诗序》所表达的诗学观念乃是汉代文学思潮的灵魂,也是汉代文学批评的思想准则,对于汉诗的创作有所熏陶,因此,李因笃自觉地用汉代诗学思想来评析汉代诗歌,更能反映出汉诗的精神本色。另一个原因是与李因笃学习古诗的诗学思想有关。他不厌其烦地指出汉诗与《诗经》之间的密切关联,旨在证实汉诗对于《诗经》的学习和继承,为其学诗路径理论提供案例支撑。

李因笃倡导师法古诗,但反对模拟,主张创新。在汉诗评点中,他注重揭示《诗经》对汉诗的影响,同时关注二者的区别。在评点卷五《练时日》时,他就周诗与汉诗的差别做了阐述:"周诗质,汉诗奥。奥稍逊质,周有化工,自然之妙,汉所云巧极天工,错也!然俱非后代所及。"又曰:"周汉之分合,周诗如汉文,汉诗如周文,各有其至!"⑤他认为周诗质朴,汉诗深奥,深奥不如质朴;

---

① 李因笃:《汉诗音注》卷二,第6页。
② 李因笃:《汉诗音注》卷四,第11页。
③ 李因笃:《汉诗音注》卷一,第5页。
④ 李因笃:《汉诗音注》卷六,第11页。
⑤ 李因笃:《汉诗音注》卷五,第1页。

周诗妙在自然,汉诗则被人誉为巧夺天工。无论周诗、汉诗,均是后代难以企及的。另在评卷二《封禅颂》中也有类似说法:"视韦诗奥僻,吾观汉人郊祀铙歌,皆类是篇。《礼乐志》亦云:'多举相如等数十人造为诗赋,盖汉诗之变质,而奥虽稍逊于周,然其俯视万古,亦正以奥得之,后惟魏武庶几焉。固当推长卿创始矣。'"①综合上述两则评论,李因笃拈出"奥"字用以概括汉诗的艺术特征,其内涵大抵是指汉诗相比周诗之质朴,意蕴更为深奥雄厚,形式更加丰富多变。两者之间,他更加肯定周诗之自然质朴,认为奥不及朴。同时,他又认为周汉诗歌各有所长,汉诗改变了周诗的质朴,却以"奥"的艺术个性雄视千古,其后只有曹操得其风采,开创风气者则推司马相如。

除《诗经》外,李因笃还就汉诗对楚骚的继承做了多处阐明。如评卷一《瓠子歌》曰:"悲天悯人,责河恤患之,托义极大,敷辞最宏,音节遒悲,与楚骚相上下。"②评卷一《李夫人歌》曰:"《招魂》《大招》洒洒数百言,略尽此歌!"③评卷二赵飞燕所作《归风送远操》中"凉风起兮天陨霜,怀君子兮渺难望。感予心兮多慨慷"一段曰:"竟似楚骚一段,耽耽与高武争雄矣!"④如评卷十《涉江采芙蓉》曰:"思友怀乡,寄情兰芷,离骚数千言,括之略尽。"⑤陈斯怀《由民间性到文人性——论〈古诗十九首〉的艺术风貌》一文引用这一评语,认为《十九首》中存在不少源于经典系统的内容",⑥体现着文人性的特征。综上所述,李因笃关于汉诗对楚骚的继承主要集中在两个方面,一是文体形式层面辞采铺陈,一是悲怨发愤的抒情格调。

(三)内容评析体察细微,时有突破传统观念的新锐见解

李因笃对汉诗的思想内容多有评点。宋联奎认为:"至其评论,尽有精警发人意处。"⑦蒋寅认为李因笃的评语主要集中在思想内容方面,而且带有"浓厚的道德批评色彩",依据是李因笃的批评话语归属于《毛诗序》为代表的儒家诗学思想范畴。考察原文,笔者认为,就文字总量而言,对思想内容的

---

① 李因笃:《汉诗音注》卷二,第5页。
② 李因笃:《汉诗音注》卷一,第1页。
③ 李因笃:《汉诗音注》卷一,第3页。
④ 李因笃:《汉诗音注》卷二,第15页。
⑤ 李因笃:《汉诗音注》卷十,第3页。
⑥ 陈斯怀:《由民间性到文人性——论〈古诗十九首〉的艺术风貌》,《中国石油大学学报》2006年第6期,第91—92页。
⑦ 宋联奎、王健、吴廷锡:《汉诗音注跋》,《长安丛书》,陕西通志馆,1936年。

批评其实没有关于艺术特点的批评多。思想内容方面,李因笃的确是以儒家正统的道德理念作为其思想准则,对于怨而不怒、温柔敦厚式的诗歌多有赞誉。如评卷二韦孟《在邹诗》:"怨而不怒,小雅之林。"①评卷四秦嘉《赠妇》曰:"就展转反侧意写出前一层,亦可云忧而不伤矣。"②事实上,在这类评语外,还有更多内容丰富的评语。该书所选的三百七十首诗歌,乃是数百年汉代社会生活的一面镜子,作者高至王侯将相,下至平民百姓,题材广泛,主题多变。对此,李因笃常会结合具体作品,联系历史背景、前人评述以及自己的人生体会,从主题立意、故事情节等方面展开评论,对于一些重点作品还会逐层解析,加深理解,如《古诗为焦仲卿妻作》《悲愤诗》《胡笳十八拍》,其中对《孔雀东南飞》的评点多达三十七处,文字总量约有近一千二百字,可见其评点之细。这些评析短小精悍,含义丰富,时有新见,绝非"道德批评"四字所能涵盖。即便是道德批评,也已超出了《毛诗序》所谓的"经夫妇,厚人伦,成孝敬,美教化"的儒家传统道德标准,体现出李因笃独到的思想见解。谨选几则较为典型的例子,予以简略说明。

第一则是关于古诗十九首中"昔为倡家女,今为荡子妇。荡子行不归,空床难独守"一诗的批评。李因笃评曰:"愈真愈难。美其守贞而曰空床难独守,惟守而后,知其难则益见其真,此意汉以下无津逮者矣。汉人高处在阿堵中。"③按照常规,李因笃作为理学家,谨遵封建礼教道德,对于这首言辞大胆、表露情欲的诗歌却未指斥,相反还赞其真实,说明他的思想较为通达,并非僵化刻板的道学家,体现出晚明以来人性解放的进步思想,这在礼教气息较为浓重的关中地区,有如此开明的观念实属不易。巧的是,近三百年之后,晚清诗学大师王国维在其《人间词话》中也就同一段诗句做了评论,观念竟然大同小异,评记说:"'昔为倡家女,今为荡子妇。荡子行不归,空床难独守''何不策高足,先据要路津。无为久贫贱,坎坷长苦辛',可谓淫鄙之尤。然无视为淫词、鄙词者,以其真也。五代北宋之大词人亦然。非无淫词,然读之者但觉其亲切动人;非无鄙词,但觉其精力弥满。可知淫词与鄙词之病,非淫与鄙之为病,而游之为病也。"④同以"真"的缘故将此诗排除在淫鄙词之外,几

---

① 李因笃:《汉诗音注》卷二,第3页。
② 李因笃:《汉诗音注》卷四,第1页。
③ 李因笃:《汉诗音注》卷十,,第1页。
④ 王国维:《人间词话・人间词》,南京:江苏古籍出版社,2002年版,第82页。

与李因笃的评语如出一辙,两相对比,可见李因笃的非凡见识。

另一则是对项羽《垓下歌》的评点。《垓下歌》曰:"力拔山兮气盖世,时不利兮骓不逝。骓不逝兮可奈何,虞兮虞兮奈若何!"李因笃的评论是:"雄深悱恻,与高帝《大风歌》相当。当世儒以成败论人,而太史公独尊为本纪,冠汉上,千古具眼人也;项王此歌兼高武之妙,深于汉者,当自知之。"①项羽本是秦末起义军的领袖,与刘邦等人一同推翻了秦朝统治,称王天下,史称"西楚霸王",后在楚汉相争中,刘邦胜利,项羽败亡于垓下。按照"成者王侯败者寇"的逻辑,项羽之名难与汉高祖刘邦相抗衡。但就历史实际来看,项羽乃是秦汉之际一度主宰天下的人物,历史功绩不可磨灭。当年司马迁撰写《史记》时,身为汉朝史官,不惧当朝秉笔直书,竟将项羽列入专写皇帝王侯的本纪,并且置之汉纪首篇,显示出一代史圣尊重历史事实、突破政治成见的大家品格。同样,李因笃的评论也跳出了这一世俗成见。他认为项羽此歌堪与汉高祖刘邦的《大风歌》相媲美,并且援引司马迁撰写《项羽本纪》的史事,高度称赞司马迁为"千古具眼人",批评世人以成败论英雄的功利态度。笔者以为,项羽《垓下歌》与刘邦的《大风歌》相比,同处一个时代,同是楚歌体裁,同是风格豪迈,气势磅礴,确有异曲同工之妙。所以,李因笃的评点既符合创作实际,也体现出了一种突破政治禁忌、追求学术独立的批评胆识,是对司马迁精神的一种学习和借鉴。引人关注的是,他的评点后来遭到了四库馆臣的非议。《四库全书总目》专就此观点予以指摘:"如谓司马迁尊项羽为本纪,冠之《汉书》,为千古具眼之类,犹隆(庆)、万(历)后人好为高论习气也。"批评李因笃像明朝隆庆、万历年间的文人喜好高谈阔论、参政议论。这种批评以统治者立场为出发点,体现的是官方正统的思想观念,意在维护皇家的尊严,故对李因笃尊崇项羽、为失败者正名的学者行为不予认同。近二百年后,宋联奎等在《汉诗音注跋》中予以反驳曰:"《提要》顾举评项羽《垓下》一歌,斥有隆(庆)、万(历)人好高论习气,失之苛矣!"言其评论过于苛刻,可见学者与官员间的思想差异。

李因笃生逢江山易代,坚守民族气节。受此影响,在其汉诗评点当中,可以发现多处关于气节出处的评论,流露出遗民特有的感情色彩。例如对于卷三孔融《杂诗》的评论。其诗曰:"岩岩钟山首,赫赫炎天路。高明曜云门,远

---

① 李因笃:《汉诗音注》卷二,第1页。

景灼寒素。昂昂累世士,结根在所固。吕望老匹夫,苟为因世故。管仲小囚臣,独能建功祚。人生何常有,但患年岁暮。幸托不肖躯,且当猛虎步。安能苦一身,与世同举措。由不甚小节,庸夫笑我度。吕望尚不希,夷齐何足慕。"李因笃评曰:"庸夫以小节相人,往往而是。曹则正惧公有大度,端明云:'使曹不杀公,公必杀操,千载知己之言。'文举先生生乱离,与公理诗同一牢骚。然太公灭殷,管子尊周,而先生取舍若此,知怀忠于汉室。末云'吕望尚不希,夷齐何足慕。'盖目击国危,思弥缝其间,而仅抗西山高节,无救于殷之亡也。安得不中操深忌乎?此篇人或以狂目之,不知先生实自言其志耳。"①孔融系孔子二十世孙,"建安七子"之一,为人不拘小节,恃才负气,刚正不阿,与曹操父子多有交往,后因非议曹操被杀。此诗先是颇为自豪地表明自己出身高门,继则对姜太公、管仲两位古圣前贤甚为不屑,最后直言自己不拘小节,并不敬慕不食周粟的夷齐之辈。李因笃的评论意在反对庸人仅以出处小节来衡量人物,认为孔融生于乱离,不拘泥于出处,为了实现理想抱负,虽在曹魏政权下做事,其心中仍然是忠于汉室,故而招致曹操忌恨。对于被清初遗民奉为典范的夷、齐,李因笃自有新见。他认为,夷、齐二人面对天下危亡,仅在西山采薇守节,实际上全然无补于殷朝的灭亡,并不值得学习羡慕。综观其言,其着力点在于肯定孔融之忠贞,视曹操为篡逆的汉贼,从中映射出李因笃本人的思想痕迹。他心怀故明,以遗民自居,不仕异族,但是日常行事照样积极入世有所作为,并不避世高隐徒享虚名。基于这一思想基础,他才借题发挥,作此评判。再如评卷五《雉子班》曰:"此篇赋招隐也!有道之君,不迫人以必仕,而贤者超然色举,故借雉子班美之。"②原诗只是述及雉子鸟,李因笃则引申发挥为招隐,认为贤明的君主并不逼人做官,可从侧面反映出他对清廷访求隐逸的态度。

此外,李因笃对某些诗歌意蕴的阐释特别贴切细腻,经常得到后世诗家的肯定。如卷五《君马黄》篇,此篇字面意思明晰,但全诗意思难解,历来注家不一。或解为刺上下不一心,或解为刺帝王之游乐,李因笃则注曰:"事君处友,中道弃捐,苦心无以自明,曲折悱恻,直匹国风。"③当代汉诗研究专家赵敏俐《汉鼓吹铙歌十八曲研究》一文就《君马黄》一诗分析道:"李因笃所解可

---

① 李因笃:《汉诗音注》卷三,第14页。
② 李因笃:《汉诗音注》卷五,第11页。
③ 李因笃:《汉诗音注》卷五,第10页。

能更有道理。"①原因是对人尊称君,自称为臣,汉人有此例。诗中所言君臣,可能是指地位不同但非常要好的朋友。另如评卷六《孔雀东南飞》诗中有句曰:"守节情不移",李因笃注为:"一句状出府吏质朴,守节言其硁硁趋府,不为新妇移情。"②上海教育出版社《中国古代文学读本》(1981年版)一书将此注释为:"感情循谨,专一不二。"何旭光认为此注不妥,认为李因笃将"节"理解为忠于职守,而非夫妇之节是正确的。③

(四)注重对汉诗艺术特点的微观分析和宏观总结

李因笃对汉诗艺术特点的评析非常细致,既有结构方面关于篇法、句法的分析,也有语言形式方面关于字词锤炼,表达手法的评点,以及艺术风格的品评。例如,评苏武《诗四首》曰:"怀往感别相夹出之,而语意则促于临歧,结云叙此平生,亲回抱上文,章法妙绝。"④赞其前后巧妙照应,结构巧妙。如评卷六《陌上桑》曰:"初极写罗敷之艳,终盛夸其夫之贤,其拒使君止数语耳。此所谓'争上流法'也。诗之高浑,自然横绝两京矣。"⑤称赞该诗详赞罗敷、略写拒绝的夸张对比表现手法。

学界曾就李因笃的一处评点有过争议。卷七《古诗为焦仲卿妻作》即《孔雀东南飞》中的诗句:"著我绣夹裙,事事四五通。足下蹑丝履,头上玳瑁光。腰若流纨素,耳中明月珰。"李因笃评注曰:"妇人衣饰将毕,然后着裙,着我绣夹裙。则妆成将出矣。事事四五通句,乃要其终言之见,自初妆以至妆成,每加一衣一饰,皆着后复脱,脱而复着,必四五更之,数数迟延以捱晷刻也。迟回辗转,一句写尽。着毕则新妇去矣,故事事四五通更之,借此稍延数刻也。"⑥余冠英先生认为此处有错简,应将"著我绣夹裙,事事四五通"两句移在"耳中明月珰"之后,原因是事事四五通所言分明不只一事,包括蹑履、戴簪、著衣、施珰、穿裙五事。⑦曹文心则认为李因笃的观点正确,即采用倒装手法,此处先写结局,然后倒叙经过,事事四五通,包括蹑履、戴簪、著衣、施珰、

---

① 赵敏俐:《周汉诗歌研究综论》,北京:学苑出版社,2002年版,183页。
② 李因笃:《汉诗音注》卷七,第2页。
③ 何旭光:《孔雀东南飞析疑四则》,西南民族大学学报(人文社科版),1982年第3期,第78页。
④ 李因笃:《汉诗音注》卷二,第6页。
⑤ 李因笃:《汉诗音注》卷六,第4页。
⑥ 李因笃:《汉诗音注》卷七,第4页。
⑦ 余冠英:《乐府诗选》,北京:人民文学出版社,1953年版,第52—53页。

穿裙。① 比较而言,李因笃的评点更为合理。费秉勋《论〈孔雀东南飞〉》一文引了李因笃的评注"曲尽人情而无刻画之痕,篇法句法字法,惨淡经营。然非有意为照应者至矣!至矣!后代惟老杜《北征》得其神理,他不足拟也!"他认为李因笃的这些意见都是比较中肯的,只是限于评注简短,不可能对作品的整体结构进行深入、全面的分析。② 通过诸多学人的论争和赞许,可知李因笃对汉代诗歌内容的解析确有许多过人之处。

除了细读篇章字句,李因笃对汉诗艺术的总体特征也有深刻认识。主要包括三个特点。

一是汉诗具有"奥"的艺术特征,意在说明汉诗深奥雄厚的精神风貌。他评卷二《封禅颂》曰:"盖汉人之变质而奥,虽稍逊于周,然其俯视万古,亦正以奥得之,后惟魏武庶几焉!固当推长卿创始矣!"③认为司马相如、曹操两人的诗歌体现着"奥"的精神风貌。他还肯定汉诗质朴的风格。如他评价卷三班固《咏史》篇云:"孟坚明堂五首未见其佳,此篇古质不杂,得汉人本趣矣!"④

二是汉诗善于展开想象,想象描写丰富逼真。如评卷十《李陵录别诗八首》曰:"汉人妙处,多认真写幻,如觌其事,如闻其声,用笔能呆能狠能工,而愈见其神化无迹,此篇得之!"⑤称赞汉诗能以细致生动的笔法将虚幻的游仙场面写得惟妙惟肖,十分逼真。如评卷十《迢迢牵牛星》中牛郎、织女的故事情节曰:"写无情之星,如人间好合绸缪,语语认真,语语神化。"⑥杨钊、李斌《论〈古诗十九首〉的想象艺术》引用这一评语,同样认为该诗想象丰富、优美,构思奇特,具有浪漫色彩。⑦

三是汉诗善于运用反衬手法。评卷四《羽林郎》:"皎皎高节,却以艳诗

---

① 曹文心:《〈孔雀东南飞〉疑义析解》,《淮南师范学院学报》,1986年第4期,第116页。
② 费秉勋:《论〈孔雀东南飞〉》,《新疆石油教育学院学报》,1987年第1期,第66页。
③ 李因笃:《汉诗音注》卷二,第5页。
④ 李因笃:《汉诗音注》卷三,第5页。
⑤ 李因笃:《汉诗音注》卷十,第9页。
⑥ 李因笃:《汉诗音注》卷十,第4页。
⑦ 杨钊、李斌:《论〈古诗十九首〉的想象艺术》,《渝西学院学报》,2005年第1期,第46页。

传之。与十九首语气正同,其实写处止末段数语耳!此法惟汉人擅长,想象风流,偏于闲处设色,欲竞驱《孔雀东南飞》矣!"①

四是汉诗语言高雅真挚。崇雅尚真乃是李因笃一贯的诗学主张,故亦常以"雅""真"等来赞誉汉诗的语言风格。如评卷八《五侯歌》:"不言其暴,而曰怒,雅辞也。"②在卷四《悲愤诗》评语中竟有四处"雅"字。如"至情,以雅语出之,遂更婉笃!""真语自然雅""正取其雅""数语雅"。③ 又评"薄志节兮念死难,虽苟活兮无形颜!"一句曰:"真语更痛"④强调诗意之真。评卷四《胡笳十八拍》:"此拍浑朴真至,不谓汉人不得矣!"⑤

李因笃有时也会在评语当中引用《汉书》《诗品》等诗学典籍以及吴兢、钟惺、艾南英等诗学家的评论加以比对。如评卷七《孔雀东南飞》"便可白公姥,及时相遣归"曰:"观下阿母云'吾意久怀忿,汝岂得自由'。则公姑之遣兰芝征色,发声非一日矣!兰芝知其势不能挽回,始向府吏言之,诗人叙事先后互见耳。钟伯敬乃云'新妇不合,先自求去',真强作解事也!"⑥引钟惺之评论。这些文献的征引丰富了评点内容,与李因笃的评点形成对应。

李因笃的汉诗研究成就得到了后世诗家的充分重视。《汉诗音注》刊行以后,推动了汉诗研究进程。康熙后期沈用济、费锡璜同撰《汉诗说》,乾隆间何忠相撰《二山说诗》,字评句析,抉发汉人诗法之妙,都是继踵李因笃之作。何忠相更将李因笃当作商榷的对象,对李因笃的观点时有驳正。乾隆年间,该书选入《四库全书》。民国二十五年(1936年),宋联奎主编《关中丛书》,收录该书。1997年《四库全书总目存目丛书》将此书收录,册序为265。长期以来,研究汉诗者均把此书作为清初汉诗的重要文献予以介绍。例如,赵明正的《元明清汉乐府研究》、《20世纪汉乐府研究》、赵敏俐《周汉诗歌综论》,以及许多汉诗研究学术论文常将李因笃的汉诗研究成果予以引证。蒋寅《李因笃诗学思想新论》一文当中对李因笃的汉诗研究成果做了专门评析,称赞该书为"一部体例相当完善并富有学术价值的汉代诗选",评定其学术成就为"汉诗研究之发轫",同时结合具体作品,对李因笃的汉诗学成果予以逐一论

---

① 李因笃:《汉诗音注》卷四,第3页。
② 李因笃:《汉诗音注》卷八,第3页。
③ 李因笃:《汉诗音注》卷四,第6页。
④⑤ 李因笃:《汉诗音注》卷四,第7页。
⑥ 李因笃:《汉诗音注》卷七,第3页。

述。他认为,李因笃着力于汉诗研究,目的在于以实际行动回应日炽诗坛的宋诗风,为学习汉魏古诗提供范本。其学术成就的主要有:率先对汉诗进行音注,首开细读汉诗之风;评语带有鲜明的道德批评色彩,批评话语主要以《毛诗序》为代表的儒家诗学思想为主;注重诗歌艺术的研究,评析全面而细致;关注汉诗在古代诗歌史上的影响,善于将汉诗与杜诗互相发明;作为诗歌声韵研究的先驱,对汉诗首次进行音韵注释。这篇论文引证丰富,分析细腻,概括了李因笃汉诗研究的主要成果,确立了李因笃在汉诗学上的地位。① 通过本节的论述,李因笃的汉诗成就得以更加充分地展现,他的汉诗研究既全面又精细,融思想性和艺术性评析于一炉,兼有音韵评注,其研究方法和成果独有特色,带动了清代汉诗研究,对后代的汉诗研究产生了广泛影响,迄今为止仍有重要的学术价值。

二、杜诗学

清代是杜诗学研究集大成的时代,主要成就集中于清初,各种杜诗注本蔚为大观。李因笃是清初注杜名家,《杜律评语》系其杜诗研究专著,惜已亡佚。周采泉《杜集书录》中将该书列入辑评考订类二,成都杜甫草堂曾将此书列为第二次征集书目,迄今未见。② 李因笃本人曾称:"杜诗五律排体绝句选本,俱友人持去四方,拟另事丹铅先成一种。如工竣,亦有肯梓者"。③ 可知生前已有稿本流传于世。李因笃论杜言论散见于仇兆鳌《杜诗详注》、杨伦《杜诗镜铨》、乾隆时期刊布的《御制唐宋诗醇》、沈德潜等人合著《杜诗评钞》④、刘濬《杜诗集评》、时中书局石印本《诸名家评定本钱笺杜诗》等书。其中嘉庆九年(1804)浙江海宁刘濬刊刻的《杜诗集评》,共辑录了包括李因笃、王士祯、王士禄、朱彝尊、潘耒、吴农祥、申涵光、查慎行等十五位清初著名诗人对杜诗的评点。又据刘濬自序曰:"国初名辈若王氏士禄、士正、朱氏彝尊、李氏因笃、吴氏农祥、查氏慎行以能诗鸣一世。诸先生皆有杜诗评本,当时不

---

① 参见蒋寅:《清初李因笃诗学新论》,《南京师大学报》,2003年第1期,第124页。
② 周采泉《杜集书录》,上海:上海古籍出版社,1986年版,第532页。该书将李因笃生卒年月记为(1633—?),不正确,应为(1631—1692)。
③ 李因笃:《致许学宪书》,《续刻受祺堂文集》卷三,第12页。
④ 参见詹杭伦:《〈杜诗评钞〉读后记》,《杜甫研究学刊》,1998年第4期,第76页。

授梓,流传者少。嘉兴许晦堂先生淹博好学,酷爱藏书,乃钩求而尽得之。"①在此,他将李因笃和王士禛兄弟、朱彝尊等人一同尊为国初名家,指出李因笃之《杜律评语》并未刊刻,只以抄本传世。全书所引评语以李因笃、吴农祥评语最多。1911 年,《诸名家评定本钱笺杜诗》中引用了李因笃、吴农祥、邵长蘅、潘耒等数家评语,也以李因笃、吴农祥最多,约占十分之七八,足见李因笃的《杜律评语》流传之广、影响之远。

二十世纪以来,李因笃的杜诗学引起钱钟书的关注,他赞誉李因笃曰:"清初精熟杜诗,莫过于李天生。"②李因笃的杜诗评语经常为杜诗研究相关论文所引用③,但是专就李因笃杜诗学成就予以探讨的文章仅有两篇。一篇是蒋寅《清初李因笃诗学新论》,文中对于李因笃的杜诗观做了概括性介绍,主要包括:李因笃以"雅"评论杜诗,总结出杜诗格律声调的规律特点以及杜甫对《文选》的注重。另一篇是孙微《清代杜诗学史》一书第二章《清初杜诗学研究(顺治—雍正)》第五节《清初名家论杜》中,专设一目《李因笃的杜诗学》,将李因笃和顾炎武、王夫之、王士禛等人作为清初论杜四名家予以探讨,提纲挈领地归纳出李因笃杜诗学成就的四个特点:(一)将杜诗与《史记》并论;(二)论"杜律细";(三)追"三颂"与匹"二南";(四)尚古质、淡雅、浑然,最后总结道:"李因笃论杜在清初的杜诗学界独有特色,其将杜诗与《史记》相对比,以及关于'杜律细'的探讨都对后代的杜诗研究产生了广泛影响。另外,他对杜诗思想和艺术诸多方面都有很多精细的分析,对清初杜诗学的兴盛做出了一定贡献。"④确立了李因笃在清初杜诗学研究领域的学术地位。上述研究对李因笃杜诗学做了初步探讨,为进一步深入研究提供了良好的基础。笔者兹就现能纂集到的李因笃杜诗评语,结合其诗学批评的特点进行综合研究,力求更加全面、深入地展现李因笃杜诗学的总体成就。

从诸家所辑评语来看,李因笃的评点或是诗中简评,或是诗后总评,或是三言两语甚至仅两三字,或是泱泱上百字,其评注方式不主字词训诂、典故注

---

① 刘濬:《杜诗集评》,嘉庆九年(1804)浙江海宁刘濬刊本。
② 钱钟书:《谈艺录》(补订本),北京:中华书局,1984 年版,第 88 页。
③ 如《杜甫散文创作倾向论——兼论杜甫以诗为文说》,熊礼汇,《杜甫研究学刊》2002 年第 2 期;《试论杜甫律诗中的虚词运用》,韩晓光,《杜甫研究学刊》,1997 年第 2 期。
④ 孙微:《清代杜诗学史》,济南:齐鲁书社,2004 年版,第 236—246 页。

释、文献征引,重在本人对于诗歌作品的解读和鉴赏。他对杜诗的评述大致集中在以下八个方面。

(一)以"温柔敦厚"为宗旨,注重对杜诗"忠爱"精神的阐发

李因笃身为关学名儒,忠贞故国,坚守气节,关怀天下,积极有为,其诗学思想亦是以儒家诗教为依归,故在评点杜诗时特别注重阐发杜甫的忠君爱国、忧国忧民的崇高精神,凸现其道德教化的思想意义。如评卷一《述怀》评曰:"如万顷之松,中蔚烟霞,如数尺之竹,势参霄汉。忠爱之情,忧患之意,无一语不入微,真颡上三毫矣……公不顾家而西走,及得去而不敢言归,大忠直节。岂后世可及。亦是一句一转,极其沉痛,千载而下,如复见之。"①如评卷六《丹青引赠曹将军霸》:"其叠呼先帝忠爱缠绵,与《画马引》同。"②评卷三《信行远修水筒》:"民胞物与,即此存心得之。"③对杜甫的忠君爱民精神多加褒扬。

对于杜诗的讽谏美刺精神,李因笃同样抱以肯定,但是受儒家诗教影响,多以"温柔敦厚"为原则,指出杜诗与国风、小雅相似,赞誉杜诗"怨而不怒"、"含蓄蕴藉"的美学风格。如评卷五《丽人行》:"先泛泛写出水边容色衣服之盛。就中一转方入虢秦,又极力写其供奉之奢,方转入内赐一段。然后转入国忠雄狐正意,讬刺深厚,大类国风。"④如评卷十一《秋兴八首》之六"万里风烟接素秋"一句曰:"风烟轻点一句讽刺,亦浑然不露。"⑤评卷十四《秋日荆南述怀三十韵》云:"哀而不伤,怨而不怒,于近体中得南、雅矣!"⑥

(二)追溯杜诗与前代诗歌间的源流关系,揭示杜甫对古代诗歌传统的广泛继承

李因笃受明七子复古理论影响,主张学习古人,其取法途径自诗三百至盛唐,包括《诗经》、汉魏古诗、六朝古诗以及初盛唐诸子。他自觉地探求和梳理杜诗与前代诗歌之间的源流关系,以此揭示杜诗对古代诗歌传统的广泛继承,印证杜诗作为古代诗歌集大成者的特点。

---

① 刘濬:《杜诗集评》卷一,第20页。
② 刘濬:《杜诗集评》卷六,第11页。
③ 刘濬:《杜诗集评》卷三,第16页。
④ 刘濬:《杜诗集评》卷五,第5页。
⑤ 刘濬:《杜诗集评》卷十一,第32页。
⑥ 刘濬:《杜诗集评》卷十四,第13页。

1. 杜诗与《诗经》

《诗经》是中国古代诗歌的源头,李因笃尊《诗经》为学诗的最高典范,他将杜诗与《诗经》进行广泛的比附联系,赞誉其追风雅、匹三颂。孙微认为这一评语乃是当时对于杜诗成就的最高赞誉①。如评卷一《北征》云:"大如金鹏浮海,细如玉管侯灰。上关庙谟,下具家乘,举隅而词自括繁,引而气弥疏,可直追三百矣!其才则海涵地负,其力则拔山倒岳,以此辞赋事之,微写爱君忠国之情,有极尊严处,有极琐细处,繁处有千门万户之象,简处有缓弦促柱之悲。元江南谓具一代兴亡,与《国风》、《雅》、《颂》相表里,其《北征》之谓乎?"②评卷九《洞房》云:"无限悲思!郁然言外,结语仍多含蓄,宜匹二南矣!"③如此等等,不胜枚举。有时他还结合具体篇目明示彼此联系。如评卷九《怀旧》云:"真情挚语,《黄鸟》之遗音。"④综观上述评语,李因笃之所以推尊杜诗到《诗经》的高度,主要在于二者共有的"温柔敦厚"精神、真挚深沉的情感表达以及丰富多变的风格。

2. 杜诗与楚骚

屈原的《离骚》也是中国古代诗歌经典。李因笃辨析源流,多次将杜诗与《离骚》相对举。如评卷十四《秋日荆南述怀三十韵》:"大雅之浑融,离骚之郁折,此篇具有其妙。"⑤评卷一《自京赴奉先咏怀五百字》:"太史公曰:'国风好色而不淫,小雅怨悱而不乱。'离骚兼之,公咏怀诗可以匹美。"⑥综观评语,他认为杜诗和《离骚》的共同之处主要在于沉郁悲慨的情感基调。

3. 杜诗与汉魏古诗

李因笃《汉诗音注》中经常谈及汉诗对杜甫诗歌的影响,对此汉诗学一节已有论述。在其杜诗评点当中,他又转而从杜诗的角度寻绎杜诗对汉诗的继承和借鉴,揭示彼此的关联。如评卷一《彭衙行》云:"仓皇情事,极尽致又极自然。妙处乃自汉魏来。"⑦评卷一《前出塞九首》之七曰:"有仲宣(王粲)、公

---

① 孙微:《清代杜诗学史》,济南:齐鲁书社,2004年版,第243页。
② 刘濬:《杜诗集评》卷一,第28页。
③ 刘濬:《杜诗集评》卷九,第24页。
④ 刘濬:《杜诗集评》卷九,第8页。
⑤ 刘濬:《杜诗集评》卷十四,第13页。
⑥ 刘濬:《杜诗集评》卷十一,第32页。
⑦ 刘濬:《杜诗集评》卷一,第30页。

干(刘桢)之风。"①有时则以具体篇目字句来确证二者的关联。如评卷一《北征》"山果多琐细"曰:"'山果'一段如画家著色,六艺所谓也,亦曰赋而兴。汉诗《孔雀东南飞》篇中'妾有绣腰襦'数语,又太守迎娶一段,皆与此同。"②评卷一《羌村三首》:"'妻孥怪我在',从汉诗焦仲卿妻篇'贺卿得高迁'脱来。"③综观评语,李因笃论及杜诗与汉诗的共同之处主要在于质朴自然和悲苦蕴藉的艺术特点。

4. 杜诗与《文选》和六朝诗

与明七子的复古诗学相比,李因笃对《文选》以及六朝诗歌特别重视和肯定,他的重要理论依据来自于杜甫对二者的推崇。他就杜甫的《论诗六绝句》大加议论,肯定杜甫对于六朝诗歌清新风格的继承。此外,他还进一步结合具体作品,寻绎杜诗取法《文选》和六朝诗人的踪迹。如评卷一《陪李北海宴历下亭》:"选体之遗!"④评卷十《日暮》:"清澈最为诗之高境,非深于《选》者不能。"⑤《文选》之外,他还分别提及谢朓、鲍照、沈佺期等数位诗人,如评卷二《西枝村寻置草堂地夜宿赞公土室二首》:"三谢正格,如此始称隽永。"⑥评卷四《行官张望补稻畦水归》:"词圆语利,鲍谢之中。"⑦综观评语,或取其清新隽永,或取工丽流利,主要在于杜诗和六朝诗在艺术表现方面的相似。

5. 杜诗与陶渊明诗

钱钟书《谈艺录》二四《陶渊明诗显晦》曰:"渊明文名,至宋而极。永叔推《归去来兮辞》为晋文独一;东坡和陶,称为曹、刘、鲍、谢、李、杜所不及。自是厥后,说诗者几于万口同声,翕然无间。宋《蔡宽夫诗话》言:'渊明诗,唐人绝无知其奥。惟韦苏州、白乐天、薛能、郑谷皆效其体。'《国粹学报》己酉第八号载李审言丈《愧生丛录》,一则云:'太白、韩公,恨于陶公不加齿叙,即少陵亦祇云:"陶潜避俗翁"也。'"⑧旨在说明至宋代,陶渊明文名被推崇至

---

① 刘濬:《杜诗集评》卷一,第5页。
② 刘濬:《杜诗集评》卷一,第26页。
③ 刘濬:《杜诗集评》卷一,第28页。
④ 刘濬:《杜诗集评》卷一,第2页。
⑤ 刘濬:《杜诗集评》卷十,第9页。
⑥ 刘濬:《杜诗集评》卷二,第6页。
⑦ 刘濬:《杜诗集评》卷四,第6页。
⑧ 钱钟书:《谈艺录》(补订本),北京:生活·读书·新知三联书店,2001年版,第88页。

极,其中蔡宽夫、李审言两人认为唐人欣赏陶渊明者不多,即便是杜甫也称陶渊明为"避俗翁"。钱钟书在后来的补订文字中就此专门引用李因笃的杜诗评语曰:"《续刻受祺堂文集》卷一《曹季子苏亭诗序》论少陵诗得力《文选》,且云:'托兴莫若开府,遣怀专拟陶公。'由是观之,蔡、李二氏所言,近似而未得实。"①他引用李因笃认为杜诗的遣怀诗专拟陶渊明的说法,以此证明杜甫对陶渊明并未轻视,相反还有特别的模拟。这段评论充分说明李因笃诗学造诣之精深。

事实上,在杜诗评语中,除钱钟书所引之外,李因笃不止一次地指出杜诗当中肖似陶渊明的地方。如评卷一《大云寺赞公房四首》中"汤沐起我病,微笑索题诗"一句云:"得陶之神。"②评卷九《归来》云:"此与陶《乞食诗》同出而无所遇也。"③评卷十《晦日寻崔戢李封》云:"古朴之极,渐近自然,此为阮、陶正宗。"④综观评语,他论及杜诗和陶诗的共同之处主要在于一致的古朴风格、自然写实的笔法,以及杜陶二人安贫乐道的生活态度。

6. 杜诗与唐诗

南宋严羽以时代论诗,在《沧浪诗话》中将唐诗分为初唐体、盛唐体、大历体、元和体、晚唐体,提出了学诗以"盛唐为师,不作开元、天宝以下人物。"后人又将大历体、元和体合称中唐体。至明初高棅明确地将唐诗分为初、盛、中、晚四个时期,推初、盛而贬中、晚。李因笃作为宗唐派的主将之一,也以四唐说为宗旨,自言学诗止于盛唐,并以此评点杜诗,辨析杜甫与各体唐诗的关系。他首先将杜甫推为盛唐大家,比较杜诗与同时代诗人的异同。如评卷三《故右仆射相国张公九龄》曰:"偏于矫举处状出曲江身分,英藻绮思,照耀千古,太白《圯桥怀留侯》亦同此意。"⑤评卷八《寄杨五桂州谭》云:"佳句,又兼王孟。"⑥分别指出杜甫与李白、王维、孟浩然诗歌的相似。同时他还注意到杜诗与初唐诸子间的承继关系。如评卷一《奉赠韦左丞丈二十二韵》云:"调整气逸,居然初唐。"⑦评卷十一《赠献纳使起居田舍人澄》云:"工整中自流

---

① 钱钟书:《谈艺录》(补订本),第89页。
② 刘濬:《杜诗集评》卷一,第18页。
③ 刘濬:《杜诗集评》卷九,第4页。
④ 刘濬:《杜诗集评》卷十,第15页。
⑤ 刘濬:《杜诗集评》卷三,第29页。
⑥ 刘濬:《杜诗集评》卷八,第6页。
⑦ 刘濬:《杜诗集评》卷一,第3页。

丽,七律在初唐多属应制,必以工丽为正格。公此类诸作具见典型。"①称赞杜诗具有初唐诗歌的工整流丽。李因笃囿于宗唐派的偏见,对中晚唐诗歌颇为不屑,批评大历以后诗道不振在于不清新。但从诗歌历史的实际情况看,杜甫是一位承前启后的人物,杜诗是唐诗发展的一个转折,它兼备众长而又自铸伟辞,积累了丰富的艺术经验,某些方面对中唐诗坛风气具有开创作用。李因笃对此毫不客气地予以批评。评卷二《凤凰台》云:"接太密,又迥然无外求,岂徒比清流,皆没紧要语,已为中晚前茅矣。"②评卷十《缚鸡行》云:"格未高,此元、白之前茅也!"③或批其格调不高,或斥其衔接太密,指出了杜诗对于元稹、白居易等中晚唐诗风的影响。

(三)将杜诗与《史记》、汉赋、韩愈之文相提并论,凸现杜甫"以文为诗"的特点

杜甫的诗歌真实生动地记录了唐朝的社会生活,唐代孟棨提出"诗史"之说,得到了后世的广泛认同。表现在创作方面,杜甫善于以"赋"的表现手法叙述时事,与史笔纪事方法颇为类似,从而形成诗、史之间的联通,后世多将杜诗的这一艺术特征称之为"以文为诗"。李因笃认同"诗史"之说,如评卷二《发秦州》曰:"万里行役,其中山川之夷险,岁月之喧凉,交游之违合,靡不曲尽,真诗史也。"④其独特之处在于,他常将杜诗与司马迁等大家文章相与比附,用以赞誉杜甫杰出的叙事才能,更加清楚地展现杜甫"以文为诗"的艺术特征。他以《史记》作为杜诗的参照体系,将杜诗与《史记》的比较落实在具体篇目的解析上,通过细致的案例分析确证了二者的相似。如评卷一《彭衙行》云:"情真调苦,如太史公聂荆诸传。"⑤赞其情感真实、风格悲壮;评卷二《遣兴五首》云:"贺公篇便肖其狂,孟公篇妙得其简。如太史公传司马相如,如屈原文亦略同,惟其有之,是以似之。"⑥赞其描写人物传神,如司马迁之《司马相如列传》一般;如评卷三《八哀诗》云:"叙述八公生平,称而不夸,老笔深情,得司马子长之神矣!"⑦赞其如司马迁般品鉴人物客观真实;评卷

---

① 刘濬:《杜诗集评》卷十一,第3页。
② 刘濬:《杜诗集评》卷二,第19页。
③ 刘濬:《杜诗集评》卷十,第16页。
④ 刘濬:《杜诗集评》卷二,第15页。
⑤ 刘濬:《杜诗集评》卷一,第30页。
⑥ 刘濬:《杜诗集评》卷二,第12页。
⑦ 刘濬:《杜诗集评》卷三,第29页。

十三《夔州书怀四十韵》云:"叙丧乱之始终,哀行藏之无据,既参家乘,兼补国书,以子长叙述之才,而骈为韵语也。"①赞其如司马迁般叙事完整曲折,有点有面,具有历史价值。有时甚至援引《史记》中的历史故事来比拟杜诗的写作手法、艺术效果。如评卷四《送重表侄王石水评事使南海》曰:"真如巨鹿之战,读之神往。坐上真气惊人,言之金声振地。"②评卷六《观公孙大娘弟子舞剑器行》云:"纵横跌宕,如韩信背水破赵,纯以奇胜。"③这等妙评说明李因笃对杜诗、《史记》非常精通,唯其如此,才能信手拈来相互比附,于细微处发现彼此的契合点。

需要说明的是,宋代即有苏轼等人指出杜诗与司马迁《史记》颇有相似。明朝方孝孺、胡应麟也曾有过类似的阐发。至清初,顾宸等人进一步拓展,在性格遭际方面发掘出杜甫与司马迁的相似性。相比之下,李因笃的评析主要围绕作品本身进行对比,并以《史记》作为一个基本参照体系,从多个角度互相阐发,贯穿始终,真正揭示两大古代文学经典共有的艺术特征,可谓珠联璧合,相映成辉。

除《史记》外,李因笃还曾以司马相如、左思之赋、韩愈之文与杜诗作比。如评卷五《茅屋为秋风所破歌》云:"通篇真率,忽于末段一振。如子虚、长杨,得曲终之雅奏。"④评卷十二《送蔡希鲁都尉还陇右因寄高三十五书记》曰:"声采俱壮,如左、马赋,战身入其中。"⑤评卷三《故司徒李公光弼》:"回护处妙有阳秋,如昌黎作柳州志铭,正是推崇,非涉隐刺也。"⑥称赞如韩愈撰写的柳宗元墓志铭一样,善于明贬暗褒,曲折回护。此类评语数量虽少,也是对杜诗的以文入诗笔法的一种肯定,能够启迪读者联想诸多名家的美文佳作,进而更加深入地领略杜诗丰富多彩的散文美。

(四)评论杜诗之格调与法度,剖析杜诗的结构艺术

明七子诗学思想的要点在于提倡学习古人格调,遵循诗歌创作法式,并将学习古人法度落实到具体作品的辞采、句法、结构方面的讲究。比如"篇法

---

① 刘濬:《杜诗集评》卷十三,第122页。
② 刘濬:《杜诗集评》卷四,第27页。
③ 刘濬:《杜诗集评》卷六,第23页。
④ 刘濬:《杜诗集评》卷五,第29页。
⑤ 刘濬:《杜诗集评》卷十二,第10页。
⑥ 刘濬:《杜诗集评》卷三,第22页。

有起有束,有放有敛,有唤有应""句法有直下者,有倒插者""字法有虚实,有沉有响"①。李因笃师尊前后七子,对于杜诗的格调法度作了细致入微的评析,评语内容相当丰富,篇幅几近一半之多,这是李因笃杜诗学的又一特色。

1. 赞誉杜诗格高调整。如评卷四《瘦马行》云:"格调整结,更有味。"②评卷十一《卜居》云:"格调高,字句健。"③评卷十四《远怀舍弟颖观等》云:"深情老格,调苦气舒。不袭风雅一词,为真风雅。"④从评语来看,多在肯定杜甫诗歌格调高华雄浑,声调工整圆宕,从总体上确立了杜诗的审美特征。

2. 篇法、句法、字法分析。李因笃诗歌评点的一大特色是善于多层次地解析诗歌作品的结构形式,大到谋篇布局,小到遣词造句,皆有详细点评。这些评语或夹句中,或居篇末,如庖丁解牛,尽发奇妙,对读诗学诗之人深刻领悟杜诗艺术手法大有裨益。

篇法评点方面,如卷一《北征》云:"分五段。'皇帝'至'尤虞',叙其濒行辞朝心事;'靡靡'至'残害',书在途触目。'况我'至'生理',抵家纪实。'至尊'至'皇纲',目击时艰而致其祝望。'忆昨'至'终则',追述初乱,终之以开创之大,属意中兴。大如金鹏浮海,细如玉管候灰。上关庙谟,下具家乘,举隅而词括,繁引而气弥疏,可直追三百矣!"⑤这段评语先将诗篇章法分为五段,总结段落大意,然后赞誉杜甫笔法繁简自如,宏观微观,悉数囊括。对于近百首篇幅较长的排律诗歌几乎皆有段落分解,对于组诗则分说各首大意。评卷四《陪郑广文游何将军山林十首》云:"十诗先总叙于题义已全二首,自外说下,五首入内说,三首独拈一花,四首咏藜舍,五首咏燕歌,六首醉后,七首纵观,八首回忆,九首专美将军,十首垂别也。其意括,其辞清,次第秩然,大家结构。十首并入选,为连篇之法。"⑥赞其结构谨然有序,收放自如。

句法评点如评卷七《除架》曰:"起处已见当除之时,二联写不得不除之意。五六借虫鸟寓其倦倦,结则推而言之。公生平厚道深情,阅历学问,俱在此。"⑦评卷十一《蜀相》:"三四点景语淡而意大,便有俯仰乾坤之概。五六用

---

① 王世贞著,罗仲鼎校注:《艺苑卮言校注》,济南:齐鲁书社,1992年版,第28页。
② 刘濬:《杜诗集评》卷四,第21页。
③ 刘濬:《杜诗集评》卷十一,第9页。
④ 刘濬:《杜诗集评》卷十四,第6页。
⑤ 刘濬:《杜诗集评》卷一,第28页。
⑥ 刘濬:《杜诗集评》卷四,第9页。
⑦ 刘濬:《杜诗集评》卷七,第36页。

事,不偏不倚,非公未能如此。简而赅也。结语为万古英雄。才高不遇者统一洒泪。"①多就诗句之间的起承转合予以评析。

字法评点如评卷七《得舍弟消息二首》"近有平阴信,遥怜舍弟存"云:"乱离之苦,骨肉之情,只一'存'字已写出。"②评卷八《琴台》"归凤求凰意"曰:"'意'字妙,后人必作'曲',减如许精神矣!"③称赞杜甫用字精妙新奇。有时明确指出笔法类型的名称。如评卷八《放船》云:"惜字知字,正写出放船之驶,用加一倍法。结句亦翻跌出之。"④评卷十《赠田九判官梁邱》:"上句事实入虚,下句入实事,此虚实相生法。"⑤这些评点揭示了杜甫高超精湛的语言锤炼艺术。

(5)盛赞杜诗善于拈景,贬黜议论

李因笃论诗宗唐祧宋,崇尚含蓄蕴藉的审美风格,在创作上,他主张比兴手法,情景交融,对宋诗以议论入诗、以说理为诗的风气坚决排斥。在评卷七《对雪》时,他明确表达自己的诗学观念:"诗固以拈景为第一义,然须就时地言之,则切而不浮。最忌用笼统语。步步推开说,而乱云、急雪、瓢弃、炉空,仍带出多难景色来。"⑥在此,他将拈景作为写诗的第一创作法则,要求所选景物必须切近当时实况,不能浮泛笼统。他坚持这一艺术原则,盛赞杜甫能够即兴拈取眼前景物,融情于景,形成含蓄蕴藉、意在言外的艺术境界,不愧为大家老手。评卷三《水阁朝霁奉简云安严明府》云:"兴会语,只就眼前拈得便臻绝顶,然非老手却道不破。"⑦评卷七《春望》云:"此诗之妙。前贤已悉言之。然正取其景色相涵,不单为情事刻语也。"⑧评卷十一《秋兴八首》云:"首篇时地在目,景情相涌,不旁借一语。清雄圆健,更为杰出。"⑨强调借景言情,相互涵泳。

另一方面,他对杜诗中的议论话语多有贬斥,为此抹掉了不少诗句。如

---

① 刘濬:《杜诗集评》卷十一,第10页。
② 刘濬:《杜诗集评》卷七,第25页。
③ 刘濬:《杜诗集评》卷八,第12页。
④ 刘濬:《杜诗集评》卷八,第34页。
⑤ 刘濬:《杜诗集评》卷十,第11页。
⑥ 刘濬:《杜诗集评》卷七,第15页。
⑦ 刘濬:《杜诗集评》卷三,第7页。
⑧ 刘濬:《杜诗集评》卷七,第17页。
⑨ 刘濬:《杜诗集评》卷十一,第31页。

评卷一《前出塞九首》云："凡涉议论者，皆舍之。"①评卷三《牵牛织女》云："涉议论抹出，以戒后人。"②即便是杜甫最为经典的论诗之诗《戏为六绝句》，他也毫不客气地评论曰："诗最忌议论，虽卓然，犹戏也。"③一面赞其卓识超然，一面言其只是游戏之作。评卷八《有感五首》云："此五首涉议论矣！以其关庙谟存之。"④本欲因其涉及议论而抹去，由于思想主题上尚有可取之处而保留。

不过，李因笃并未全然否定所有带有议论色彩的诗句。对于一些观点精彩，表达巧妙的议论诗句，他会赞赏有加。如评卷八《春夜喜雨》云："诗非读书穷理不到绝顶。然一堕理障书魔，带水拖泥，宋人转逊晋人。公深入其中，掉臂而出，飞行自在，独有千古。"⑤赞扬杜诗善于言理，没有理障。评卷十五《八阵图》云："'遗恨失吞吴'是大议论，乃上句云：'江流石不转'，则似归咎山水，蜀东入吴为下流，而不能折回。中原地势使然，故长令英雄遗恨也。化大议论为无议论，妙不可言。"⑥称赞杜甫具备化大议论为无议论的高超艺术技巧。他还认为，杜甫善于以叙事表达意见。如评《饮中八仙》曰："无首无尾，章法突兀妙是，叙述不涉议论，而八人身份自见。"杨伦同意李因笃这一观点，录入《杜诗镜铨》，韩春平《〈饮中八仙歌〉的主旨及其创格》一文中引用了李因笃的这一评语，用以说明这首诗歌具有"在客观叙述中包含着作者的主观评述。"⑦综观评语，李因笃否定的只是那些抽象说理、带有书本说教意味的说理诗。

（六）称誉杜诗多样化的艺术风格

杜诗作为古诗之集大成者，不仅内容深广、体裁兼备，而且具有丰富多变的艺术风格。按李因笃评语，最常见的词语有"雄""浑""壮""悲壮""雅""清""清新""蕴藉""古""朴""老""质""拙""奇"等，彼此经常组合出现，总结出杜诗悲壮沉郁、典雅清新、质朴淡拙、含蓄蕴藉、奇特等多样化的艺术风

---

① 刘濬：《杜诗集评》卷一，第6页。
② 刘濬：《杜诗集评》卷三，第16页。
③ 刘濬：《杜诗集评》卷十五，第11页。
④ 刘濬：《杜诗集评》卷八，第33页。
⑤ 刘濬：《杜诗集评》卷八，第9页。
⑥ 刘濬：《杜诗集评》卷十五，第12页。
⑦ 韩春平：《〈饮中八仙歌〉的主旨及其艺术"创格"》，《韶关学院学报》，2004年第10期，第23页。

格,反映出李因笃细腻敏锐的美感品味。

1. 沉郁顿挫。这是杜诗公认的主导风格,具体是指一种既悲壮雄浑又含蓄蕴藉的风格。李因笃对此亦有明确认同。如评卷十五《赠李八秘书别三十韵》云:"悲壮沉郁,亦复忠厚和平。其详略深于汉人,不独大雅骚之遗法。"①评卷十四《奉赠萧十二使君》云:"声情悲壮,格律老成。轻重疾徐,各当其则,于难言处,犹能含蓄,固公之所长也。"②

2. 典雅。"雅"是李因笃极力称誉杜诗的一种风格。如评卷二《送李校书二十六韵》云:"太史公曰'其文不雅驯,缙绅先生难言之'及曰'择其尤雅者',此兼命意措词而言,余点次杜诗以此。"③言其以司马迁倡导的"雅"作为评点杜诗的标准,涉及思想内容和语言形式两个层面。蒋寅曾就这一观点有过细致的讨论。如评卷一《赠李白》曰:"雅调"④,评卷五《百尤集行》曰:"'健如'三句雅。"⑤,有时雅常与"古""秀"等词相联系,如评卷二《遣兴五首》之一"秀雅"⑥,卷十三《送梓州李使君之任》曰:"此段哀甚,却自古雅,乃见精彩而。"⑦考察"雅"的内涵,概指雅正、高雅、典雅,用以赞誉杜甫诗歌格调高雅品位醇正,符合儒家审美风格,以此区别于趣味浅俗、立意平庸的诗歌。

3. "清新""清"。杜甫论诗推许清新,李因笃借机阐发以示他对清新的拥趸,并以"清新"来品评杜诗。在评卷十五《戏为六绝句》中,杜甫评点了初唐四杰等人的诗歌时曰:"言未必能夸数公而实非可以自限,故于四子,虽极推之,然独立出群,亦正在此。若时人何足与较高下哉!翡翠兰苕,秀丽之至,所谓'清新俊逸'也!诗不到此,地位终是凡胎。自中唐迄今,知之者鲜矣!然此则初盛诸子所同,而鲸鱼碧海出群独立,惟公一人而已!"赞誉清新俊逸乃是初、盛唐诗风的共同特征,杜诗尤为擅长。评点中,他多选用'清'字来评析杜诗,评卷十《归雁》"清圆秀润,老笔生姿",⑧卷十一《南邻》:"清健

---

① 刘濬:《杜诗集评》卷十五,第 12 页。
② 刘濬:《杜诗集评》卷十四,第 23 页。
③ 刘濬:《杜诗集评》卷二,第 32 页。
④ 刘濬:《杜诗集评》卷一,第 1 页。
⑤ 刘濬:《杜诗集评》卷五,第 5 页。
⑥ 刘濬:《杜诗集评》卷二,第 12 页。
⑦ 刘濬:《杜诗集评》卷十三,第 3 页。
⑧ 刘濬:《杜诗集评》卷十,第 39 页。

浑圆，有霜飞木脱，潦缩水澄之致。"①蒋寅认为清是六朝文人对文学风格的偏好，"清"是古典诗歌美学的核心概念，主要体现为诗歌语言明晰省净、诗歌气质超凡脱俗、立意修辞新颖等。论及古雅时，他还特意引用李因笃"古则清，清则雅"的观点。他认为，"清"还是一个相当开放的审美概念，具有很强的包容性，可以向不同风格类型延伸，与别的审美概念相融合组成新的复合概念，形成以清为核心的丰富多彩的风格群落。②从李因笃的评语来看，"清"常和"圆""健""秀""浑"等字连用，作为一种基本的审美元素，与其他审美风格交错融合，共同形成杜甫诗歌集众美于一体的大家风范。

4. 古朴拙淡。李因笃认为诗歌的最高境界乃是质朴自然，故其评点杜诗偏爱朴淡高古的作品。如评卷十一《望岳》云："古朴浑雄，足与华岳相佩。"③评卷十一《秋兴八首》云："从容富丽，朴老浑雄，自唐迄今，竟未绝调。"④评卷五《乾元中寓居同谷县作歌七首》："愈淡愈旨，愈真愈厚，愈朴愈古。千古绝调也。妙在悠然不尽，一片空灵，无复声色臭味之可寻矣。然非其人不知。"⑤无论古朴、朴老，还是淡朴，皆是称誉杜诗臻至一种返璞归真炉火纯青的成熟境界。较之质朴更加逼近自然，不事雕琢的是"拙"。如评卷八《早起》曰："杜与襄阳诗中每有拙意，正是生意。非老手不能。"⑥评卷五《题李尊师松树障子歌》曰："用笔拙处，活泼泼地。此类诗，不易作。亦不易识。诗之拙必生于工，疏必生于整，乃为真气候。可与知者道耳！"⑦依此可知，杜诗之拙，并非粗拙之拙，而是工整之拙、古朴之拙，乃是诗艺臻于精熟之后以拙求变生发新意，呈现出一种不见雕琢痕迹、自然活泼的艺术风格，只有大家老手方能跳脱常规，率性写来，看似稚拙，实则老辣深厚，别有机趣。

5. 含蓄蕴藉。如评卷七《喜达行在所三首》："抗贼高节而以老瘦、辛苦隐括之，所云蕴藉也。入后贤手必自诩不置矣！"⑧评卷十二《投赠歌舒开府翰二十韵》云："不曰惟公第一功，而曰何人第一功，不曰身归幕府，而曰剑倚

---

① 刘濬：《杜诗集评》卷十一，第12页。
② 蒋寅：《古典诗学的现代诠释》，北京：中华书局，2003年版，第32—58页。
③ 刘濬：《杜诗集评》卷十一，第8页。
④ 刘濬：《杜诗集评》卷十一，第32页。
⑤ 刘濬：《杜诗集评》卷五，第36页。
⑥ 刘濬：《杜诗集评》卷八，第10页。
⑦ 刘濬：《杜诗集评》卷五，第19页。
⑧ 刘濬：《杜诗集评》卷七，第17页。

崆峒,语便蕴藉。"①赞许杜甫善于借助景物形象委婉表达思想感情,形成含蓄朦胧的风格。

6. 奇特。李因笃在推崇杜诗朴拙古质的同时,也曾多次以"奇"称誉杜诗。如评卷一《同诸公登慈恩寺塔》:"此诗如诸葛武侯援琴退敌,偶一用奇。"②评卷九《滟滪堆》:"滟滪,天下奇观,非公天纵奇笔,不足写其神似!正如太史公游侠刺客诸传。咄咄逼人。"③称赞杜诗奇特新颖、别出心裁。他还认为,这种新奇之美既来源于杜甫超凡脱俗的胸怀,也与杜甫学问渊博密切相关。如卷九《瞿塘两崖》评曰:"诗莫难于用奇,舍此亦何由见杜之大。奇而古,不可能也;愈奇而愈见其清,何可能也?他人奇则伤雅,公诗弥奇弥雅,人以为存乎笔力,吾谓非湛于学问不能。"④认为杜诗之奇难得可贵,正是其博大精深的一种体现。奇不古不清,常人多因求奇而伤雅,杜甫则是越奇越雅。对此,蒋寅认为通常雅与正联系紧密,与古、清相包容,但与奇则相对立。李因笃则认为"弥奇弥雅",从辨证的角度赋予"奇"作为一种杜诗审美风格的合理地位,彰显了杜诗奇正相兼的大家风范。

(七)论杜诗的格律和音韵

作为音韵学专家,李因笃在杜诗的音韵声律研究方面成果颇丰,且有独到见解。除蒋寅外,日本学者长谷部刚曾著有专文研究李因笃杜诗评语中的音注。李因笃著有《古今韵考》四卷,考证音韵多以杜诗为参照,曾云:"杜、韩即诗家之谱也,我辈学诗,舍杜、韩奚宗哉?"⑤相对于杜诗内容和形式的评点,关于杜诗音韵的评语篇幅并不多,而且重点不在注释读音,并非蒋寅认定的以'音注'的内容居多。就音韵学研究而言,他的研究成果主要集中于对杜诗声调押韵的考察。如评卷十三《赠王二十四侍御契四十韵》云:"'筋'字、'勤'字,俱在'殷'韵,此并与'真''淳'臻合,知'殷'韵唐人以其部窄,多与'真'通,不与'文'通也。"⑥长谷部刚认为,李因笃对唐诗二十一欣与十七真通用、二十文独用的论证与顾炎武的看法相同,参照顾炎武《音论》记载,可知

---

① 刘濬:《杜诗集评》卷十二,第7页。
② 刘濬:《杜诗集评》卷一,第6页。
③ 刘濬:《杜诗集评》卷九,第16页。
④ 刘濬:《杜诗集评》卷九,第39页。
⑤ 邵长蘅:《古今韵略·凡例》,清康熙三十五年刻本。
⑥ 刘濬:《杜诗集评》卷十三,第8页。

顾炎武"二十文独用"的著名论断是得益于与李因笃商讨之功。① 他还列举了另外两条评语,如评卷一《喜晴》:"'佳'字不与'麻'韵通,公此诗及《泛舟登襄西》篇,用'佳''崖''柴''涯'字皆出韵。"②评卷四《柴门》云:"崖、柴、佳,三字出韵,按《广韵》'九麻'中亦无'崖'。"③李因笃的观点是上平声十三佳与下平声九麻通用,长谷部刚认为这一观点有误,李因笃的认识受清初音韵学水平的限制。

李因笃研究杜诗音韵最著名的成果,乃是他对杜诗格律的一个论断:杜甫近体诗出句,末字仄声必上去入三声递用。这一说法未见于李因笃的现存著述,最早的记载来自于朱彝尊的一封书信。康熙四十四年(1705),清廷开始编纂《全唐诗》,朱彝尊寄信编修之一查德尹,详细介绍了李因笃对"杜律细"的学术创见。

  比得书,知校勘《全唐诗》业已开局。近闻足下先取杜少陵作,审其字义异同,去笺释之纷纭而归于一是,甚善。然有道焉。蒙窃闻诸吾友李天生之言矣:"少陵自诩'晚节渐于诗律细',曷言乎细?凡五、七言近体,唐贤落韵,共一组者不连用,夫人而然。至于一、三、五、七句,用仄字上、去、入三声,少陵必隔别用之,莫有叠出者,他人不尔也。"蒙闻是言,尚未深信,退与李武曾共宿京师逆旅,挑灯拥被,互颂少陵七律,中惟八首与天生所言不符。其一《郑驸马宅宴洞中》云:"主家深洞细烟雾,留客夏簟青琅玕。春酒杯浓琥珀薄(入),冰浆椀碧玛瑙寒。误疑茅堂过江麓(入),已入风磴霾云端。自是秦楼压郑谷(入),时闻杂佩声珊珊。"叠用三入声字。其一《江村》诗云:"清江一曲抱村流,长夏江村事事幽。自去自来梁上燕,相亲相近水中鸥。老妻画纸为棋局(入),稚子敲针做钓钩。多病所须惟药物(入),微躯此外更何求?"叠用二入声。其一《秋兴》云:"昆明池水汉时功,武帝旌旗在眼中。织女机丝虚夜月(入),石鲸鳞甲动秋风。波漂菰米沉云黑(入),露冷莲房坠粉红。关塞极天惟鸟道

---

① 长谷部刚:《关于李因笃:杜诗评语中的音注》,《中国诗文论丛》第18集,日本早稻田大学中国诗文研究会,转引自蒋寅《清初李因笃诗学新论》,《南京师大学报》,2003年第1期。
② 刘濬:《杜诗集评》卷一,第20页。
③ 刘濬:《杜诗集评》卷四,第4页。

(入),江湖满地一渔翁。"叠用二入声字。其一《江上值水》云:"为人性僻耽佳句(去),语不惊人死不休。老去诗篇浑漫兴(去),春来花鸟莫深愁。新添水槛供垂钓(去),故著浮槎替入舟。焉得思如陶谢手,令渠述作与同游。"叠用三去声字。其一题《题郑县亭子》云:"郑县亭子涧之滨,户牖凭高发兴新。云断岳莲临大路(去),天晴宫柳暗长春。巢边野雀群欺燕(去),花底山蜂远趁人。更欲题诗满青竹,晚来幽独恐伤神。"叠用二去声字。其一《至日遣兴》云:"去岁兹辰奉御床,五更三点入鹓行。欲知趋走伤心地(去),正想氤氲满眼香。无路从容陪语笑(去),有时颠倒著衣裳。何人错忆穷愁日,愁日愁随一线长。"叠用二去声字。其一《卜居》云:"浣花流水水西头,主人为卜林塘幽。已知出郭少尘事,更有澄江销客愁。无数蜻蜓齐上下,一双鸂𪂉对沉浮。东行万里堪乘兴(去),须向山阴入小舟。"叠用三去声。其一《秋尽》云:"秋尽东行且未回,茅斋寄在少城隈。篱边老却陶潜菊,江上徒逢袁绍杯。雪岭独看西日落,剑门犹阻北人来。不辞万里长为客,怀抱何时得好开。"叠用三入声字。"

  此八诗者识于怀不忘,久而睹宋元旧雕本暨《文苑英华》证之,则'过江麓'作'出江底',江不当言'麓',作'底'良是;'多病'句作'但有故人分禄米','夜月'作'月夜','漫兴'作'漫与','大路'作'大道','语笑'作'笑语','上下'作'下上','西日落'作'西日下'。合之天生所云,无一犯者。"由是推之,"七月六日苦炎热"。下文第三句不应用"蝎"字,作'苦炎蒸'者是也。'谢安不倦登临赏',下文第七句不应用'府'字,作"登临费"者是也。循此说以勘五言,虽长律百韵,诸本字义之异,可审择而正之,第恐闻之时人,必有讪其无关轻重者。然此议昔贤未发出,天生之独见,善不可没也,足下能听信否乎?①

从此信可知,朱彝尊初听李因笃的观点后,曾和李良年在京师一起核实考证,结果发现只有八首诗歌不合。后来看到宋元旧雕本和《文苑英华》后,才发现

---

① 朱彝尊:《寄查德尹编修书》,《曝书亭集》卷三十三,《影印文渊阁四库全书》第1318册,上海:上海古籍出版社,1987年版,第27—29页。

新旧版本多有错误,而李因笃所论完全符合杜诗原作。他借鉴这一方法,就杜诗中个别字句进行校改,并特意写信给查德尹,建议查德尹能借鉴李因笃归纳出的杜诗音韵规律及其研究方法,校勘其五言诗中的异文等。

李因笃这一论断出现后,即在学界广为流传,并被许多注家征引,对杜诗学研究产生了深远的影响。康熙三十二年(1693)成书的仇兆鳌《杜诗详注》卷一《郑驸马宅宴洞中》曾经引述过李因笃的一段话,文字虽有异同,亦可见当时该论流传的盛况。

> 少陵七律百六十首惟四首叠用仄字。如《江村》诗,连用局、物二字,考他本,"多病所须惟药物"作"幸有故人分禄米",于局字不叠矣。《江上值水》诗连用兴、钓二字,考黄鹤本,"老去诗篇浑漫兴"作"老去诗篇浑漫与"。《秋兴》诗连用月、黑二字,考黄鹤本,"织女牵丝虚夜月"作"织女牵丝虚月夜",于黑字不叠矣。可见"晚节渐于诗律细",凡上尾仄声,原不相犯也。

他举出具体版本检验了李因笃的结论,所举篇目较朱彝尊为少,但讨论的更为具体,充分说明李因笃观点流传的广泛性。刘濬《杜诗集评》卷十一朱彝尊评语中概括引述了朱彝尊致查德尹信中叙述的李因笃观点,没有具体罗列诗句。陈鸿寿在该书序言中特意引用朱彝尊对李因笃观点的评述,赞曰:"若两先生,岂欺余哉?"[①]有的注家甚至将这一论断改头换面,据为已有,如《晋人麈》之《杜陵诗律》条中,便将朱彝尊与李武曾对李因笃论"杜律细"的争论,换成卢生甫与"有客"的争论。对于李因笃的这一观点论断,已有两位当代学者提出异议。如著名语言学家王力指出,李因笃所论老杜律诗单句句脚必上去入俱全是不严谨的,"杜诗并非每首如此,只能说是多数如此。"[②]据台湾学者简明勇统计,杜甫一百五十一首七律中,上去入三声递用的例子只有五十六首,占总数的三分之一。[③] 不论如何,李因笃的发现之功当不可没,为杜诗格律研究乃至唐诗音韵研究做出了新的贡献。

(八)李因笃对杜诗的批评

上述七个方面主要论述的是李因笃对杜甫诗歌的推奖。事实上,他对杜

---

① 刘濬:《杜诗集评》卷首。
② 王力:《汉语诗律学》,上海:上海教育出版社,1979年版,第121页。
③ 简明勇:《杜甫七律研究与笺注》,台北:五洲出版社,1973年版,转引自蒋寅:《清代诗学史》,中国社会科学出版社,2012年版,第402页。

甫并非完全顶礼膜拜，评语中有不少批评意见。一种形式是注明批评意见，一种形式是抹掉诗句。《杜诗集评》中或注明"李本抹"，或同时简要注明抹掉的原因，从集评来看，李因笃抹掉的诗句数量不少，或若干字，或若干句，长短不等。从批评意见来看，除了前面提及的批评杜甫以议论入诗之外，主要有"钝""杂""凑""弱""浅"等批评性话语。如卷六《寄柏学士林居》抹掉"乱代飘零予到此，古人成败子如何"中的下句，理由是"句甚钝"。① 如卷七《白水明府舅宅喜雨》抹掉"精铸即不昧，欢娱将谓何。汤年旱颇甚，今日醉弦歌"二句，原因是"二语句弱而凑"。② 评卷七《独酌成诗》"诗成觉有神"曰："浅陋。"③令人关注的是，除李因笃外，《杜诗集评》同时还注明王士禛所抹的部分，有时他们抹掉的诗句是一致的，有时则是一方抹掉的诗句，另一方未必会抹掉，有时出现截然相反的意见。如评卷二第一组《遣兴五首》之五"赋诗何必多，往往凌鲍谢。"句下注曰："王本抹，李云二语可赞襄阳。"王士禛抹掉，李因笃却认为该句恰当地评价了孟浩然的诗歌。又如评卷二《陈拾遗故宅》句末四句云："盛事会一时，此堂岂千年。终古立忠义，感遇有遗篇。"④王士禛将此四句抹掉，李因笃则称赞曰："带出感遇，妙！"显示出两位诗学名家的不同艺术趣味。

综上所述，李因笃的评点范围非常广泛，既有诗意的笺释阐发、史实的引证钩沉，诗歌史源流的梳理，也有艺术结构的解剖、语言技巧的展示、艺术风格的鉴赏，声调音韵的品评，如此等等，内容丰富，剖析细致，融思想性和艺术性分析于一体。其中梳理杜诗与古代诗歌传统的关系、阐发杜诗与《史记》的关联、剖析杜诗的形式结构、艺术风格的品评、音韵评点等几个特点皆是李因笃杜诗学的显著特色和优势。他的批评精细准确，显示了深厚的艺术功力，得到了后世诗家的赞许。清代诸多杜诗评点著作对李因笃评语的引用，当代学者也经常引用。如李因笃评卷一《同诸公登慈恩寺塔》曰："岑作高，公作大。岑作秀，公作奇。方之以律，岑作如浩然洞庭，终以公诗吴楚乾坤为大。"⑤赞许杜甫的诗歌较之岑参境界更大、更壮阔。莫砺锋《杜甫诗歌讲演

---

① 刘濬：《杜诗集评》卷六，第23页。
② 刘濬：《杜诗集评》卷七，第14页。
③ 刘濬：《杜诗集评》卷七，第19页。
④ 刘濬：《杜诗集评》卷二，第30页。
⑤ 刘濬：《杜诗集评》卷一，第6页。

录》第一讲《一组同题共作的登塔诗》,专门分析了李因笃的这一段评语,明确表示自己认同李因笃的说法,杜诗第一,岑诗第二。① 钱钟书推许李因笃为清初最精熟杜诗的专家,孙微将李因笃与顾炎武、王夫之、王士禛并列为清初杜诗学四大名家。笔者认为,无论从学术成就、研究力度,还是后世影响,李因笃的确是清初杜诗学最著名的专家之一。

第三节 音韵研究:诗歌音韵学先驱

李因笃是清初著名的音韵学家,著有《汉诗音注》和《古今韵考》。一代学术大师顾炎武认为"读九经自考文始,考文自知音始,以至诸子百家之书,亦莫不然"。② 准确揭示了音韵学的重要性。康熙二年(1663),李因笃在山西邂逅顾炎武,相识订交,经常就音韵学进行切磋。康熙六年(1667),在陈上年的资助下,两人重刊《广韵》,这是他们切磋中古音的学术成果。李因笃治音韵学颇有心得,顾炎武对李因笃的音韵学造诣多有褒奖,他将李因笃比作东汉文字学领域的大家"康成(郑樵)、子慎(服虔)之辈"③,并视其为学术上的知己。顾炎武《音学五书》写成以后就曾对李因笃说:"故吾之书……,非托之足下,其谁传之?"④并在其《音学五书后序》提到:"李君因笃每与予言诗,有独得者,今颇采之。"⑤称其对于李因笃的音韵学成果多有借鉴。以顾炎武这样的音韵学大师能多采李因笃之说,则因笃之学决非平常之学。反过来,李因笃也从顾炎武那里获益不少,《古今韵考》曾称引顾炎武《音学五书》的内容,并有拾遗补阙的发明。另有一则与音韵学相关的逸事,阮葵生《茶余客话》卷八言说李因笃性格有点狂躁,与毛奇龄论辨古韵,各不相服,因笃始而恫呵,终加以老拳,毛奇龄无奈走避,可见李因笃对于音韵学研究非常投入。

对于音韵学研究,李因笃认为,当时之学者大多不知古韵,至宋之吴棫《韵补》出现,方起辩疑之风。后至陈季立之《毛诗古音考》《屈宋古音义》问

---

① 莫砺锋:《杜甫诗歌讲演录》,桂林:广西师范大学出版社,2007年版,第166页。
② 顾炎武:《答李子德书》,《顾亭林诗文集·亭林文集》卷四,第69页。
③ 顾炎武:《与人书》,《顾亭林诗文集·蒋山佣残稿》卷二,第202页。
④ 顾炎武:《答李子德书》,《顾亭林诗文集·亭林文集》卷四,第73页。
⑤ 顾炎武:《音学五书后序》,《顾亭林诗文集·亭林文集》卷二,第26页。

世,音韵学说始畅行。在李因笃看来,音韵的发展大体分为两个阶段:第一阶段即上古音韵,即是《诗经》《楚辞》为主体的音韵;第二阶段即是汉魏六朝唐人通用古韵即中古音韵。纵观整个古代音韵,李因笃认为"古韵最宽,而后人乱之,律韵最严,而又泛滥不可救,其病均",如果不了解古代音韵,对于理解古书的真义是十分困难的。

《古今韵考》四卷是李因笃音韵学研究专著,该书分类编辑先秦至唐代诗文中的韵字,分析古今韵语之异同。全书共有四卷:卷一是汉魏六朝唐人通用古韵,卷二则汇录入声之古音,卷三专辑唐人古诗通用之韵,卷四选录唐人常用之古韵。

从中可以看出李因笃的研究路径是以诗文为对象,揭示古今音韵的变化规律,便于后世学人能够更加容易地掌握相关知识。如《题入声汇录》曰:"顾亭林先生编古音为十部,又曰'入为闰声',诚不易之论。但三代而下,绝不知四声一贯,而入韵亦从无与平上去相合成篇,故读音论十部,今鲜有知其解者。余既依汉魏六朝唐人通用者,分入声为五部,又附古音于逐部之后,按唐部韵入声三十四韵,宋刘平水止并为十七部,即今见行韵本也。古今异宜,但提其纲。恐阅者就今本求之,终不了然,故汇录古韵于左,而就所转去声,分为四部,以便临时检寻,庶初学者不致言寿张云。"①他知众人太不容易了解顾炎武的古音理论,故而化难为易,按照通行的韵本体例,将古今音韵同录一书。

李因笃还将这种研究方法应用于他的诗歌研究当中,音韵注评成为其诗歌研究的一大特色。按照他的计划,他要给古诗进行系统性音韵标点,《汉诗评》《杜律评语》当中存有相当一部分关于音韵方面的注释和分析。其中《汉诗评》题"中南山人李因笃音评",刻意突出了"音"字,显出用力所在。当然,书中对声韵的注意主要在于古今读音的变化,凡以今音读之不谐者,均注明古音读法。如卷一赵幽王刘友《幽歌》末句"吕氏绝理兮托天报仇",注:"仇,古音渠之反,与财之为韵。"淮南王刘安《八公操》"观见瑶光,过北斗兮",注:"斗古音滴主反。"且对于一些用韵之字,李因笃亦多有指出,如《朱明》篇中,"与万物桐",认为"桐"应读"通"。蒋寅认为,相比顾炎武由音韵学的角度论诗史、王渔洋研究古诗声调的搭配及规则,李因笃的研究虽还有一定距离,但

---

① 吴怀清著,陈俊民点校:《关中三李年谱》,第480页。

毕竟他以自己的古音研究超越了理学宗师朱熹的"叶音"说,将汉诗音注放置到一个科学的基础之上,这无论在经学还是诗学中、甚至在音韵学史上都是有历史意义的,值得音韵学史学者加以考察。康乃心《汉诗评序》评价曰:"如玄奘、鸠摩之译龙藏,暗室一灯,千年朗澈,其惠后学,胜于匡生多矣。"①杜诗评点亦有同样特色,参照《杜诗集评》,可以发现李因笃有许多关于杜诗评点的内容,常常称赞杜诗格高调整。此外,日本学者长谷部刚曾经探讨过李因笃对杜诗声韵学和唐代诗韵研究的贡献。他举《诸名家评本》中《奉赠鲜于京兆二十韵》《赠王二十四侍御契四十韵》两首的评语,说明李因笃对唐诗音韵中二十一欣与十七真通用、二十文独用的论证与顾炎武的看法相同,参照顾炎武《音论》的记载,可知顾炎武"二十文独用"的著名论断,是得益于李因笃商讨之功的。而李因笃评《喜晴》《柴门》对上平声十三佳与下平声九麻通用的矛盾看法,则又受限于清初音韵学水平。

在诸多研究成果中,最有影响的一则论断是"杜甫近体诗出句末字仄声必上去入三声递用"。此说不见于李因笃本人的评语,而为《杜诗集评》卷十一朱彝尊评语所引述:"富平李天生论少陵自诩'晚节渐于诗律细',曷言乎细?凡五七言近体,唐贤落韵其一纽者不连用,夫人而然。至于一三五七句用仄字,上去入三声少陵必隔别用之,莫有叠出者。予尚未深信,退与李武曾诵少陵七律,中惟八首与天生所言不符:其一《郑驸马宅宴洞中》诗叠用三入声,其一《江村》诗叠用二入声,其一《秋兴》诗第七首叠用二入声,其一《江上值水》诗叠用三去声,其一《题郑县亭子》诗叠用三去声,其一《至日遣兴》诗叠用二去声,其一《卜居》诗叠用三去声,其一《秋尽》诗叠用三入声。观宋、元旧雕本,暨《文苑英华》证之,则'过江麓'作'出江底','江'不当言'麓',作'底'良是;'多病'句作'但有故人分禄米','夜月'作'月夜','漫兴'作'漫与','大路'作'大道','语笑'作'笑语','上下'作'下上','西日落'作'西日下'。合之天生所云,无一犯者。"(刘浚《杜诗集评》卷十一)类似的说法又见于朱彝尊《曝书亭集》卷三十三《与查德尹编修书》中,而内容更详尽,所举各诗都引了原文,所涉及到的具体诗句是:《郑驸马宅宴洞中》"春酒杯浓琥珀薄""误疑茅堂过江麓""自是秦楼压郑谷",叠用三入声字;《江村》

---

① 吴怀清著,陈俊民点校:《关中三李年谱》附录康乃心《康孟谋手录汉诗评序》,第477页。

"老妻画纸为棋局""多病所须惟药物",叠用二入声字;《秋兴》诗第七首"织女机丝虚夜月""波漂菰米沉云黑",叠用二入声字;《江上值水》"为人性僻耽佳句""老去诗篇浑漫兴""新添水槛供垂钓",叠用三去声字;《题郑县亭子》"云断岳莲临大路""巢边野雀群欺燕",叠用二去声字(李评作三去声误);《至日遣兴》"欲知趋走伤心地""无路从容陪语笑",叠用二去声字;《卜居》"已知出郭少尘事""无数蜻蜓齐上下""东行万里堪乘兴",叠用三去声字;《秋尽》"篱边老却陶潜菊""雪岭独看西日落""不辞万里长为客",叠用三入声字。由是推之,李因笃提出一个校勘杜诗的原则:"'七月六日苦炎热',下文第三句不应用'蝎'字,作'苦炎蒸'者是也。'谢安不倦登临赏',下文第七句不应用'府'字,作'登临费'者是也。循此说以勘五言,虽长律百韵,诸本字义之异,可审择而正之。"朱彝尊此札开篇即言"比得书,知校勘《全唐诗》业已开局",此文应作于康熙四十四年(1705)曹寅在扬州馆编《全唐诗》时。《杜诗集评》所载朱彝尊评语不知是否由此札辑出,不管怎么说,这一创见颇为学者所重视,康熙中期即已流行于世。康熙三十二年(1693)成书的仇兆鳌《杜诗详注》卷一《郑驸马宅宴洞中》也曾引述,文字略有异同:

> 李天生曰:少陵七律百六十首,惟四首叠用仄字。如《江村》诗连用局、物二字,考他本"多病所须惟药物"作"幸有故人分禄米",于局字不叠矣;《江上值水》诗连用"兴""钓"二字,考黄鹤本,"老去诗篇浑漫兴"作"老去诗篇浑漫与",于钓字不叠矣;《秋兴》诗连用"月""黑"字,考黄鹤本,"织女机丝虚夜月"作"织女机丝虚月夜",于黑字不叠矣。可见"晚节渐于诗律细"。凡上尾,仄声原不相犯。

仇兆鳌举出具体版本覆验了李因笃的结论,虽所举篇目较朱彝尊为少,但讨论更扎实。这番验证和讨论不仅证实李因笃之说确实精密考究,更反映了当时诗学研究中实证精神的兴起。李因笃上述主张的提出及由此引起的讨论,可以视为清初诗学得风气之先的一个学术个案。当然,据简明勇统计,杜甫一百五十一首七律中,上去入三声递用的例子只有五十六首,占总数的三分之一,并不完全吻合。

第六章 李因笃的诗文创作

李因笃的文学创作主要是诗歌和散文。他自入清后放弃科举，踏上了诗文创作的道路。顺治十五年（1658），十七岁的他凭借《秋兴八首》成名关中。康熙六年（1667），获得其时京师文坛盟主龚鼎孳的题赠"西京文章领袖"，在清初文坛崭露头角。至康熙十七年（1678）应召京师参加博学鸿儒科试之时，他已经成为海内著名的诗人，与顾炎武、朱彝尊、王士禛、屈大均等诸多文坛名家交游甚密，声名相当。此后由于辞职归乡僻居陕西，他渐渐远离文坛中心，生前编订的《受祺堂诗集》《受祺堂文集》直至去世多年后才由家乡学人筹资刊刻。李因笃现存的诗文作品数量称不上宏富，但就内容而言，题材丰富，真实反映了他的人生轨迹和心路历程，蕴含着丰富的经史知识和思想见解，折射出明清之际的社会变迁。就艺术特点而言，诗文作品各有千秋，总体上具有雄浑质朴的汉唐气象、才学渊博的学者本色，以及经世致用的价值倾向等共同特征。

第一节 诗歌：意气苍莽，才学富赡

李因笃著有《受祺堂诗集》三十五卷，去世前一年康熙三十年（1691）他亲自删定诗稿，至康熙三十八年（1699）方才刊刻，其中卷四未出。民国年间富平学者张鹏一发现八首李因笃未刊诗歌，于1927年印行《受祺堂诗集卷四补遗》。此外，吴怀清《关中三李年谱》附录中收有李因笃的三首佚诗，沈岱瞻《同志赠言》中存有一首《咏怀奉亭林先生五百字》，《槜李诗系》中收有一首《送陈平湖之官永和》，康乃心《莘野诗集》中收录有《寄题司马子长墓》一首，沈德潜《清诗别裁集》收录有《边上》一首，现存诗总计两千六百五十多首。需要注明的是，由于李因笃在代州时曾经焚烧了早年诗作，现存诗歌几乎全是顺治十六年（1659）后的作品，因此，他一生所作的诗歌实际数量应该远过于此。

一、思想内容

李因笃的诗歌题材非常广泛,结合作品的思想内容,主要分为八种类型:咏怀述志、忧国忧民、故国之思、咏史怀古、友朋赠答、歌咏亲情、山水田园、歌颂盛世,从遗民情怀到盛世之音,折射出李因笃一生曲折多变的心理历程。

(一)咏怀述志

李因笃性格热情直爽,或是触景生情托物言志,或是与友相谈倾诉怀抱,常常作诗观照自我,感慨人生,抒发理想追求和人生感受。

一是抒发经国济世的壮志。李因笃身负继承父亲遗志、振兴家族的重任,素怀经国济世的抱负和才略,曾在《咏怀五百字奉亭林先生》中倾吐了他早年渴望出入朝堂、拯救明朝危亡的政治理想,堪称咏怀诗的代表作。入清后,他坚守民族气节不愿入仕,昔日理想被迫搁置,但是积极进取的用世精神不曾更改。因此,每与友人敞怀叙旧之时,经常会情不自禁地慨叹命运,吐露久郁胸中的雄心壮志。他在诗中大量运用"男儿""丈夫"等豪情十足的词语,如《宿白云山寺》:"男儿寄人间,富贵应早取。那堪壮齿失,老与樵歌伍"①"男儿当封侯,百里苦不畅"②"男儿不勒万年鼎,齷齪空悲三寸觚"③"丈夫要使勒金石,雕虫小技何足谋"④等。这些诗句既直接反映出他对建功立业的强烈向往,也抒发了壮志难酬的悲慨愤懑。

此外,他还时常自比为屈原、贾谊、阮籍、杜甫等命运多舛的英杰才俊,如"屈原老至空拭袂,阮籍途穷未回车"⑤"汉帝不收痛哭书"⑥"蹉跎幕中惭杜甫"⑦表明他对诸位前贤的敬慕和对自身的期许,以此寄寓怀才不遇的心理共鸣。

令人敬佩的是,作为一名博学多才、襟怀豁达的学者,李因笃并未怨天尤

---

① 李因笃:《宿白云山寺》,《受祺堂诗集》卷三,第482页。
② 李因笃:《寄答赵三季襄时有黔中之行》,《受祺堂诗集》卷六,第505页。
③ 李因笃:《太原晤米侍御谪藩幕闻有里门之役述旧一章》,《受祺堂诗集》卷八,第533页。
④ 李因笃:《醉时歌寄郭九芝明府》,《受祺堂诗集》卷十三,第582页。
⑤ 李因笃:《醉时歌寄郭九芝明府》,《受祺堂诗集》卷十三,第582页。
⑥ 李因笃:《太原晤米侍御谪藩幕闻有里门之役述旧一章》,《受祺堂诗集》卷八,第533页。
⑦ 李因笃:《赵骠骑报最》,《受祺堂诗集》卷九,第534页。

人,对于济世的途径自有独到见解。他认为,"忧国何必尽肉食"①"济世自难分内外"②"已许逢年皆知勇,谁云济世必公侯"③,自言做官封侯并非唯一的经国济世途径,从而跳出了官本位的思维定势,确立了知识分子也能经世致用、有为于社会的观念。就他本人而言,他致力于学术研究,尤其注重研究关乎国计民生等现实问题,其学术思想具有鲜明的实学特色。因此,著书立说正是他经世致用、实现志向的方式。

二是感叹生活贫困、精神苦闷。守节不仕是遗民志士的一种崇高的道德追求,可是因此没有可观的经济收入,生活不免坠入困窘。李因笃为了养家,长期过着游食乞援、寄人篱下的生活,有时还得接受官员朋友的馈赠,对于素有豪杰美名的李因笃而言,屈辱之感在所难免,故在诗中多有宣泄。如《十六夜会饮臬署西台即席赠潘公瞻》:"丈夫具木性,安得久王侯。栖栖面颜觍,弄此词翰柔。……男儿有去就,大义浮乾坤。焉能弃所好,浪迹如穷猿。况我白发母,倚闾朝复昏。数缗不救饿,衔恤鞠诸孙。"④表达了他在精神和物质上的双重痛苦,真实反映了遗民们的生活境遇。

三是表现达观从容、安贫乐道的人生态度。李因笃壮志难酬,生活贫苦,但其人生态度始终积极昂扬。时至晚年,李因笃渐渐平息了往日万丈豪情,甘心栖身于平淡质朴的乡野生活中享受含饴弄孙、安贫乐道的生活乐趣。如《生日》:"懒性浑宜静,幽栖久耐贫。晓沿松径立,秋对竹风新。岁月怜初度,儿孙慰我辰。惟应安固隐,永附葛天民。"⑤又如《补裘》:"敢慕齐晏子,狐裘三十年。褰新频易布,忍薄更装棉。俭对栖游惬,贫增老骨坚。抚尘念族党,怀古兴悠然。"⑥一件穿了三十年的旧裘袍还要继续缝补,贫困和衰老反而让其风骨更为坚劲,兴致悠然,体现了晚年李因笃坚毅乐观,随缘自适的心灵境界。

(二)忧国忧民

李因笃作为关学大儒,继承了关学注重实践事功的精神。他身怀济世之

---

① 李因笃:《寄怀宁人先生》,《受祺堂诗集》卷六,第511页。
② 李因笃:《送曹秋岳先生斋表之长安》,《受祺堂诗集》卷六,第510页。
③ 李因笃:《送王瑶客》二首,《受祺堂诗集》卷十一,第555页。
④ 李因笃:《受祺堂诗集》卷十五,第602页。
⑤ 李因笃:《受祺堂诗集》卷三十三,第786页。
⑥ 李因笃:《受祺堂诗集》卷三十三,第789页。

志,兼备治世之才,一方面坚守民族大义拒仕新朝,甘居草野;另一方面则以布衣学者之身心怀天下积极入世,诗中贯注着强烈的忧患意识和社会责任意识。

一是谈论国事时局。他在诗歌中经常谈论时事形势,抒发忧虑,提出建议。如《未得》:"未得归朝信,南征事若何。普天兼水旱,终日只兵戈。吏术转相饰,皇猷空自多。安能复清静,击壤再闻歌。"①该诗作于康熙二年(1663),他在山西代州,却对远在南方的战事忧心忡忡,念及水旱灾情、官员层层瞒报等社会问题难以释怀,祈望天下复归太平、百姓能够安居乐业。又《近说》:"近说湖南北,纷然大帅齐。不闻皆遇巷,何路忽成蹊。系脱星群走,笼宽鸟乱啼。朝恩兼用过,紫诰费新泥。"②该诗遥想清军和大顺农民军残部在湖南、湖北一带激烈战斗的情景,慨叹清军的恩抚策略屡屡失效,枉费了不少封泥,体现了他对国家安危的关注。最能见证其英雄襟怀的诗作是《长至前二日同右吉、翁山陪曹秋岳先生宿雁门关即事四十韵拈'玉露凋伤枫树林'之句分'调'字》一诗。该诗作于康熙五年(1666),中有一段叙述了他和曹溶、屈大均等人煮酒雁门、纵论天下的情景。诗曰:

……惜别寒温略,哀时比兴饶。安危宁异想,驾驭不同条。圣眷乘西顾,民生脱大僚(自注:时新推秦晋总制非人)。翻疑开府节,只数侍中貂。甸国奚芳霭,江云竟寂寥(自注:先移浙督,后改)。抡才喧此地,授钺忆先朝。水旱纷犹昨,兵戈郁未销。庙瘼多惨淡,公等尚风飚。事岂和衷得,恩将使过要。舆情违坦坦,物论付嚣嚣。半壁功谁就,诸羌釁自挑。祁连犹举火,瀚海未通潮。洽化同缘木,乘除比梦蕉。薄言秦铁驷,遗恨汉骠姚。(自注:时西塞有疆事)……③

他们认为新任命的山陕总督不够称职,之后述及水旱灾害频仍,战争未停,各地舆论众说纷纭,西北民族地区又有战事爆发,最后指出原因在于国家的统治策略失当,如同缘木求鱼。全诗内容紧扣国家要务的最新变动,说明他对当时的国家宏观形势非常熟悉,绝非书生意气泛泛而谈。

二是反映民生疾苦。每逢乱世,创痛最深的终究是最广大的下层民众。

---

① ② 李因笃:《受祺堂诗集》卷五,第493页。
③ 李因笃:《受祺堂诗集》卷十,第553页。

李因笃不仅关心高层的时事动态,对于基层百姓的生活同样深切关怀,作有不少反映民生疾苦的诗歌作品。这类诗歌多数作于康熙初年,主要反映了山西、河北一带百姓饥寒交迫,民不聊生的生存状况,形成原因既有严重的自然灾害,也有官府横征暴敛、管理不善等社会弊端。如反映洪灾和繁重赋税的有《田家洼》:"雨后秋山涨,西风野店秋。村泥深没屋,陌柳倒垂沟。报赛龙祠减,饥寒驿路稠。老翁频叹息,无计应公求。"①又《二月望连日大雪深数尺四首》:"内郡租庸紧,严边羽檄遥。牛衣吾忍泣,触目虑渔樵。……困农兼两穑,无遗失春耕。"②表达了大雪纷飞之际他对百姓衣食温饱和来年生产前景的忧虑。

殊为可贵的是,面对民生艰难,李因笃并未仅仅倾洒几行同情的滚滚热泪,聊抒一番悲天悯人的仁者情怀。他的诗歌特点在于同情之外,敢于直刺时弊,进而提出有效的应对策略。最具代表性的当属康熙四年(1665)他在随陈上年入京朝觐途中所写的《发代州书触目七十六韵》《宿敷廉坊》《繁峙县》等一系列作品,反映了晋冀北部旱涝继发导致流民塞途、饿殍满野的严重灾情。其中,长篇叙事诗《发代州书触目七十六韵》叙述翔实,情景生动,思想深刻,堪称此类题材的经典之作。该诗的前半篇重在叙事,先是交代了造成饿殍满野、饥民遍地的根源,之后展开笔墨细细描绘"十庐九不爨""甚则茹毒蓼,捐生引白练"等令人怵目惊心的灾情,本是匆匆过客的李因笃见之心恸,驻足与众饥民相与交谈,泪湿前襟,引得同人笑他多情似杞人忧天。诗的后半篇转入理性思考,针对灾情进行了深度分析。他先提出治理方略:"世治庇其根,世衰庇其蔓。世治睹其微,世衰睹其粲。世治制其聚,世衰制其涣"。继而追索出灾难根由,由天道而人事,并重在人事,认为"窃疑天道远,人事可近按",批评官员们唯上是从、管理乏术、故步自封、不思创新。他提出的应对策略是先移民三辅,日后再重新召回,认为单凭微薄的赋税蠲免难以解决根本问题。篇末,诗人高瞻远瞩,发出"夏秋将无霖"的警示,提醒当局注意西北边境上蠢蠢欲动的外族入侵者。全诗前后照应,有事实、有感受、有观点、有分析,纵横捭阖、层层推进,其忧国爱民之赤诚、运筹帷幄之缜密一一彰显,读来既令人长久感动,又使人肃然崇敬。

---

① 李因笃:《受祺堂诗集》卷九,第539页。
② 李因笃:《受祺堂诗集》卷六,第510页。

除反映灾情赋税问题外,李因笃还对清初的圈地政策做了多次抨击。清军入关后,为解决八旗官兵生计,下圈地之令对京畿附近的汉人土地进行疯狂掠夺,致使大批百姓流离失所,饥寒交迫,激起了尖锐的民族矛盾和阶级矛盾,成为清初一大弊政。李因笃先后作有三首揭露圈地弊政的诗歌。康熙二年(1663)他作《雁门秋日三首》,其三曰:"逋民下令治穷边,一代三章此最先。露处已深间左日,涂吟何似董逃篇。滹沱野水吞沟浍,楚蜀军储压岁年。君慎勿言近王路,幸非王路少王田。"①该诗大意为清廷驱使民众到贫瘠的边塞垦荒,百姓们怨声载道,适逢滹沱河洪水泛滥,军用物资输送繁忙,尾联则在提醒人们,切莫称赞这里靠近皇家大路,唯其不近王路,土地才不会被王公大臣们多圈占,以反语形式表达了他对圈地政策的不满。诗中提及的"董逃篇"是指东汉末年的乐府民歌相和歌辞中的《董逃行》,抒发了百姓对军阀董卓残暴行为的愤怒。此外,卷七《良乡》和卷九《东城下见新麦作二首》分别揭露了河北良乡和保定两地的圈地问题。

(三)故国之思

通常而言,遗民是指易代之际不仕新朝的士民。张兵《遗民与遗民诗之流变》一文对遗民作了如下界定:"首先,作为遗民,必须是生活于新旧王朝交替之际,身历两朝乃至两朝以上的士人,不论他们在故国出仕与否、是否有功名,但在新朝必不应科举,更不能出仕;其中如宋遗民入元后曾出任学官、明遗民入清后曾入幕者当不予计较。其次,作为遗民,其内心深处必须怀有较强烈的遗民意识"。② 李因笃入清后长期布衣,因应征博学鸿儒被迫担任过翰林院检讨月余时间,有失气节,所以,无论是卓尔堪的《遗民录》,还是钱仲联的《清诗纪事》,谢正光的《明遗民索引》,皆将他排除在遗民之外,曾对关中遗民诗群做过研究的张兵也以此为据,未对李因笃的诗歌加以探讨。事实上,李因笃前期诗歌最鲜明的主题就是抒发遗民的爱国情怀,钱仲联曾有言:"李因笃、朱竹垞亦表现了爱国主义。"③

一是描写乱离景象、抒发家国之痛。代表作是《秋兴八首》组诗,作于顺治五年(1648),沈德潜《清诗别裁》题作《秋兴客长安作》,《皇朝诗选》题作《长安秋兴》,《国朝诗的》题作《西京秋意》等。这是李因笃的成名作。他亲

---

① 李因笃:《受祺堂诗集》卷五,第495页。
② 张兵:《遗民与遗民诗之流变》,《西北师大学报》,1998年第4期,第25页。
③ 魏中林:《钱仲联论清诗》,苏州:苏州大学出版社,2004年版,第24页。

历江山易代,应和大多数清初诗人一样作有许多反映社会动荡的诗歌,只因李因笃自焚早期诗稿,入清之初近十六年的诗歌几乎全部灰飞烟灭,唯独留下这一经典组诗见证了他的家国之痛。诗云:

一

长安四代提封地,指顾中原居上游,乱水遥纷飞雪幕,清歌旧识采莲舟。

园陵翠柏填薪市,帝子朱门起战楼,转饷江天频告瘁,南方征调几时休。

二

芙蓉苑北驻新军,羯鼓悲声剧夜分。邸道遗坊浅下马,王家故老夙能文。

重闱寂寞千门月,绝戍纵横万磊云。碧竹香兰消歇甚,昔游无路结同群。

三

三川北拱帝城开,古殿阴移万树哀。地老黄蒿通作柱,霜侵白骨半生苔。

临城猎骑櫜弓入,带郭渔舟击櫂回。近说西羌诸部劲,秋深牧马过边来。

四

终南太华古林垌,更使长河绕户庭。落日夕熏三辅紫,多时秋色五陵青。

门空光禄(自注:文少卿太青)群游榻,院冷尚书(自注:冯宗伯少墟)旧讲经。何处笛翻杨柳夜,故园风雨忆飘零。

五

西来宛马络青丝,万炬围城罴猎时。黍逼故宫秋自满,鸿号中泽暮何之。

浮云迥首悲关塞,返照经心望崦嵫。一滞双洲情不惬,兼葭摇落好谁思。

六

咸阳佳气郁难消,渭水时通汉苑潮。皎月犹悬京兆驿,黄沙已合灞陵桥。

寒催霜露鸣砧急,使出昆仑荷节遥。戍楚窥潜多不返,游魂旅旌日相招。

七

曲江池水已成墟,江岸篱花傍客车。采地纵观周兆邑,沧波高枕汉唐渠。

村春寥落斜阳里,野哭分明旧创余。咫尺杜陵连郑谷,抚时怀古一踌躇。

八

荒台出日未央东,浩劫曾扳宿雾丛。羁客草虫迷画阙,健儿哀角和秋风。

金门想象长杨下,粉堞凄凉暮雨中。汉世人才循吏苦,麒麟不独纪边功。①

该诗师法杜甫《秋兴八首》,以大型组诗的形式,立足特定地域视角,巧借周秦汉唐这一特有的历史文化背景,逐一描摹长安、咸阳、芙蓉苑、京兆驿等故都名胜的残败景象,犹如一幅全景画图,记录了明清之际的西安历史印象,通过今昔盛衰的鲜明对比,寄寓了深沉的亡国之痛。例如第一首,先写长安地处战略要枢,昔日曾经清歌飘扬,莲舟飞动,如今却是乱水飞雪,残败不堪,青翠的松柏成了街市上的柴薪,昔日的朱门大院变成军事重地,最后感叹南方的战争不知何时方能结束,繁重的军饷频频告急,百姓已经无法承受。其他七首,具体场景有所移换,但其主线仍在描写乱离情状,如"芙蓉苑北驻新军,羯鼓悲声剧夜分""近说西羌诸部劲,秋深牧马过边来""西来宛马络青丝,万炬围城罢猎时",描写清军驻扎城中,西北边疆又有少数民族入侵,曾有千军万马包围古城的险情。"地老黄蒿通作柱,霜侵白骨半生苔""曲江池水已成墟"等句描写满目疮痍的凄惨景象。"邸道遗坊浅下马,王家故老凤能文""碧竹香兰消歇甚,昔游无路结同群""门空光禄群游榻,院冷尚书旧讲经"等句则是反映人事的变迁与凋零,其中"王家故老"系指明宗室子弟"青门七子",他们是明清之际关中最著名的文学群体,乱后大多辞世,"昔游无路"一联则是指过去成群交游的文人学士再也无法聚会,"门空光禄"一联则是指明末主持关中文坛的光禄大夫文翔凤也已谢世,门前再无群集盛况,原明监察

---

① 李因笃:《受祺堂诗集》卷一,第470页。

御史、关学大儒冯从吾讲学的关中书院也是一片冷寂。"黍逼故宫秋正满"、"采地纵观周兆邑,沧波高枕汉唐渠"诸句画龙点睛,直接抒发黍离之悲、亡国之痛。全诗情感深挚低回,意境沉郁凄美,古今相照,令人感慨万千,涕泪长流,与杜甫原作互相辉映,颇有异曲同工之妙,故而广为流传。曾入选过《国朝诗的》《感旧集》《清诗别裁》等多种清诗选集。无独有偶,明清之际诗坛巨擘钱谦益,同样也作过《秋兴八首》,抒发故国之思,赢得诗坛广泛赞誉。相比之下,李因笃身在长安而写长安,与杜甫原作更为契合,同样,异族入主使得辉煌的汉唐两朝成为汉族士人共有的故国代称,因此,李因笃的《秋兴八首》真情实感,别具深厚的历史意味,应是清初遗民诗中不可多得的名篇佳作。

二是抒发故国之思。入清之后,拜祭明朝皇帝陵寝成为遗民们表达忠诚、寄托思念的一种特有方式。南京钟山的孝陵、北京西郊昌平的十三位皇帝陵寝,特别是明朝最后一位皇帝崇祯朱由检在昌平天寿山下的思陵,成了众多遗民拜祭的对象。李因笃曾经两次拜祭思陵,先后作有与谒陵相关的诗歌共计有十首。除《奉答约生闻余过军都二首》《昌平忆守陵侍郎朱公》《清明》外,最主要的是康熙七年(1668)所作的八首谒陵诗。《受祺堂诗集》刊行时未见有卷四,也未见刊录有这组诗歌。民国年间富平学者张鹏一发现有人收藏一绫帕,上写诗歌。经张鹏一考证,确定为康熙七年(1668)李因笃拜谒明思陵所作的诗歌,共八首,推测此即当年诗集第四卷的内容,故而编为《受祺堂诗集卷四补遗》出版刊行。这八首诗歌包括《天高五音》五律五首和《清明寓昌平》五律一首、《昌平州过前督司马朱公西翁表祖遗署有感兼怀太史山辉先生》五律一首(《受祺堂诗集》卷十二已经收录,字句略有改动),以及五古长诗《同顾征士恭谒天寿山十三陵》。在这八首诗后,李因笃作有一跋曰:"陵诗绝不示人,归里,惟就正于太史朱姑夫山辉先生,以先公司马崇祯十五年移镇昌平,力疾视事,三阅月,竟至不起,铨臣题恤疏辞称为鞠躬尽瘁,死而后已,方诸诸葛忠武,然则园陵之痛,先生并深,非徒以葭莩有托声气相怜焉。先生更何以教之。同学表甥李因笃盥手敬书"。① 据此可知,这些诗歌系李因笃的祭陵诗,从不外示人,此次抄诗交由朱廷璟校正,原因是朱的父亲曾经镇守过昌平达三月之久。这八首诗传世不广,知者甚少,意义却非同寻常,故

---

① 李因笃著,张鹏一校:《受祺堂诗集卷四补遗》,民国二十年(1931)鸳鸯七志斋刊刻。

将其中的《天高五音》抄录如下。

一

鹤表弓谁逮,龙湖鼎欲沦。天高亏一日,地阔阻千春。
紫幄清宵闷,丹枫翠露心。当年恭俭德,圣虑结斯民。

二

汉阙封双华,湘祠配九嶷。漢南云去久,河朔雁归迟。
海岳留衰诏,风雷拥泪碑。更怜娥女行,偏傍寝园帷。

三

渴葬犹如昨,齐居忽至今。霜雪煤岭气,松柏孝陵心。
北斗迎仟极,西山护羽林。考宫终有待,清庙识遗音。

四

玉殿秋风里,金茎夕照间。黄花迷远戍,白日冷雄关。
尚食乾坤力,多惭父老颜。汝曹斩蓬藋,亲奉梓宫还。

五

抱器知何适,攀髯自昔遥。涠湖春积水,颠木暖生条。
宿鹭依灵栋,潜虬保御桥。偷存衰朽质,忍负圣明朝。

这一组诗主要描写明思陵的风貌及其祭陵时的心情感受。其中第一首意在伤悼崇祯帝励精图治、俭德爱民,最后却殉国而去。第二首凭吊陪葬在思陵两侧的崇祯帝两位皇妃。第三首概述思陵建设护卫始末。第四首叙述百姓自发保护先皇遗梓的感人事迹。第五首则写自己忍辱偷生、辜负圣朝的愧疚之心。另有长诗《同顾征士恭谒天寿山十三陵》以近五百字的篇幅,按照祭奠的行踪,逐一描述了明朝十三个帝王陵墓的历史地理风貌以及因战乱受损的情况,最后追述崇祯皇帝励精图治以身殉国的故国往事,表达亡国之痛和耿耿忠心。

除祭陵诗外,李因笃还作有十首以清明为题的诗歌。清明节是凭吊先人、踏青扫墓的节日,也是清初遗民们倍加追思故国的伤心时节。这十首诗正是以缅怀故明、寄托哀思为主题。如卷十三《清明》:"久客添愁绪,清明倍怅然。逡巡辞蓟阙,忽复觏江天。万树啼莺里。千航乳燕边。蒋山风雨夕,谁扫孝陵田。"[①]该诗作于康熙九年(1670)南下扬州途中,前面抒写旅途愁

---

① 李因笃:《受祺堂诗集》卷十三,第580页。

闷,后二句则在遥祭南京的明孝陵,抒发他对远逝故国的无限感伤。

囿于诗稿遭焚,李因笃未能留下更多反映国家破亡、战争动乱、百姓遭难的诗篇,也没有反映农民军活动、抗清斗争的作品,所幸留下若干悼赞明朝忠烈之士的作品。如《追问诸将五首》①一诗逐一回顾了甲申年间的居庸关、潼关等一系列重大战事,一面以"中夜銮舆幸左掖,累朝宗器饯前门"写崇祯帝对将官的器重,另一面以"释甲不须烦击矢,战场无处赋招魂"等语谴责个别将官不战而降的行径。作为明朝子民,他对抵抗农民军的明朝官员大力歌颂。如在《题世胄都指挥使崔公汝明像》一诗中,借题诗遗像表彰明朝西安卫指挥崔尔达的忠烈事迹。诗曰:

> 高皇养士三百秋,卫帅食恩等通侯。鸣钟书帛列上第,玉案金樽罗群羞。一朝河上度橇氛,虎啸崤函不可闻。赤帜无色声鼓死,婴城惟有崔将军。将军开国世家子,轻裘缓带谈经史。吹竹时过大司农,北斗西豪俱在此。昭阳之冬月无阳,野斗豺虎色玄黄。绝眦不知有锋刃,疾呼白日生冰霜。臣矢已穷力战久,侧身誓天不相负。已拼先荐侍中血,宁料如生元帅首。纷纷侍卫尽同朝,今何葳蕤昔何骄。朝行出攻暮不返,岁寒松柏乃后凋。后来传疑未传信,壸祠蜀墓无人问。长留遗像天地间,勇者成仁懦者奋。②

该诗痛斥那些平日享受国家优厚待遇的明朝将士,临战之际却辜负皇恩、贪生怕死,赞誉崔尔达一人拒城御敌舍身报国。沈德潜评曰:"崔系婴城战死者,后无人表白,故于遗像中表之,此等诗有大关系"。③

另有数首悼念抗清志士的作品。如卷一《闻刘阁学客生定逝并难兄远生司马亦亡》:

> 出境抛儒服,投荒跨战鞍。贾生长召对,匡鼎竞休官。瘴海游魂渺,江湖反榇难。贤兄会并出,絮酒亦同坛。④

该诗悼念的是陕西宜川刘远生、刘客生兄弟,他们曾经担任南明永历政权的高级官员,其中刘远生任兵部尚书,刘客生任詹事兼副都御史,刘客生与金

---

① 李因笃:《受祺堂诗集》卷二,第471页。
② 李因笃:《受祺堂诗集》卷一,第468页。
③ 沈德潜:《清诗别裁集》卷十一,长沙:岳麓书社,1998年版,第322页。
④ 李因笃:《受祺堂诗集》卷一,第467页。

堡、袁彭年等五位官员势力显赫,被敌党目为"五虎",①一直在赣南、桂林一带从事抗清斗争。诗中赞誉兄弟两人弃文从戎,像贾谊、匡衡一样忠心为南明复国抗清事业而努力,最后客死他乡,棺椁难以归葬家乡,篇末深表敬意和哀悼。另有两首与抗清志士刘六茹相关。第一首《二刘二绝句》其二有句曰:"居关本作逃秦计,去鲁翻从蹈海来。"②其中"逃秦""蹈海",即将刘六茹比作战国时期抗秦豪杰鲁仲连,暗指其抗清。另一首是《赠刘大六茹》:"髯客担簦至,酒酣拔吴钩。绨衣走大雪,掉臂凌王侯。避人启竹策,蝌蚪文相樛。自云兖州籍(自注:刘有诗,再三问姓名,但道籍兖州),无乃沧海流。世乏虎啸者,吁嗟将何求。群狙盈前路,劝客且复休。夷渊称至德,陋巷饿岩幽。养晦道所责,期君追前修。"③据诗意,刘六茹是来自山东兖州的遗民志士,诗的前半篇描写了刘六茹长髯在胸、饮酒抱剑,为了抗清而行走江湖的豪杰形象,后半篇劝诫刘六茹认清形势,隐居陋巷,全诗虽无血雨腥风刀光剑影,也能感受到他对抗清志士的赞颂之情。

表达坚贞守节的志向。复国无望之际,也是考验民族气节之时。顺治十六年(1659),李因笃在数首赠答朋友的诗歌中表明了他的原则。如《答孙隐君》:"尊时在明哲,抱道唯守嘿。芝草歌汉恩。蕨薇荷周德。赠子惟此语,三叹奉嘉则。"④《洁之伯贞来兴善寺》:"丈夫意气深,图大遑矜细。安能舍生平,苟免世俗议。君看五柳公,自寓桃源记,幸托素心侣,何辞终夕醉。"⑤说明他将遵照儒家"无道则隐"的准则,归隐林泉。此后,隐逸守节就成为他反复吟咏的基调。康熙五年(1666)作《元日试笔》:"忧时书出塞,在野托编年,懒上河东策,长耕谷口田"⑥,表明他愿终身致力于学术研究,旨在传承故国文化。对于地方官员的征召,他总是婉言谢绝:"亦知奋清时,功祚皆可取。放歌在柴门,微尚终自守"⑦"采薇宗国风犹在,终许躬耕谷口田"⑧"徐庶本无

---

① 参见谢国桢:《明清之际党社运动考》五《南明三朝之党争》,上海:上海书店出版社,2004年版,第75—77页。
②③④ 李因笃:《受祺堂诗集》卷二,第472页。
⑤ 李因笃:《受祺堂诗集》卷二,第471页。
⑥ 李因笃:《受祺堂诗集》卷九,第542页。
⑦ 李因笃:《答罗南留别屏诗仍用之韵》,《受祺堂诗集》卷九,第535页。
⑧ 李因笃:《寄张鹿州都使》,《受祺堂诗集》卷九,第542页。

轩冕计,鲁连终表布衣心"。① 康熙十八年(1679),他因应试博学鸿儒而遭受舆论非议,特向老友王弘撰赠诗明志曰:"客梦生关辅,乡愁逼岁时。暗存乔岳泪,犹把汉臣诗。柳自青阳色,松余白雪姿。冥鸿随所往,不图上林枝。"② 数月后,他即辞职终养践行了这一誓言。

(四)咏史怀古

李因笃精熟历史,一生南北行游,经常登临古迹名胜,抚今怀古,吟咏成诗,计有作品四十多篇,内容以歌咏古圣前贤、品评历史事件为主。依据人物身份,可将所咏人物分为三种类别。

一类是英雄豪杰,代表人物是战国时期的荆轲、鲁仲连。二人皆以反抗强秦而著称。清政权以武力入侵中原,被广大汉族士人视为暴秦,于是,荆轲、鲁仲连遂被当作节烈志士的榜样成为众多文人歌咏的对象。李因笃作诗赞颂荆、鲁二人的英雄气概,亦在寄托他的抗清之志。康熙四年(1665),他随陈上年进京,路经易水河畔,瞻拜荆轲山、荆轲祠,作诗两首。第一首《渡易水》曰:

> 庆卿将西去,高唱易水滨。渐离击筑和,商羽含苦辛。长虹缭白日,所偶终不待。含笑叱祖龙,此声愈千载。客尝避嫚秦,遗世悲无聊。欲渡泪沾袂,斯人胡可要。白瑜随意发,黄鸟鸣其曹。中流生慷慨,两岸风萧萧。③

该诗遥想千年之上荆轲高歌"风萧萧兮易水寒,壮士一去兮不复返"的悲壮场面,描摹荆轲含笑痛叱秦始皇最后慷慨就义的英雄形象,感慨自己远离秦地遗世漂泊,置身易水河畔北风萧萧,不禁悲情奔涌。诗中表现了他对荆轲的景仰以及郁郁漂泊的无奈,暗含着他对清统治者的愤懑。康熙九年(1670),李因笃南游途中观览了传说为鲁仲连当年练剑的石头——试剑石,作《试剑石》曰:"鲁公初按剑,临石碎狂秦。雨后来啼鹃,寒生碧草中。"④该诗短小精悍,波澜跌宕,起句只说按剑,如武士悄然出场,陡现"临石碎狂秦"五字,犹如大侠出招顷刻亮剑,狂妄的秦国似被粉碎殆尽,凸现了鲁仲连的威猛气概。

---

① 李因笃:《赠马旭东固原人予旧从陈使君客此述往有怀亡友张罗南先生》,《受祺堂诗集》卷十七,第624页。
② 李因笃:《答无异先生》,《受祺堂诗集》卷二十,第652页。
③ 李因笃:《受祺堂诗集》卷八,第526页。
④ 李因笃:《试剑石》,《受祺堂诗集》卷十三,第580页。

第二类人物是帝王将相,人物有尧、舜、禹、周公旦、赵武灵王、廉颇、萧何、韩信、贾谊、周勃、卫青、刘备、诸葛亮、张飞、郭子仪等,诗的主要内容在于赞誉功德、感慨命运等。如《韩侯岭》曰:

> 傍驿摩霄岭树深,韩侯祠墓此登临。介山东望悲风合,汾水南流皎日阴。路入赵燕开赤帜,时当秦楚溯丹心。犹思猛士劳雄主,野阔云飞何处寻。
>
> 古屋荒林落照催,高歌酹酒独徘徊。苔尝印虎秋还肃。柳只啼鸦晚更哀。敢谓萧曹皆有命,愁同召吕一论才(自注:太史公云假令学道谦让,于汉家勋可方周召太公之徒,后世血食矣)。翻留血食村舍翁,不爽明烟过客杯。①

该诗凭吊的人物是汉朝开国元勋、一代名帅韩信,他军功赫赫,却因功高震主,竟以谋反罪名被赐死。诗中抒写韩信拜帅征战的英雄业绩,赞誉其忠心耿耿,悲慨其不幸结局,援引司马迁的评论,认为韩信当年若能遵循道家的淡泊谦让原则去立身处事,就能像周朝的召公一样,不仅自身勋爵可保,也能荫及后世子孙。表达了他对韩信命运的反思。

第三类是名家大儒。代表人物有司马迁、董仲舒、柳下惠、闵子、苏轼等。代表作是《寄题子长先生墓》:

> 六经删后已森森,几委秦烟不可寻。海岳飘零同绝笔,乾坤一半到斯岑。尚余古柏风霜苦,空对长河日夜深。故国抚尘迟缩酒,天涯回首漫沾襟。②

该诗凭吊的人物是史圣司马迁,司马迁墓位于今韩城市芝川镇东南高岗之上。诗中感慨秦始皇的焚书坑儒致使经典删削文化萧条,赞誉司马迁《史记》横空出世、博闻广识,仿佛荟萃了天地间一半文化精华,功绩堪比孔子编订《春秋》。后四句则在感叹斯人已去,唯有祠前苍松翠柏久经风霜依然挺立,祠下黄河之水日夜奔流,可叹如今故国沦落,纵有好酒也难以下咽,天涯回望不禁热泪长流。全诗赞扬司马迁的文化贡献,含蓄地表达他对清廷大兴文字狱、摧残汉民族文化的不满。

(五)友朋赠答

---

① 李因笃:《韩候岭》,《受祺堂诗集》卷十,第547页。
② 该诗未入诗集,见存于康乃心《莘野遗集·司马迁祠记》,写作年代尚不可考,清刻本。

李因笃为人豪爽热诚,喜好交游,一生走南闯北,朋友几遍天下。赵俪生认为李因笃不仅是学者、诗人,还是"社会大活动家"①。祁恒文认为"李子德善于交际,是个广交朋友的人"。② 诗集中有几近一半作品关乎唱和交游、赠答送别,受其豪爽的性格影响,大多具有激情昂扬、精诚感人的个性特征。

一是直抒胸臆,崇尚深厚友谊。李因笃为人仗义,诗中经常慷慨陈词抒发他对友情的无比珍重。《送约生表兄西归》曰:"男儿会当有知己,骨肉何遽轻一毛。肝胆互披向明月,酒酣浑欲拔佩刀。"③康熙二十年(1681),他寄诗顾炎武《腊抄亭林先生寓曲沃,卧病小愈,走书相闻,即遣使起居奉诗五首》,以"忍使寻盟负断金""古人何可欺毛义,吾道将无愧管宁"等句誓言绝不辜负知己,表现了他对友情的坚贞赤诚。

二是深切表达对友人的思念哀悼。他写给顾炎武的诗歌多达十二题二十九首,中有不少篇幅多达数百字的长诗和组诗。顾炎武去世后,他痛作长诗《哭亭林诗一百韵》以示哀悼。全诗深情缅怀顾炎武的一生经历,追忆往日交谊,从道德气节、才学功业及其家世子弟等多方面综合评述,俨然一篇诗体传记,乃是诸多悼念顾炎武诗歌中最长的一首。他的大型组诗《存殁口号》一百零二首,述及二百零四位友人,是其苦心孤诣日积月累方才完成的一项创作工程,体现出他对友人的思念。

三是热情赞誉友人,为其传神写照。因交游需要,赠答诗中经常出现赞誉友人的内容,李因笃赠答诗的特色在于跳出陈词俗句,准确刻画友人的个性形象。如卷六《寄怀宁人先生》篇首曰:"征君早负济世策,卓荦不羁中庸格。饮酒数升便能醉,狂歌时觉双眼白。自言伊吕未得志,莘野渭滨潜其迹。"首句以"济世"二字提炼出顾炎武"经世致用"的人生信念,次句点出顾炎武卓尔不群的性格,三、四句以豪饮醉酒、白眼狂歌塑造了顾炎武的狂狷名士形象,五、六句以一代良相伊吕比喻顾炎武的大家风范。此外,卷八《席上呈傅征君》、卷十《寄傅大寿毛》等也是此类诗歌中的上乘佳作,为了解他的朋友群体提供了最佳途径。

(六)天伦真情

---

① 赵俪生:《顾亭林与王山史》附录《清初关中二李一康诗之比较分析》,济南:齐鲁书社,1986年版,第227页。
② 祁恒文:《顾亭林与李子德之交》,《贵州文史丛刊》,1993年,第5期。
③ 李因笃:《受祺堂诗集》卷五,第498页。

李因笃身为关学传人,继承了关学注重道德践履的传统精神,待人接物谨遵儒家伦理道德,刘学智《关学宗风:躬行礼教、崇尚气节——从"关中三李"谈起》一文曾对李因笃认真践履"忠孝节义"的事迹作过梳理。① 表现在诗歌创作方面,既有表达忠国爱民的作品,也有歌咏天伦亲情的篇目,数量不多,却很感人。代表作是《纪别八首》:

  其一:置酒岁云暮,北堂生远晖。数鸟相与鸣,寒风历重闱。慈母就持箸,欲言先嘘唏。出门尚无程,问我何时归。遥遥计往路,历历征询衣。雨雪勤自保,音书莫来稀。长跪闻母言,敢不敏庶几。行役亦不远,岁时宁久违。病妻伏下床,相视首蓬飞。谓我当引迈,有泪不敢挥。

  其二:弟从母侧来,再拜投一苇。征驹鸣前庭,担负已出野。仆夫前致辞,冉冉西日下。要当慷慨去,不觉泪如泻。兄言勤门户,弟言慎车马。

  其三:小子复牵衣,歧路含百虑。不知行何方,强欲偕我御。念当远乖离,哪忍挥之去。悲哉游子吟,斯须哀乐具。中怀如悬旌。摇摇不得住。依依天属亲,抚事愧童孺。

  其四:兄马行在前,弟马行在后。愁思各萦怀,当言未及剖。生平有微尚,与世既不偶。闭户每苦饥,谋食忧多垢。凤昔诸故交,时能乞升斗。庇家且茫然,遑复资奔走。顾此怀中儿,念我堂上母。隐者乐田园,非希封藏厚。

  其五:朝辞山中树,暮出山下道。四顾生踟蹰,浮云互浩浩。鹈鸰依旧群。麋鹿鸣野草。虽晚为严装。郁郁在怀抱。游子心多悲,远行亦易老。万里风雪中,安能颜色好。当年无所慕,求志苦不早。誓将谢晨风,骨肉归相保。②

该诗描写顺治十七年(1660)春节前夕他辞别家人远赴山西代州的情景。全诗逐一刻画每位亲人依依惜别时的不同表现:他还未离开,母亲已经迫不及待地询问何时归来,生病的妻子泪水满眼却不敢流下,弟弟避开离别话题,只是叮嘱路途安全,就连年幼的小儿都满怀愁虑牵着衣角不忍离去,虽不知父

---

  ① 刘学智《关学宗风:躬行礼教崇尚气节》,《陕西师范大学继续教育学报》,2001年第2期,第35—37页。

  ② 李因笃:《受祺堂诗集》卷二,第475—476页。

亲要到哪里去,却要争着和父亲一起前行。寒风凛冽,面对全家亲人的集体相送,想到即将踏上的万里征程,他感慨万端,誓言早日归来骨肉团圆。全诗运用质朴的语言句式,单纯的白描手法,刻画了亲人们尽力克制痛苦的感人细节,含蓄表现骨肉分离的痛楚,洋溢着亲切自然的天伦温情,展现了李因笃孝悌慈爱的人格魅力。《清诗别裁集》《晚晴簃诗汇》皆将该诗收录。

(七)山水田园

一是山水诗。李因笃热心社会事务,专事游赏山水的活动并不多见。但他一生万里萍踪,也曾游览过不少风景名胜,主要有陕西的华山、潼关,山西的五台山、雁门关,湖北武昌的黄鹤楼等,留下了一些山水诗篇。代表作是歌咏西岳华山的诗作《望岳》:

> 太华三山列峻屏,晴霄飞翠下空溟。晓云东抱关河紫,秋色西来天地青。
>
> 玉女盆中寒落黛,仙人掌上接明星。乱余林壑怀遗客,缥缈幽栖赋采苓。①

该诗从"望"着眼,着力描写华山的勃勃雄姿:华山三峰险峻矗立,犹如高耸入云的屏风排列眼前,天朗气清,好似青翠美玉飞落九天;清晨时分,东方云蒸霞蔚,紫气升腾,从九曲黄河、函谷雄关一路环抱而至,秋风西来,山色苍翠,与青碧天空融为一体。玉女盆中积水清寒,色若青黛,仙人掌峰高大险峻,可接天上明星。山中隐士吟诵着超然出尘的《采苓》诗篇。全诗以天地为背景,以九曲黄河、函谷雄关为衬托,气势磅礴,境界阔大,最能体现其李因笃诗歌"雄浑苍莽"的艺术风格,历来被奉为他的代表作之一,先后入选《清诗别裁集》《晚晴簃诗汇》《清诗选》。

关中之外,李因笃还曾前往佛教胜地五台山游览,三日得诗百首,自编《清凉诗集》。据《清凉游纪》所述:"凡历四大峰,览十九寺,一庵、一社、二洞,得五言古十,七言古二,五言近体四十七,五言排体一,七言近体十六,五言绝十三,七言绝十一,共诗百首,通记五千一百二十言。"②这一组诗前后呼应,一气贯注,融纪行、写景、言志、抒情于一体,犹如一幅大型山水画卷,以精雕细刻的笔法,展现了五台山清旷空灵的优美风景。

---

① 李因笃:《受祺堂诗集》卷十三,第582页。
② 李因笃:《清凉游纪》,《受祺堂文集》卷三,第45页。

二是田园诗。李因笃出身书香门第,少时专心读书,中岁以文为生,至晚年归乡方有闲暇躬耕田间,作有若干田园诗篇。代表作为《田家诗暇日用杜拟陶得近体二十首》。该诗采用淳朴自然的白描手法,以日常生活为主题,化用陶渊明、杜甫诗意,从田园风景、四季劳作到亲友交往、饮酒赋诗等不同侧面描写他的耕读生活,体现了晚年李因笃乐天知命、淡泊闲适的人生境界。

(八)盛世颂歌

康熙皇帝登基之后励精图治,至康熙中期国力强盛,社会安定,百姓安居乐业,盛世气象渐显。李因笃此时已归居陕西,他不愿入仕清廷,但是目睹国泰民安心情也颇欣慰。在他笔下,故国之思、愁苦之声渐行渐远,盛世之音渐渐响亮,特别是在与各级官员唱和往来时,常借谈论时事民意之机描写社会态势,颂美官员的政绩才能,讴歌世运昌隆。例如,康熙二十年(1681)他作《岁暮感怀呈郭明府献素四首》呈给富平县令,诗曰:

> 十载征输甫息肩,三农鼓腹颂尧年。怀新陇麦俱争秀,得气郊花早放妍。
>
> 听断才高佳兴发,登临情寄野航偏,幽人偶亦来城市,洗耳恭闻单父弦。①

该诗描述了战事平定,赋税消除、百姓丰衣足食的情景,并以上古圣君"尧"来称颂当朝,田野里新发麦苗争相吐秀,郊外的花朵早早娇艳绽放,俨然一派蓬勃向上的风光,以此赞扬县令的政绩。此外,对于地方政府的文教建设成就他也常常作诗赞颂。例如华阴县令修筑朱子祠、西安知府修筑关中书院、陕西督学大兴文教、岐山县令修筑朝阳书院,他都欣然寄诗祝贺,表达一位学者对于文化勃兴的喜悦之情。

二、艺术特点

前人对李因笃诗歌的艺术特点有过一些评价,以清初学者、诗人潘耒所作《受祺堂诗序》最为全面。序曰:

> 富平李天生先生,关中豪杰也,为人豁达慷慨,自负经世大略,无所试其奇,一吐之于诗。其诗本风骚,出入古歌谣乐府,而以少陵为宗,意象苍茫,才力雄赡,既与杜冥合,而章法句法讲之尤精,千锤

---

① 李因笃《受祺堂诗集》卷二十三,第 683 页。

百炼而出之,此学杜而得其神理,非袭其皮毛者也。先生尝慨世不乏才人而争新斗巧,日趋于衰飒,故其为诗,宁拙毋纤,宁朴毋艳,宁厚毋漓,乍读之不甚可喜,而沉吟咀味,意思深长,与夫翡翠兰苕、繁弦促节者相去霄壤矣!诚得先生辈数人主词盟而树之帜,大雅元音庶几不堕矣乎!①

这段评论立足李因笃的个性气质,指出李因笃诗歌的师法取向、艺术风格,认为倘若多有几位李因笃这样的人物主盟诗坛,树立旗帜,风雅正声即可得到充分弘扬。后《四库全书总目》评曰:"其诗大抵意气苍莽,才力富赡,而亢历之气一往无前,失于粗豪者盖时时有之。"②基本依潘耒之说。概括而言,李因笃诗歌的艺术特征有如下几点:

(一)宗法盛唐,得杜诗之神韵

作为诗学专家,李因笃的诗学思想直接影响着他的诗歌创作。他主张学诗当从诗三百起,历汉魏六朝诗歌,至盛唐止,并对《诗经》、汉诗、杜诗作过专深研究,故在创作实践当中,他自觉取法上述诸朝的诗歌传统,有时直接进行模拟。作为宗唐诗派,他对李白、杜甫、高适、岑参等盛唐诸家尤为欣赏,最钟情者首推诗圣杜甫。他钻研杜诗四十年,自觉以杜甫为创作典范,终得杜诗之神韵。

1. 模拟杜诗

他作有许多模拟杜诗的诗歌,如卷一《秋兴八首》、卷二《追问诸将》、卷五《捣衣次杜韵》、卷十二《拨闷》、卷十三《咏怀古迹六首》、卷十三《醉时歌》、卷二十七《存殁口号》、卷三十二《田家诗暇日用杜拟陶得近体二十首》、卷三十五《燕子来北堂作次杜韵》等数十首诗歌,或是次韵、和韵,或是直接借用题目,或是借鉴其诗歌形式,和原作相比,具体内容自有不同,但是题材类型和思想倾向之间密切关联。例如《秋兴八首》,内容上杜诗描写了安史之乱后长安的衰败景象,李因笃则写明朝灭亡后清初西安的乱离景象,谋篇布局同是移步换形,风格境界同是沉郁凄迷,字句上也有个别肖似,好似脱胎于杜甫原诗,有异曲同工之妙。沈德潜评价其《秋兴八首》曰:"诸咏作于秦中受创以后,帝子伤残,故家凋谢,羌戎省至,野哭时闻,律体中变雅也。杜诗《诸

---

① 李因笃:《受祺堂诗集》卷首,第 422 页。
② 永瑢、纪昀主编:《四库全书总目》卷一百八十三,北京:中华书局,1999 年版,第 564 页。

将》《秋兴》是其本原。"①

2. 借鉴杜甫"实录"笔法

李因笃学习杜甫的诗史精神,结合自身经历,写下了若干反映现实生活的长篇叙事诗。其中反映民生疾苦的卷七《发代州书触目七十六韵》《宿敷廉坊》,与杜甫的《自京赴奉先县咏怀五百字》《石壕吏》的立意章法颇有相似,乃是李因笃叙事诗的两篇代表作,上节已作赏析。另有不少叙述个人见闻感受的咏怀诗,如《旧年宁人先生以无安系济南走书报我触书驰视苦疾坐辞还先生寄赠三十韵诗春日晤保州重会蓟门奉答前诗广五十韵》《旅夜追思外祖高士田公溃泪成八百字》等,融叙事抒情于一炉,也是叙事诗中佳作。代表作是《同顾征士恭谒天寿山十三陵》。

该诗采用赋体笔法,按照他和顾炎武拜祭的行踪,移步换形,颇为详尽地描述了明朝十三个帝王陵墓的建筑风貌、历史掌故以及战乱损坏的情况。其间穿插着许多注释,用来补充说明诗句的具体内容,有时准确至树木数量等细节问题,如同一部资料翔实、数据确凿的实地考察报告,颇有十分重要的历史文献价值。在描述完十三陵风貌之后,诗人转入对明末历史进行追忆评论,先是赞扬崇祯帝励精图治、中兴国家,然后从政局人事等宏观层面概述明末危机重重、步步衰亡的蜕变轨迹,涉及奸臣弄权、官员党争、农民起义风起云涌,孙传庭与李建泰等军队西征围剿失败、迁都南京之议、天子自缢殉国等重大历史事件,最后以"春秋期讨贼,普天责攸分""臣志在躬耕,乱离惟苟全"等慷慨言辞直陈其耿耿忠心。篇末表明本诗创作宗旨和顾炎武作《昌平山水记》一样,希望为故国皇陵留下如同《公羊传》的历史文献,体现出明确的"诗史"创作意识。

3. 学习杜甫诸体皆善,尤擅长格律诗

李因笃共作两千一百多首格律诗,占其诗歌作品总数比重约百分之八十,其中长篇排律尤为擅长,共计六十八首,其中《陪曹秋岳先生宿雁门关即事四十韵拈'玉露凋伤枫树林'之句分'凋'字》最为时人称道,上节已作赏析。王士禛《池北偶谈》评曰:"富平李因笃天生,……长律得少陵家法,尝以四十韵赠曹秋岳,曹叹曰数百年无此作矣。"②屈大均亦称"孔德诸体陵轹少

---

① 沈德潜:《清诗别裁集》卷十一,长沙:岳麓书社,1998年版,第323—324页。
② 王士禛:《池北偶谈》,北京:中华书局,1982年版,第251页。

陵,而五言长律尤善"。①

当然,李因笃学习杜甫,绝非字句层面的模拟抄袭,而是借鉴其形式抒写自己的切身感受,所谓"借他人酒杯浇自己块垒"。最重要的是,他继承了杜甫忧国忧民、关注现实、贴近生活的儒者精神,诗歌当中经常述及国家时事,百姓疾苦以及个人生活经历,洋溢着深厚的忠诚仁爱之情。其次,在艺术风格上,他感时伤乱,不论是追思故国之悲伤,还是同情民生之苦痛,抑或壮志难酬之苦闷,亲友分离之眷恋,诗情多是深沉而悲慨,颇有老杜沉郁之风。此外,他还继承了杜诗注重形式锤炼、精益求精的艺术追求,后面的论述将会对此作进一步论证。因此,潘耒赞其"学杜而得其神理,非袭其皮毛者也",当属确论。

(二)师法汉魏古诗,诗风真挚质朴

李因笃精研汉诗四十年,故而诗风深受汉诗熏染,以质朴浑厚为本,不事华丽雕饰。他作有《拟汉诗》一卷,载于《受祺堂诗集》卷一,中有《拟汉五古杂组诗》《拟汉两头纤纤诗》《拟猛虎行》《后猛虎行》《拟魏武善哉行次原韵》《拟古诗十九首》《拟古诗五首》《拟古诗三首》等数十首诗歌,此外还有不少朴素生动的民谣、谚语,如《甲子谚并序》《甲申谚并序》《中秋谚并序》《旬谚并序》《元宵谚》《六日谚并序》《山水谣》《路傍谣》等,可见他对汉魏乐府古诗的重视。代表作是《纪别八首》,运用朴素的白描手法逐一叙述每一位亲人与他依依惜别的情景,其艺术手法和场景,肖似汉乐府《孔雀东南飞》中刘兰芝辞别焦家时的场面,沈德潜评曰:"三章不外一真字。"②全诗上节已有引用。另有《良乡》一篇系模拟汉乐府《长安连狭斜》。

良乡

王畿千里余,赤县首三辅。佳气来阊阖,去天如韦杜。古时封内地,多以蕃同谱。凡温及应韩,历历皆可数。朔风日暮急,惨淡过戍伍。二南有遗泽,流恨兼今古。附海无细波,附岳无卑岵。所以封泰山,尝先禅梁父。约略继斯城,初不下万户。胡为兵戈中,筑堞失完土。还闻东上人,据地列田圃。自云托国家,一一皆肺腑。大兄侍中郎,中兄司卤簿。季子未拜恩,鲜衣缠华组。安坐召县官,促

---

① 屈大均:《荆山诗集序》,《翁山文外》卷二,欧初、王贵忱主编《屈大均全集》第三册,北京:人民文学出版社,1996年版,第66页。

② 沈德潜:《清诗别裁集》卷十一,长沙:岳麓书社,1998年版,第322页。

装揖州府。还家自生光,道上人如堵。兼今旧络马,百宝新装弩。貂首大秦珠,可充千万估。牛羊盈其门,珠玉盈其庑。堂上斗酒会。健儿鸣钟鼓。大妇工锦瑟,中妇歌金缕。小妇贵家子,徐徐调鹦鹉。吾欲终此曲,此曲闻者苦。长安连狭邪,日月通前浦。①

该诗逐一描写三兄弟、三贵妇的奢靡生活,揭露清贵族圈地暴富的社会现象。汉乐府《长安连狭斜》也是描写三位贵妇安逸享乐的情形。李因笃称之为"三艳体",最后一句"长安连狭邪,日月通前浦"直接点明其创作渊源。两相映照,更能衬托出《良乡》一诗的讽喻意味。

(三)讲究篇章结构,注重语言锤炼

李因笃性格朴直,不喜华艳奇巧,但对诗歌的艺术技巧相当重视。受杜诗的直接影响,无论谋篇布局,还是遣词造句,他都精心雕琢,潘耒称其"章法句法讲之尤精,千锤百炼而出之"。

首先,篇法方面层次清晰,结构谨然。如《得傅征君信》曰:"河汾文献未全空,盅上乾初有是公。不卜同舟瞻郭泰,徒知中论拟王通。芳期虚讯春来鸟,剧饮犹传雪后鸿。他日莘门相候处,下车应拜采桑翁。"②沈德潜评云:"以不事王侯重之,中写得信,末订过从,即见篇法次第。"③他有不少长诗,内容丰富却不杂乱,如《咏怀五百字奉亭林先生》,先是叙述自己此前人生经历,继之回忆初识情景,赞誉顾炎武之才学品行,最后抒发思念,盼望相逢,起承转合,自然流畅。

其次,句法层面语句工整,多有妙句。例如《潼关》:"河经百二开天地,华枕西南锁雍梁。"④以黄河、华山相对,以天地与雍(雍州)、梁(梁州)相对,以宏阔的地理环境衬托潼关重要的战略地位及其雄伟气势。《王藩伯茂衍招饮喜晤尊外舅赵天一前辈二首》:"秋判天隅人未去,月明江上雁初来。"⑤既有晏殊的"无可奈何花落去,似曾相识燕归来"般的精美语言,又有江上秋月的别样意境。个别诗句形式别致,读来饶有奇趣。如《送周制府还高平五

---

① 李因笃:《受祺堂诗集》卷八,第527—528页。
② 李因笃:《受祺堂诗集》卷五,第500页。
③ 沈德潜:《清诗别裁集》卷十一,第321页。
④ 李因笃:《受祺堂诗集》卷十三,第577页。
⑤ 李因笃:《受祺堂诗集》卷十六,第612页。

首》:"遥驻秦川控蜀川,向提东海兼南海。"①巧妙地概括了四川总督周有德的仕宦履历和职责,句式颇似杜甫的"即从巴峡穿巫峡,便从襄阳向洛阳。"

在字法方面,注重字词锤炼,务求新奇传神。杨际昌《国朝诗话》评析曰:"富平李天生因笃以博学鸿词科入翰林,乞终养一疏,至性大文也。诗格奇僻,五言律犹工造句。如'倒壑喷高雪,飞岩带夕阳',着意在'倒''飞'二字;'层云封鼠迹,暴雨出龙声',着意在'封''出'二字;'崖蛛当户冷,石藓衬阶柔'着意在'冷''柔'二字;'磬声缘壑细,灯焰入楼深',着意在'缘''入'二字;'涧僻开花久,林迥飞翠浓',着意在'僻''迥'二字。他如《登五台绝顶》'此邦连大漠,何路抵中原','塞马嘶玄岳,关榆堕紫荆'等句,浑成高妙,直入初、盛唐之室。"②通过例句赏析展示了李因笃诗歌在语言锤炼方面的精妙。李因笃语言艺术有两个特点。一是善用动词。如《望岳》一诗连用"列""飞""下""来""抱""落""接"等系列动词,将一座沉静的山峰描写得气势飞动,生机勃勃。又如卷十二《登代州白人岩因饮孙园十四首》其二曰:"万仞悬孤嶂,双崖划一门",以"悬""划"二字表现山之孤高,崖之分合。其十有句曰:"顿使形骸细,还思岳渎豪",以"细"字形容登上山顶时的轻爽,细、豪相对,悬殊中倍感新奇。二是喜用叠字。如卷六《雁门邸中初雪得违字安字二首》:"霏霏侵绝戍,衮衮没层云",卷十五《中秋夜王督学文石招同里设集饮五首》其五:"冉冉宿鸟屏歪起,飞飞归雁镜中看。"如此等等,表现出细微精妙的审美感受。连用叠字最多的是卷二十六《东湖拜苏端明公祠有感呈茹明府》:"淡淡湖中水,青青山上树。峨峨哲人祠,衮衮东门路。杲杲初出日,盈盈公府步。"连用六组叠词,平实稳协,好似自然拈来。

(四)才学富赡,有学人之诗风范

李因笃才学渊博,其诗底蕴深厚,须有丰富的古典文化知识方能深入领略他的诗歌艺术奥妙。

首先,诗中经常援引经史材料,运用历史典故。屈大均曾就此赞曰:"孔德长律以十三经、二十一史熔铸成篇,词无空设,悉有典故。"③例如,卷二十四《亭林先生寓曲沃卧病小愈走书相闻即遣使起居奉诗五首》其三:"古人何

---

① 李因笃:《受祺堂诗集》卷十七,第626页。
② 郭绍虞:《清诗话续编》,上海:上海古籍出版社,1983年版,第1685页。
③ 屈大均:《荆山诗集序》,《翁山文外》卷二,欧初、王贵忱主编《屈大均全集》,第66页。

可欺毛义,吾道将无愧管宁",用《世说新语》中管宁因朋友华歆心存富贵之念而"割袍断义"的典故,将顾炎武比作品行高洁的管宁,借此说明自己虽然曾经被迫应试为官,但绝不会做华歆而愧对朋友。又如卷七《寄朱学士沧起先生》:"宗邦怀旧德,蟋蟀久悠然。一老祝融裔,千春姑射仙。人才推正始,物望待承边。试问甘蔬食,禅栖四十年。"①沧起乃是朱之俊(1594—1671)字,明清之际山西著名学者。该诗的主题在于称赞朱之俊眷念明朝恩德辞官归隐,著述四十年。精彩之笔在于"一老祝融裔,千春姑射仙",祝融为五帝之一,奉为朱氏之祖,姑射山位于山西临汾西,《庄子·逍遥游》:"藐姑射之山,有神人居焉,肌肤若冰雪,绰约若处子。"后世以"姑射"指称神仙或形容貌美。此处巧妙地从姓氏的关联赞誉朱之俊为祝融后裔,以示其尊贵,从地域角度的关联称誉朱之俊为姑射山之神仙,旨在赞其萧然物外的高士风度,用典恰切。

另一特点是善于以经学话语入诗,显示出他的经学底蕴。如前所述,王士禛《池北偶谈》曾经指出李因笃"林谷关音本,乾坤老象才"一联为经语入诗,同时自称"经语、理语最不易下"。上述一联出自卷八《看夏屋山》,全诗为:"秋色自中来,苍然万壑迴。凉风吹窈窕,落日到徘徊。林谷关音本,乾坤老象才。何繇施谢屐,直上翠微隈。"②其中包含经语的是"乾坤老象才"一句,"象"为《易经》中统括一卦之辞,是对卦意的解释,乾卦、坤卦乃是《易经》中具有代表性的两卦,其他卦象顺此演变而成,此处可以理解为天地万象随着季节不停变化,无形之中昭示着象辞的真意。此外,卷八《雨》中亦有经语:"积潦乘秋见,鸣蛩满地生。薄言风有燧,遑恤雨无正。冀北犹艰食,天南未解兵。十年留滞尽,愁思日纵横。"③沈德潜评论曰:"经语作对,流连光景者不解道。"④所说经语是指"风有燧""雨无正",其中《雨无正》是《诗经·小雅》中的篇目,诗歌的主题是批评西周末年的黑暗统治,此处运用双关手法,表面上是写绵绵秋雨,实际含义是指摘当时清朝统治存在问题,诗歌的下一联即是叙述河北的灾荒和南方的战争,与"雨无正"相呼应。

其次,深受实学思想影响,富有现实主义色彩。李因笃为学注重经世致用,诗歌选材仍然指向现实社会生活,关注政治、关注战争、关注百姓疾苦、关

---

① 李因笃:《受祺堂诗集》卷七,第515页。
② ③ 李因笃:《受祺堂诗集》卷八,第532页。
④ 沈德潜:《清朝诗别裁》,第323页。

注灾情,体现出深沉的入世情怀,有时还就一些社会问题提出相应的解决策略。例如卷八《发代州书触目七十六韵》,先叙述灾情,继而阐发治世理论:"世治庇其根,世衰庇其蔓,世治睹其微,世衰睹其粲。世治制其聚,世衰制其涣。自古俱若斯,安危遂相禅。"①之后遵循上述原则对灾害原因的探求,归纳出天道和人事的双重原因,重点追究地方官员的管理责任,进而提出移民三辅的应对策略,这些策略鞭辟入里,层层深入,体现了他的政治才能,绝非一介文士所能言及。

最后,杜诗学、音韵学方面的专业造诣为其格律诗创作奠定了坚实的知识基础。他谙熟杜诗,故而能够传神入化地模仿杜诗;他精通音韵,能够从容自如地遣词造句,使其合辙押韵,创作出一系列长篇律诗,动辄四五十韵,有的多达百韵,故以善作长律闻名诗坛,博得名家赞誉。

(五)风格多样,以雄浑豪放见长

李因笃诗歌的艺术风格不一而足,具有多样化的大家风貌。例如,有的清新秀丽,如描写山水之美的五台山组诗,有鲍照、谢朓等六朝诗人的风格;有的质朴醇厚,如《纪别八首》;有的闲适恬淡,如《田家诗暇日用杜拟陶得近体二十首》,有的沉郁悲慨,如成名作《秋兴八首》。但其主导风格则是雄浑豪放,大体与潘耒所称的"雄浑苍茫"相当。具体表现在,他对国计民生的深切关注,他对壮志难酬的慨叹吟唱,他对身世沉浮的痛苦倾诉,他对朋友的赤诚坦荡,他对圣贤英烈的深沉讴歌,他对壮丽河山的由衷激赏,始终洋溢着一种雄放苍凉的精神力量,一种雄阔博大的艺术境界。在艺术形式上则体现为韵律铿锵,文辞跌宕,多有规模宏肆的长篇诗作。代表作品除前所引的《望岳》《长至日陪曹秋岳先生宿雁门关即事四十韵拈'玉露凋伤枫树林'之句分'凋'字》《雁门关三首》等诗外,卷十三《潼关三首》亦属上乘佳作。其一曰:

> 云薄关门紫气长,帝枢曾此撼严疆。河经百二开天地,华枕西岳锁雍梁。戍火忽移函谷月,征车多带灞亭霜。旧京萧索垂千载,飞辂何繇接巨航。②

潼关乃是天下名关,地处秦、晋、豫三省要冲,关势险峻,易守难攻,历史上曾经发生过多场大战。此诗起笔直写巍巍古关云雾缭绕,朝廷重兵曾在此严加

---

① 李因笃:《受祺堂诗集》卷八,第524页。
② 李因笃:《受祺堂诗集》卷十三,第577页。

把守,关前滔滔黄河奔流,荡开雄阔天地,关后背枕西岳华山,紧锁雍、梁二州。三、四联则写昔日战场明月犹照,出征战车久经风霜,可叹千年西京一片萧索,飞动的军车不再需要运输奔忙。诗的前半篇着力展现潼关的高峻险要,后半篇则在感怀历史沧桑,气势恢宏,蕴涵深厚,自有雄放苍凉之气概。

此外,作为唐诗派中人物,李因笃对诗仙李白、高适、岑参也很欣赏。例如,卷十四《放歌行》则描写了他的数位穷愁潦倒的布衣朋友交游的情景,诗末曰:"人生会合尝难必,岁暮时移不具悉。如渑之酒盈我侧,况有同心论胶漆。华岳云开霜未封,秦川雪后树犹密。昨暮黑头晨皓皓,胡为不饮愁明日。"①诗中慨叹人生相聚不易,青春已逝,但是美酒、好友已令他欣慰。他乐观地提醒大家,华山云散后冰霜并未封山,雪后的秦川树木依然茂密,既然生命将老,何不痛饮逍遥呢?这份豪情和潇洒与诗仙李白非常相似,特别是"昨暮黑头晨皓皓,胡为不饮愁明日"一联与李白《将进酒》中的"朝如青丝暮成雪""今朝有酒今朝醉"两句意义极其相近。另如卷七《赵骠骑报最》一诗从赵鼎彝少年意气风发时入笔,逐一叙述其投笔从戎、辗转南北、建功立业的人生履历,赞美赵鼎彝威武雄姿和才识谋略,最后纵论天下局势未稳,海路未通,东南沿海、西北边陲战火犹烈,鼓励赵鼎彝再立新功。全诗笔力雄放,格调高昂,洋溢着激进刚健、奋发有为的精神气势,正是唐朝边塞诗的壮美风格。

无论是雄浑苍凉,还是豪迈旷达、雄健昂扬,李因笃诗歌共有的风格特征是雄浑豪放。这一风格的形成,既受风云动荡的时代氛围感召,更与李因笃的个性特征密不可分。在性格气质方面,他生性耿直豪爽,为人侠义热诚,潘耒称其"为人豁达慷慨",《国朝先正事略》亦称其"性朴直""性伉爽",表现在诗歌创作中他常直抒胸臆,情感真挚热诚。在生活经历上,他遭遇江山易代,壮志难酬,多年贫困漂泊,故而忧患重重心事沧桑,悲凉之情常蕴心中。在思想观念上,作为理学名儒,他积极入世、心怀天下,具有强烈的社会责任感;作为遗民,他坚守民族气节,不仕清廷,具有忠贞不渝的品格;在诗学思想上,他师承明七子的格调理论,崇尚雄健昂扬的盛唐诗风,着力标榜雄放质朴的陕西地域文学的传统风格。正是诸多因素的水乳交融,成就了李因笃诗歌的个性风格。

---

① 李因笃:《受祺堂诗集》卷十四,第597页。

李因笃自成一家,以诗名扬海内,顾炎武、龚鼎孳、屈大均、傅山、王士禛、潘耒均给因笃以高度评价。如前所引,王士禛赞其"长律得少陵家法",潘耒认为多有李因笃这样的诗人,"大雅元音庶几不堕矣!"在世之时,他的《秋兴八首》即已入选《国朝诗的》、曾琬《感旧集》,另有数首诗歌入选邓汉仪《诗观》。沈德潜《清诗别裁集》卷十一收录《纪别三首》《世胄都指挥使崔公汝明像》《登代州白人岩因饮孙园二首》《雨》《秋兴客长安作六首》《边上》《得傅征君信》《潼关》《望岳》,共计九题十六首,徐世昌《晚晴簃诗汇》收入诗歌三十一题四十二首,邓之诚《清诗纪事初编》收入八首,钱仲联《清诗纪事·康熙朝》康熙朝卷收录有五首;人民文学出版社1997年版《清诗选》选入《边上》《望岳》两首诗。相比之下,陕西文坛对于李因笃尤为推崇。李元春《关中两朝诗选》共收入李因笃诗歌二百零五首。民国时期著名爱国人士、书法家于右任出资刊行了《受祺堂诗集卷四补遗》,并作跋曰:"清初文学之盛亦推东南,独天生先生奋迹期间,稍复汉唐之旧,为秦中后进之倡。"嘉许其诗得汉唐雄风,为秦人争光。

总而言之,李因笃的诗歌内容紧扣现实生活,洋溢着儒家知识分子关怀天下、经世致用的思想情怀,艺术形式精益求精,深得杜诗神韵,尤以律诗见长,风格雄浑豪放,具有汉唐气度和学者高度,并有名篇佳作流传后世,不愧为清初诗歌名家。不足之处在于,因为有意学习汉魏、杜甫等古代诗歌,导致作品存有模拟痕迹,削弱了诗歌的时代性、创新性。

第二节 散文:力追秦汉,经经纬史

李因笃的散文虽不及诗歌有名,也有相当成就和影响。朱树滋《李文孝先生传状》称李因笃晚年归乡后,"乞诗文者纷集如蝇",①《受祺堂文集》第一篇序言称:"予闻太史归里后,益肆力于古文词,评覆百家,采精撷腴,一时碑铭传志之作,皆出其手。"②可见李因笃散文在当时的知名度。

一、散文观

李因笃论述散文的文章并不多。从他撰写的诗文集序言和书信中,大致

---

① 吴怀清著,陈俊民点校:《关中三李年谱》,第419页。
② 李因笃:《受祺堂文集序言一》。

总结出如下几点主张：

（一）宗法秦汉，兼取唐宋

从散文宗派而言，李因笃经历了由唐宋派到秦汉派的转变。康熙十一年（1672），他为宋振麟作《宋子贞先生制义序》，自述古文偏好的改变："予甫卯辄好古文，而于制义亦窃喜震川、正希、大士、千子数君之作，以其犹存古文之遗意焉。遭乱，既弃诸生，乃始潜心传注，日治《或问》《大全》《蒙引》，句栉字比，则数君之文离合相半，而成弘以上盖彬彬矣！亦尝出其绪余，征之于辞，然无所用之。"①由此可知，他早年喜读明朝归有光、金声、陈际泰、艾南英等人为代表的唐宋派古文，明亡后他专注经学研究，受此影响，渐渐偏离唐宋派，转而倾向于明代成化年间盛行的以李梦阳、李攀龙等人为代表的秦汉派古文。这一思想倾向亦可从朱彝尊《报李天生书》中得以确证。

辱惠书，以古文辞相勖。足下负高世之才，所为歌诗皆必传之业，而手教谆挚，抑何其自处之恭而称许之过也？

文章之本期于载道，而道无不同则文亦何殊之有。足下乃云南北分镳，各行其志，岂非以于鳞（按：李攀龙）为北而道思（按：王慎中）、应德（按：唐顺之）、熙甫（按：归有光）数子为南乎？仆少时为文，好规仿古人字句，颇类于鳞之体。既而大悔，以为文章之作，期尽我所欲言而已，我言之不工，必取古人之字句，始可无憾，则字句工拙古人任之，我何预焉？乃深有契乎韩、欧阳、曾氏之文，不自知其近于道思、应德、熙甫数子也。足下学博而才富，英敏果锐之气，直欲轶秦汉而上之，视仆之所为出唐宋之下，宜其分镳疾驰去之，惟恐不速。若仆之所期于足下，则不惟不以唐宋之文强足下以所为，亦且不以秦汉之文为足下劝勉。盖足下之所尚者文，而仆之所期于足下者载道之谓也。

孔子曰："辞达而已矣！"《礼》曰："辞苟足以达义之至也！"《诗》曰："人之好我，示我周行。"夫适万里者，必於周行始之。有人焉，以为周行人所共由，不若转而之层崖峻岭，虽极于嵩华恒岱之巅，我未见其能达也已。文之不能载道，何以异此？仆之深契夫韩、欧阳、曾氏之文者，以其折衷六艺，多近道之言。非谓其文之过于秦

---

① 李因笃：《宋子贞先生制义序》，《续刻受祺堂文集》卷一，第46页。

汉也。足下试取古人而神明之,勿规仿其字句,抗言持论,期大禅於世道人心,而不为虚发。将足下所谓分者,未始不合也,道一而已。何南北之殊途哉？偻偻之诚,忘其愚蒙,而辨说於左右,冀足下亮之而已。①

这是一封回给李因笃的书信。从信的内容可知,李因笃在来信中将自己的古文视为秦汉派,视朱彝尊的古文近唐宋派,鉴于二人宗派取向截然不同,提出各行其志,南北分道扬镳。从语气来看,似乎要彻底划清界限。朱彝尊则认为,李因笃所尊在文,自己所尊在道,文章在本质上没有南北派别差异。两相对比,李因笃力挺秦汉,贬抑唐宋,且以南北对立相挟,门户之见甚浓,观点不免偏狭保守,缺乏应有的融会变通。但是,李因笃更加注重古文之"文",亦即重视文学的独立地位,虽有过多重视文学形式的一面,却在某种程度上反映了他自觉摆脱文学受道德说教束缚的要求,从文学理论而言,这一观点更加符合文学的审美本质。朱彝尊则和传统儒家文学观一样,视古文为载道工具,注重文学的政治教化功能,顺应了清初重建儒家道统的文学思潮。其实,他们的分歧正是秦汉派散文和唐宋派散文的根本差别。

但在具体的古文批评实践中,李因笃对秦汉、唐宋文章皆有不同程度的肯定。如评点张鹓庵之文曰:"文气高古,整而不俳,有东汉大篇之风。"②赞誉宋振麟的文章"取才欧曾,效法瞿邓",③又赞朱廷璟之文曰:"文尔雅深厚,庶几汉京之风,方之庐陵南丰,得唱叹之神,而无拟议之陋。"④朱树滋评李因笃本人的文章曰:"其发为文章也,原本六艺,运以韩、柳、欧、曾之神气,而浑沦灏翰,则于秦汉为近。"⑤这些评论说明,李因笃偏爱秦汉古文,但对唐宋古文大家也并未悉数否定。

(二)重视文章的学问根基,批评庸俗熟烂、空疏不学的文风

在《宋子贞先生制义序》中,他就制义文体发表见解。所谓"制义",即是明清时期的科举考试文章,又名八股文。据文中叙述,李因笃对八股文文体

---

① 朱彝尊:《曝书亭集》卷三十一,康熙五十三年(1714)刻本,《文渊阁本四库全书》第1318册,第4—5页。
② 李因笃:《王子无异重刻张冢宰鹓庵先生文集序》,《受祺堂文集》卷一,第1页。
③ 李因笃:《宋子贞先生制义序》,《续刻受祺堂文集》卷一,第46页。
④ 李因笃:《朱大山辉先生墓志铭》,《续刻受祺堂文集》卷四,第8页。
⑤ 吴怀清著,陈俊民点校:《关中三李年谱》,第422页。

本身完全肯定,认为"文之变至制科而极矣,制科至八股而极矣"。原因是"夫以五经四子之言,裁而为题,其源最古。士居恒诵说先王表里经术,悉屏百家而不道,此宜出于粹然。"①意即制义能够阐发正统的儒学思想。但是,他对当时的八股文不甚满意,原因是"百家之书,若大旨虽未当于圣人,然犹其辞焉。若制义,则并其辞而失之矣"。"不观圣人精微所在,而区区求之声音笑貌之间,此即颜、闵、游、夏诸贤尚不敢代夫子之唇吻,而况帖括之士乎"?言下之意,当时的八股文章既不能阐发儒家思想的真谛,又在模仿圣人孔子的字句而不自行创新,无论内容还是形式都有缺陷。他认为,"数科以来,日趋于熟腐庸俗,则并戊亥之辞而失之。观者瞆瞆称为清真,犹入十室之邑,平芜萧然,而相诧以为大羹元酒之味,不越乎是,是便于天下之空疏不学者也。制义之道几乎平息矣"!在此,他批评当时的文章烂熟庸俗,文人则空疏不学。他称赞宋振麟的文章"理本之传注,而取才欧、曾,效法瞿、邓,尽一时之能事""子贞文醇深弘丽,尤今日救时之藉"。依此可知,他对文章的学术底蕴甚是看重,他的策论文最能体现这一主张。

二、散文创作

据朱树滋《李文孝先生行状》称:"公文集十五卷"②,可知李因笃生前所编文集有十五卷之多,惜未曾刊刻。乾隆年间朝廷诏求遗书,富平县令录其文集,呈入四库馆中,《四库全书总目》存有著录。几经岁月,文章多有散佚。至道光七年(1827),富平文人冯松龄、杨浚辑得李因笃部分文章,在银夏太守武天章的帮助下,刊刻了《受祺堂文集》(以下简称《文集》)四卷。作序者有陕甘督学周之桢等人。随后又收集到一些文章,于道光十年(1830)刊刻了《续刻受祺堂文集》(以下简称《续刻》)四卷,总计文章161篇。另据年谱附录,尚有《孙忠靖公传》(《孙忠靖全集》)、《陈素中传》(《原故文录》)、《康孟谋手录汉诗评序》、《艾悔斋诗集序》(《蒲城县志》)、《与王山史手札》(《顾祠小志》)、《张鹿洲都阃集饮诸名士于荐福寺赋诗跋》(《代州志》)、《题曹倦圃乐府后》(《静惕堂诗集》)、《评颜修来乐圃集》(《乐圃集》)、《古今韵考题辞》、《题集汉魏六朝人通用古韵》(《题入声汇录》)、《题集唐人古诗通用

---

① 李因笃:《续刻受祺堂文集》卷一,第46页。
② 吴怀清:《关中三李年谱》,第422页。

韵》、《题唐韵选》等十二篇。笔者又从钱仪吉《碑传集》中辑得文章《梁敏壮公化凤崇祀名宦祠碑》一篇,从宋振麟《中岩文介先生文集附录》中检出李因笃所作的《中岩文介先生传略》一篇,从《颜氏家藏尺牍考》中寻检出两封李因笃致颜光敏的信,①总计现存文章一百七十七篇。按体裁分类,主要包括疏文一篇、策论文十三篇、序文六十一篇、传志文(包括传状文、祭文、墓志铭、墓表)四十三篇、杂记文十七篇、书信三十三篇,以及其他文体九篇。谨按上述类型逐一加以评析。

(一)疏文

《乞终养疏》,又称《告终养疏》,位列《受祺堂文集》卷一之首,是李因笃得名最盛、流传最广的散文名篇,和清初湖广参议叶映榴的《绝命疏》同被清初散文家钮琇誉为"天地间两大文章"②。该疏作于康熙十八年(1679)五月,新授翰林院检讨的李因笃决意辞职归乡,保其气节。他以老母患病为由,上呈《乞终养疏》。疏曰:

> 窃惟幼学而壮行者,人臣之盛节,辞荣而乞养者,人子之苦心。故求贤虽有国之经,而教孝实人伦之本。伏蒙皇上敕谕内外诸臣保举学行兼优之人,比有内阁学士项景襄、李天馥、大理寺少卿张云翼等,旁采虚声,先后以臣因笃姓名联尘荐牍,获奉谕旨,吏部遵行陕西督抚促臣应诏赴京。臣母年逾七旬,屡岁多病,又缘避寇堕马,左股撞伤,昼夜呻吟,久成废疾,困顿床褥,转侧需人。臣只一弟因材,从幼过继于臣叔曾祖家,分奉小宗之祀。臣年四十有九,儿女并无。母子茕茕,相依为命,躬亲扶持,跬步难离。随经具辞,次第移咨吏部,吏部谓咨内三人,其中称亲老援病,恐有推诿,一概驳回。窃思己病或可伪言,亲老岂容假借!臣虽极愚不肖,讵忍籍口所生,指为诿卸之端乎?痛思臣母迟暮之年,不幸身婴残疾,臣若贪承恩诏,背母远行,必致倚门倚闾,风疾增剧。况衰龄七十,久困扶床,辇路三千,难通啮指。一旦蹈北辰而已远,迴西景以无期,万一有人子所不忍言者,则毛义之捧檄,不逮其亲;温峤之绝裾,自忘其母,风木之悲何及?饼罍之耻奚偿?即臣永为名教罪人,亏子职而负朝廷,非臣

---

① 吴修:《颜氏家藏尺牍》卷二,《丛书集成初编》,北京:中华书局,1995年版,第65页。

② 钮琇:《觚賸》,上海:上海古籍出版社,1986年版,第104页。

愚之所敢出也。皇上方敬事两宫，聿隆孝治，细如草木，咸被矜容，自能宏锡类之仁，推之士庶，宁忍恝然母子饮泣向隅，夺其乌鸟私情，置之仕路。盖阁臣去臣最远，故以虚誉采臣，而不知臣之有老母也。臣云翼与臣皆秦人，虽所居里闬非远，知臣有老母也，而不知其病且衰，委顿支离至于此极也。即部臣推诿之语，概指臣三人而言，非谓臣必舍其亲而不之顾也。且臣虽谫陋，而同时荐臣者，皆朝廷大臣，其于君亲出处之义，思之熟矣。如臣猎名违母，则其始进已乖，不惟渎敢天伦，无颜以对皇上，而循陔负疚，躁进贻讥，则于荐臣诸臣亦为有觍面目。去岁台司郡邑络绎遣人，催臣长行，急若风火，臣趋朝之限，虽迫于戴星，而问寝之私，倍悬于爱日。然呼天莫应，号泣就道途，志绪荒迷，如堕云雾，低头转瞬，辄见臣母在前，寝食俱忘，肝肠逬裂，其不可渎官常而干禄位也明矣。况皇上至圣至仁，以尧舜之道治天下，敦伦厚俗，远迈前朝，而臣甘违离老亲，致伤风化，有臣如此，安所用之！乃臣自抵都以来，屡次具呈具疏，九重岩邃，情壅上闻。随于三月初一日，扶病考试，蒙皇上拔之前列，奉旨授臣翰林院检讨，与臣同官纂修明史，闻命悚惶，悉窃非分。臣衡茅下士，受皇上特达之知，天恩深重，何忍言归！但臣于去秋入京，奄更十月，数接家信，云臣母自臣远离膝下，哀痛弥侵，昼夜思臣，流涕无已，双目昏眊，昏至失明，臣仰图报君，俯迫谂母，欲留不可，欲去未能，瞻望阙庭，进退维谷。乃于五月二十一日具呈吏部，未蒙代题。臣獨切下情，惟哀祈君父查见行事例："凡在京官员，若家无次丁，听其终养。"臣身为独子，与例正符，伏愿皇上特沛恩慈，许臣遄归，扶养其母，叨沐圣泽，以终天年。臣母残病余生，统由再造。臣母子衔环镂骨，永矢毕生，而报国方长，策名有日益图力酬知遇，务展涓埃矣！①

综观全文，计一千二百余字，情理并茂，深挚动人。表现在内容上，他一方面感念朝廷恩德，认为出仕本是臣子职责，免除不敬朝廷的嫌疑，另一方面申明臣子尽孝更是人伦的根本，陈述母子深情以及分离痛苦。继而逐一辩白澄清嫌疑：自称有病者可能有推诿之嫌，若假称母亲患病则实属不敬，断不可能；

---

① 李因笃：《受祺堂文集》卷一，第1页。

自己若汲汲功名,不仅背弃天伦,还将无颜面对荐举他的官员;自己为官不归,母亲若不幸辞世,他即成为名教罪人,既愧为人子,亦辜负朝廷;按照政策,身为独子可以终养老母。在形式表现方面,采用动之以情、晓之以理、陈情于事、寓理于情的表达技巧,推近及远,环环相扣,层层推进,以确凿可信的事实说明终养老母的合情合理。尤为巧妙的是,他特意颂扬康熙皇帝孝敬两宫、以孝治天下,以此博得康熙的同情和理解。

疏文上呈,康熙帝深感其诚,恩准李因笃归养。这篇疏文随之声闻天下,时人赞其可与东晋李密的《陈情表》相媲美。两相对比,李密辞不应征,上《陈情表》倾诉他与祖母刘氏相依为命,并非矜尚名节留恋旧朝,恳请晋武帝准其奉养祖母免应征召,待祖母百年之后再行报效朝廷,晋帝最终应允并厚赐李密。《陈情表》与李因笃的《乞终养疏》除个人经历略有差别外,无论出处境遇、写作意图,还是谋篇布局、语言修辞,确有异曲同工之妙。《清史·儒林传》中选录了这篇疏文的大体梗概,钮琇《觚賸》、江藩《宋学渊源记》则录入全文。

(二)策论文

《受祺堂文集》卷一卷二,除《乞终养疏》一文外,共录十三篇策论文章,分别是《漕运》《治河》《荒政》《郊祀》《圣学》《史法》《天文》《历法》《盐政》《屯田》《乐律》《钱法》《用人》,内容既有漕粮运输、黄河治理、盐业管理、货币流通、屯田策略、灾荒应对,也有皇帝学习、人才选拔、天文历法,礼乐制度等,涉及政治、经济、文化、科学等多个领域,与社会现实密切相关,多数问题关乎国家政治经济命脉,具有论题广泛、意义重大、现实性强的特征。这是李因笃实学思想的精华所在,学术思想一章已就此做了专门探讨,此不赘述。写作方面主要表现为三个特征:

一是借鉴汉代策论文章,文风质实雄健。

作为秦汉派散文的拥趸者,李因笃对汉代贾谊、晁错、董仲舒的策论文章多有借鉴。道光时陕甘督学周之桢作《受祺堂文集序》评价李因笃策论文曰:"今观李天生大辜远期,体彰而用豁,治河诸策十三篇,比洛阳(贾谊)《治安》、鄱阳(马端临)《通考》非但不愧之而已。昔朱子读康节书以为有王佐气象,李先生固亦有世思乎哉?"①将李因笃的十三篇策论比作贾谊的《治安》、

---

① 李因笃:《受祺堂文集》卷首。

马端临《文献通考》,赞其有王佐气象、用世之心,揭示了李因笃撰写策论文的写作意图及其策论文的应用价值。

二是贯通经史,旁征博引,具有学者之文的特色。

李因笃的策论文具有一个共同的论述模式,先是爬梳经史典籍,追溯论述对象的历史源流,评析历代应对策略及诸多名家的思想言论,之后以史为鉴,总结经验教训,针对现实情形,提出合乎时宜的建议。譬如《漕运》,他先点明漕运论题,随后开始叙述漕运历史,从上古禹贡时期的九州运粮入都,经历朝历代,至明朝会通河通漕运,最后小结曰:"此漕运之始终也。"① 这番罗列,以确凿的史料,清晰勾勒出漕运演变的轨迹。在此基础上,他采用观点阐发与史实陈述相结合的办法提出了治理漕运的措施,以真实案例解释各项措施的具体内涵。如论述第一要点"制用"时曰:"愚观旧史,汉初之漕,岁不过数十万石,至元封则岁益六百万石矣。唐初水陆漕运,不过二十万石,至开元二十一年,则岁益二百余万石矣。夫肇兴之君,百为草创,其赐予之蕃,周给之优,以致宫室城池,乘舆什器之属,一切倚于卒办。是宜其多也。而数十年则已具。及其子孙守成而已。宜其简也,乃或至百倍而不足。善哉!《唐史》有云:'高祖太宗之时,用物有节而易赡。'吕祖谦曰:'汉武官多,徒役众。故恒苦不给。'邱濬谓:'官多而不切于用,宜汰冗员,徒役众,而无益于事。宜汰冗卒,则食粟者少。而民力可以日舒。'由是观之,国计之赢缩,在用之奢俭,不在漕之多寡也。"② 在此,他先列举了汉、唐两朝开国之初和中期输入漕粮的巨大反差,发现了其中存在的问题:开国时一切草创需求量大,后世只是守成,需求量应该变小,事实却是后世漕粮所需为前代的十倍百倍,然后,他援引《唐史》以及南宋著名思想家吕祖谦、明朝著名政治家兼思想家邱濬两人的观点,指出问题症结在于官员冗余,最后结论是:国家财政不在漕粮的多寡,而在开销的奢俭,这正是"制用"的内涵即节制费用之意。这种纵横古今、旁征博引的写作方式,增强了文章的历史厚重感,显现了李因笃学问渊博、谙熟经史的学者本色,也与清初学者散文兴盛相吻合。

三是条理谨严,观点鲜明。

作为议论文体,李因笃的策论文具有大致相似的逻辑框架。首先,阐明论述对象的重要意义;其次,以时间为线索,追溯论述对象的历史轨迹;再次,

---

① ② 李因笃:《受祺堂文集》卷一,第5页。

按照观点的主次轻重,简明扼要地提出一系列解决问题的若干策略;最后,总结全文,重申议题的意义,补充相关内容。而在每个环节当中,都能言简意赅地提出一系列观点。例如《史法》篇中,他首先强调人才较之制度更为重要;其次,从汉代《史记》起直至明代,对历代史书进行逐一概要评点;再次,提出他关于史书写作的观点:一是著史之前需做好两项基本工作:"简才"和"厄事"。二是史书写作当中需注意六个要点:辨体、尚质、阙疑、治例、原赞、专任;最后重申人才选拔的重要意义。这种结构观点明确,次序谨然,层层递进,环环相扣,体现出很强的逻辑性和系统性。

(三)传志文

传志文共有四十三篇,主要包括人物传记、墓碑文、哀祭文三大类。

传记。人物传记共计十五篇,传主多是明清时期陕西籍文人、官员以及个别在陕西任职的外籍官员,其中不乏名人要员。例如《孙忠靖公传》传主是明末三边总督孙传庭,《少傅兼太子太师靖逆将军谥壮襄张公传》传主是清初甘肃提督、靖逆侯张勇,《杜仲子苍舒传》传主是清初陕西著名诗人杜恒灿,《南冢宰弦蒲公传》《南大宗伯元象公传》《南大司空太公传》《南少参阳谷公传》《南赠公传》五篇传记则是一组关于明朝中后期陕西关中最显赫的家族之一的渭南南氏家族的传记,五人都曾担任明朝的高级官员。其中南企仲、南师仲兄弟分别担任过南都户部尚书、礼部尚书,是一部较完整的家族史料。

从传记内容来看,主要描述人物生平始末,重点关注人物的功业德行,褒扬人物的忠孝节义,体现出关学尊崇礼教、注重践履的特色。如《南冢宰弦蒲公传》为南企仲的传记。据文中所称,南企仲生有异质,十七岁为邑博士弟子员,学习刻苦,为省却社会应酬,假装脚有疾病。甫成进士,念祖母年老疏请终养,侍奉汤药直至终老。任职礼部考功司郎中时,唯才是举,破格选拔,杜绝私谒,时称"清铨部"。任职太仆寺卿期间,神宗诏停矿税,释放净谏的大臣,有关部门不予执行,他抗章检举,结果被削籍为民。回乡后隐居山中二十年,闭户读书,诗酒自娱,不与达官贵人交接。天启年间再起,官至南京户部左侍郎兼金都御史,因魏忠贤阉党专权擅政,他便辞职告归。崇祯年间再起为南京户部尚书,后引疾归里。归乡后,他经常济贫助人。例如崇祯十三年(1640),关中大饥,他拿出数千石粮食赈灾,活民万人。崇祯十六年(1643),李自成军破潼关,迫害官员,南企仲不屈,绝食而卒。篇末赞曰:"天启阉人之祸,烈矣!彼附近者不足论,以予所闻于一二遗老,盖当时三案,诸君子其言亦不无过激之处。故匡救之德或缺焉!如冢宰先事而去,嚼然蝉蜕于污泥之中,可谓表表矣。史称苏文定辙为不党而明允,故早计其免于祸,辄冢宰之立朝殆为近之也。"①通观全文,主要刻画了南企仲刚正不阿、不党不群、忠贞仁厚、进退自如的形象,论赞部分着力突出南企仲清白不染之品节,显示出李因笃对人物的道德品节的看重。

李因笃为人豪侠仗义,在他笔下也有数位颇有豪侠气概的人物。如在《骠骑陈公传》中,他称许前明西安卫指挥使陈善政慷慨待友曰:"多读书,矜然诺,好交纳,任智解,慷慨慕义,有烈丈夫风。""喜宾客,四方之士争主之,遭乱里居,负郭所入不足以克盘豆,则时时破产佐之。家已中落,而食必满座,轮蹄交于户外,尝无虚日。啸不能罢,即昏夜往扣其门,俄顷酒炙罗前,不闻呼催之声,盖其家人先蓄待客,率以为常至。"写其仗义则曰:"死丧急难,或依之者,虽利害较然,迫于肌肤,屹不为动。"②这些品行体现着陕西人慷慨豪爽的精神气质。此外,靖逆侯张勇之英勇刚猛、礼贤下士,诗人杜恒灿之率性仗义,同样具有秦人本色。李因笃不吝笔墨述其事迹,盖有惺惺相惜之意。

写作方面,他充分借鉴司马迁《史记》的传记笔法,遵循姓名籍贯、家族世系、生平始末、篇末论赞的结构模式,以人物为中心,主要运用叙述和白描手法,撷取关键事件和典型细节表现人物的主要特征,突出其思想性格,塑造人物形象,篇末画龙点睛,发表评论,揭示人物的精神风貌和功过是非。代表作是《少傅兼太子太师靖逆将军谥壮襄张公传》。传主张勇(1616—1684),字非熊,祖籍陕西洋县,长安人。明末曾任九江游击,骁勇善战,入清后在三边总督孟乔芳麾下任职,屡建战功。康熙年间升任甘肃提督。三藩之乱爆发后,他拒绝吴三桂拉拢,密派其子张云翼赴京上报康熙,受到朝廷嘉奖,晋升为靖逆将军。他运筹帷幄,在平定三藩之乱中屡建奇功。商泓逵认为,张勇和赵良栋、王进宝是康熙平息三藩之乱中的"西北三汉将"。③战后,康熙亲自接见张勇,册封其为靖逆侯。李因笃与张勇一家交谊深厚,多次入京,常入住其子张云翼府上。张勇去世之后,李因笃应张云翼之请作《少傅兼太子太

---

① 李因笃:《受祺堂文集》卷一,第55页。
② 李因笃:《续刻受祺堂文集》卷三,第32页。
③ 商泓逵:《康熙平定三藩中的西北三汉将》,《北京大学学报》(哲社版),1984年第4期,第91—99页。

师靖逆将军谥壮襄张公传》。文章以时间为线索,着重叙述张勇的军事生涯和赫赫战功,通过丰富的事例,极力展现其军事才能和大将气概。据传文所述,张勇早年"落拓有大度",从军后"骑射冠时"①"每战身先士卒,矢石雨集,注目不疑,意穆如也"。② 寥寥数句,刻画出张勇非凡的英勇。文中精彩讲述了张勇的多次战斗经历。最经典的事例是张勇任兰州总兵期间,羌族占据了祁连山大草滩牧场,朝廷派人与羌族首领进行边境谈判,半日僵持不下。张勇"初匿旁室,欻乘八搁车,唱殿而出,大司马以下皆起,来使询译者,知为公,大惊,匍匐趋前,曰:'惟公命'。公厉声曰:'大草滩,内地非取之尔。尔安得请国家遇尔厚。顾无所惜,吾边臣,虽尺寸之土,可弃乎?'皆色沮,谢过而退,事遂已"。③ 通过威风凛凛的现身、义正词严的质问,以及敌我双方敬畏有加的紧张氛围,展现了张勇威猛果断的大将气概。另如写其治军严明则曰:"将吏畏之,莫敢仰视""虽违之数千里,守其约束不异面承。"写其善待将士则曰:"将士所须器马帷帘,公自倾筐予之。足食足兵,迄一不问。军吏有知人之鉴,多拔卒伍为大将。"写其喜好风雅则曰:"既为大帅,轻裘缓带,饮酒赋诗,恂恂有古儒将之风。"通过上述多方面的精心刻画,塑造了一代名将张勇英武儒雅的形象。篇末则是史氏曰:"滇南之变,海内驿骚,视晋之维城、唐之藩镇为侈也。顾典午迄于割据,而河朔盗袭封守亦与唐相始终。今九围宴然,荒岛受历,洵由天子神武,有征无战,省方登岱,媲美黄虞,而溯端合黎,屹如岳峙。追踪方召,为世虎臣,宜矣!公不耻下交,从游多岩穴隐者。部士某主公质肆,私费公币千余金,初怒斥之,已而闻其与贤人处,遂弃责。吴郡顾征君炎武在廷尉座叹美其事。公当代俊伟,名著信史,退而观之,又何其大雅君子也。"这段评论从时代大背景着眼,赞誉张勇为如虎之臣,有功于海内太平,对张勇的历史功勋予以定位。此外,他还援引一则逸事,赞其礼贤下士,并借顾炎武的美誉赞其文武双全、儒将风范。赵俪生曾作《靖逆候张勇事迹述略》,据他比勘,《清史稿》中的《张勇列传》与李因笃所做的传文除个别之处略有差异外,"内容基本一致,仅有细节之歧异"。④ 说明后世史家对于李因笃传记文章多有认可。

---

① 李因笃:《续刻受祺堂文集》卷三,第 13 页。
② 李因笃:《续刻受祺堂文集》卷三,第 19 页。
③ 李因笃:《续刻受祺堂文集》卷三,第 15 页。
④ 赵俪生:《学海幕骋》,北京:新华出版社,1992 年,266 页。

李因笃在评点杜甫诗歌《瀼溪堆》时,曾以游侠列传为例,称赞《史记》具有"尚奇"之风格。他的传记文中也有数篇文章同样体现着追新求奇的艺术倾向。最典型的篇目是《杜仲子苍舒传》。文章当中,他着力从多个方面表现诗人杜恒灿的奇才侠风。如写其才思敏捷则叙一事曰:"即事作平洋沙十首,将军起为仲寿,觞酒尚温,诗已成。"①有如三国关羽温酒斩华雄般神奇。写其至孝则叙一事曰:"私念京师久,所入不直孝宏公酒债,因轻舟渡淮,历广陵,逾建康,时时得巨文及珍玩绮丽之属,归寿其亲。"②赞其四处客游谋求财富,只为孝敬父亲。写其友悌情深则叙一事曰:"闻恒焴病云间,急命反櫂,适风便相去千里,信宿而达。"③弟弟有病,不惜夜行千里前去探问,速度何其迅疾。写杜恒灿之豪侠性格则曰:"性直谅,好为人排纷难,其学无所不窥,一泚笔辄至数千言,尝不加点,而时时推让同舍生不已。"④真可谓侠骨柔肠的文人才子。

墓志文。墓志文总计三十篇,具体包括墓志铭二十四篇、墓表六篇。墓主多为官员、文士或者他们的家属,中有数十位与清初陕西文坛关系密切的人物,值得关注。如《朱大山辉先生墓志铭》《湖广督学前方伯茂衍王公墓志铭》《陕西通判省督学前太史泚许使君墓志铭》的主人公分别是陕西督学许孙荃、湖北督学王孙蔚、粤西观察朱廷璟,他们既是政绩可观的官员,又是爱好诗文的文人。《前明昭信校尉郭公金汤配安人孙氏合葬墓志铭》和《西安府通判加九级服一品服致政君辅茹使君墓志铭》的主人公分别是前明昭信校尉郭民止和西安府通判茹安。二人文名不显,却喜好风雅,广接宾客,他们的府邸乃是当时关中文人诗酒风流的聚会场地,顾炎武、李因笃、李楷、李柏、王弘撰等人经常光临。《司勋王公墓志铭》和《大令温公虞白墓志铭》的主人公分别是三原王征、温纯两大家族的后裔,前者是王氏家族的王九鼎,后者是温氏家族的温树珧,他们是李因笃的多年文友,李因笃出游三原,常客居王、温府上。基于文友之缘,李因笃谙熟墓主的一生行迹,写来材料翔实,情感真挚,为本论文《李因笃与关中文坛》一节的撰写提供了丰富的文献资料。

从思想内容而言,受文体所限,这些文章基本遵循墓碑文的体例,叙述死

---

① 李因笃:《续刻受祺堂文集》卷一,第27页。
② 李因笃:《续刻受祺堂文集》卷一,第26页。
③ 李因笃:《续刻受祺堂文集》卷一,第28页。
④ 李因笃:《续刻受祺堂文集》卷一,第29页。

者的世系、姓名、爵位、行治、寿年、卒葬月日、子孙大略和葬地等事项,新意无多。独特之处在于李因笃对墓志文有独到见解。《与茹紫庭》曰:"若志规与状不同,状出孝子哀怛之余,正以语无伦次,为义所云,追忆生平懿德,记而书之,情溢于辞,不加雕琢,正也。昌黎《祭十二郎文》,千古绝调,论者或病其辞之功夫,昌黎非必琢而后工,乃论者固不为无见可以观矣。惟志则属辞,必从其类,又有当倒叙总叙者。夫志乃史之一体,案而不断,而乏议论,仍贵以叙事行之,此所由难也。笃西鄙腐儒,夙无一能,然读史五十年,晚而微有寸得。"①他认为,传状文注重以真情感人,不注重雕饰,墓志文则如修史一样,重点在于叙述事实,以事实带出思想评价,作者本人不发表议论。因此,这些墓志文章借鉴司马迁《史记》人物传记的文学手法,在完整记述人物一生行迹的基础上,注重从多个角度展示墓主。代表作是《朱大山辉墓志铭》一文,主人公是朱廷璟,富平人,顺治五年(1648)进士,官至清粤西观察使,著有《循寄堂集》,《四库全书总目》有著录。文章先按时间线索叙述了朱廷璟的生平履历、种种政绩,着重展现其求学时期的勤奋聪颖,为官期间的精明能干。精彩部分在于文章后半部分对其个性作了多角度的展示。如叙述朱廷璟"言不妄发,行不旁顾",山东某巡抚作威作福,奴役下属,独畏朱廷璟,从侧面称赞朱廷璟沉毅从容、刚正不阿;叙述朱廷璟解官回乡途中过洞庭湖时,因所携财产单薄,借得邻船铁器压船方才安渡,展示其廉洁奉公;叙述朱廷璟并不认识刘汉客,却以乡党之谊资助刘汉客从广西运回兄长灵柩,说明其乐善好施;叙述朱廷璟居家之后,与人闲谈概不论政务,说明其淡泊自守;叙述其藏书满家,非先正格言绝不寓目,所作楷书一丝不苟,说明其严谨端正风范;叙朱廷璟与妻子四十年相敬如宾,家训曰:"立身务图远大,为学切忌浅率",说明其治家有方。最后评述其诗文风格、学术成就,言其钟情文化,境界高雅。综合上述种种事迹,可以形成如下认识:朱廷璟不仅是一名清正廉洁的官员,同时还是一名淡泊自适的乡绅、慷慨重义的乡党、温柔敦厚的丈夫、谆谆教子的父亲、勤勉好学的文人,人物形象十分饱满,符合李因笃提出的"案而不断"的写作原则。

哀祭文。哀祭文共有七篇。文章感情真挚、言语朴实,以祭奠陈上年之兄的《陈大来祭文》为上。文章开篇痛呼陈大来为人德厚而早逝,回忆陈大来

---

① 李因笃:《续刻受祺堂文集》卷三,第26页。

对他的资助关照,以及对他戆直性格的包容和劝诫,进而颂美陈大来忠诚仁厚、持家有方。篇末悲情自诉曰:"先生已矣,予以家贫重负,流落荆南,既自阙祔棺之哀,而又不获慰使君手足之恸,匡替长君于功宾书帛之间,真不足复齿于人,然皇天后土,实鉴此衷,先生其有以谅我乎?"①他感慨自己流落异乡,不能亲自哭祭,更不能安慰帮助陈上年,唯有祈望死者原谅,其情悲慨真诚,令人动容。

  耐人寻味的是,相比较同时代散文名家的文集,相比较自己的诗歌作品,李因笃的文集有一个明显的特点:表彰抗清殉国的节烈之士和坚贞守节之遗民志士的人物传记很少,仅有入清后辞职归隐的郭民止、放情山水的王弘撰之兄长王弘嘉二人。若从严格意义来讲,他们有隐逸风范,却无抵抗行动,他们的儿子通过科举成为清朝官员。相比之下,褒扬明清官员的传记数量较多,其中一些人按照当代惯有的历史观念,属于有争议人物。例如,孙传庭曾经镇压过李自成农民军,张勇曾为明朝游击,后来投降清朝,镇压过抗清武装,属于"贰臣",梁化凤任职松宁总兵期间镇压过郑成功的反清复明活动,按照阶级斗争和民族气节观念来衡量,较之易代之际的遗民高士,他们向来处于被排斥贬抑的境地。个中原因,不得而知。笔者揣测,按照李因笃本人对于气节的倚重,他完全有可能写过关于遗民志士的传记文章,之所以失传,原因可能是为了避免文字狱而毁掉文稿,或者未敢收录。他为官员作传且多赞许,一是他是关中著名文人,自然有人慕名前来请他撰写,另一原因在于经过历史动荡,清初统治者汲取明末官风腐败的教训,整顿吏治,涌现出一批积极有为的官员群体,如陈上年、曹溶、龚鼎孳等人,皆是世所公认的能臣廉吏。李因笃以事实为据,陈述各位官员的事功德行,例如许孙荃之振兴文教、礼贤下士,朱廷璟之清正廉洁、宽宏大度、王孙蔚之执法严明、机敏干练,苏东柱之勤政爱民、慷慨尚义等,反映了清初吏治渐趋清明的历史态势。至于他对孙传庭、张勇等人的肯定,符合清初士大夫所持有的正统观念。客观而言,孙、张二人才能超卓,功业赫赫,曾在明末清初的历史舞台上叱咤一时。李因笃身为同代人,熟悉二人的生平事迹,他的传记文章后来成为正史参照的底本,说明他的传记符合历史真实。当然,对于孙、张等人的功过是非,需要结合具体的历史情境做出客观辩证的分析,今人既不能完全苟同,也不能一概否定。

---

  ① 李因笃:《受祺堂文集》卷三,第54页。

（四）序文

李因笃共作序文六十一篇,主要分为诗文序、赠序、序记文三大类。

诗文序总计三十三篇,多是他给友人、弟子以及数位关中前辈的诗文集写的序言。其中明朝人物有右佥都御史三原焦源溥、南京礼部尚书南师仲、河南巡抚三原常寰一,清代人物则有王弘撰、东荫商、康乃心、宋振麟等布衣文人以及湖北督学王孙蔚、榆林守备谭吉璁、凤翔知府曹鼎武、兴安府知府李凤翔、白水县令钮琇、泾阳县令王书年等人。通过这些序言,可以了解关于陕西文坛的历史。在序言中,李因笃或联系时代背景,或结合作者身世境遇,或者援引某一史论,或者叙述彼此交谊,就其诗文进行综合评点,形式不拘一格,蕴含着丰富的学术思想和诗学思想,论文的第三、四、五章多有引用。例如,他为王弘撰《正学隅见》作序,阐明他的理学思想。他为宋振麟作《宋子贞先生制义序》,阐述他对制义文的观点,赞誉宋振麟的文章"醇深弘丽"。他为康乃心作《康孟谋诗集序》,赞誉康乃心的诗歌"雄姿逸气,不受羁衔,故皆直抒性灵,磊落壮凉,得秦风本色",几成康乃心诗歌定评。他还为陕西督学叶映榴编写的科举试卷选集《他山集》作序,记录当时陕西科举的状况。

赠序共有二十四篇,内容多以叙述交游、颂赞品行、劝勉友人为主,夹叙夹议,融情入理。如《续刻》卷二《王山史先生次子仲和补博士弟子员序》系为祝贺友人王弘撰之子王宜辅成为博士弟子员而作,借机阐发博士弟子员的文化职责。此类文章内容应用性较强,文学价值不是很高。个别序文内容不拘一格,蕴含独特见解。譬如《王徵君山史六秩序》一文中论及遗民出处,对了解李因笃的人生观念至为关键。

> 士君子立身之大闲,仕、隐二者而已,而隐之义亦有二:嘉遁林岩,遗世以为高,甚则离其天属,躬膺困瘁而罔顾,所谓固隐也;无意圭组而不为诡激戾俗之行,亦不必岸然自绝于当世之君大夫,究之史册,书为处士而无遗议,所谓通隐也。夫固隐者不可及矣,夫子之论逸民既非一致,而孟子于段干木、泄柳申详于陵仲子,皆讥其过,况未能度其身与其时之可否,而硁硁慕空名,履危机,至于洁己自全,陷于凶德,非吾道所贵矣。且夫君子不得志则蓬累而行,此无关于世之治乱也,以四皓为避暴,何以处采薇之仁,人以务光为不事易姓之君,彼巢许何据焉,然则善藏而不诡于正,其通隐乎?当吾世而有孙苏门、顾亭林二公,其道大而行方,其学至博且深,实而有用,拟

之古,庶几贞白、康节之俦,而二公皆往亦。求之关中,华下王徵君无异先生,凤交于二公,而树品嗜古,秀令渊茂,亦其流匹也。①

此文本是寿序,但是文章的前半部分主要阐发遗民出处的观点:作为士人,处世不外乎"仕"与"隐"两途,而"隐"也有两种态度和状态。一种是"遗世以为高、离其天属"的"固隐",要么逃隐深山,要么遁迹空门。根据《明遗民录》《皇明遗民传》等有关遗民的史料,可知这是当时士人最常见的选择。李因笃对此坚决批评,认为"固隐"处世太过极端,况且"未能度其身与其时之可否,而硁硁慕空名,履危机,至于洁己自全,陷于凶德,非吾道所贵矣",指摘其徒有虚名,无补世事。另一种隐是"通隐",其原则是不营营于功名,不戚戚于利禄,游离于场屋之外,但同时又不悖世戾俗,不诡激极端,也不"岸然自绝于当世之君大夫",意即既不贪恋世俗的功名利禄,又不刻意远离社会,依然与朝廷官员正常交往,并以顾炎武、孙奇逢为"通隐"典范。经过这番议论,他转入正题,叙述王弘撰屡辞科举,寄身僧寮、不应博学鸿儒试的事迹,赞其守节不仕的品格。同时按照"通隐"的观念,对于王弘撰游于官府,允许儿子做官的事实予以理解和支持。综观全文,既是对王弘撰的气节操守的一种肯定,也可看作是李因笃本人"夫子自道"式的出处宣言,犹如破解谜团的锁钥,为解释李因笃的人生轨迹提供明确的思想依据。

联系清初的历史情境,遗民的出处交接成为关乎气节的大事,赵园《明清之际士大夫研究》第六章《遗民的生存方式》第三节专论交接,其论述颇为透彻。据她分析,遗民遭受着空前的道德压力,非但不可出仕应征召,不可酬应干谒,且不宜为僧,不便讲学,不应为子弟谋科名;即使做到了上述种种,也仍须努力"养晦"。守节极严者往往自我痼闭,不与世接,出应世务则被视为节操之玷。笔者认为,李因笃的"通隐"思想不偏不倚,通达务实,乃是一条可资选取的处世之道,从文字表述来说,"通隐"二字概括精当,含义明确,更能恰切地概括大多数继续生活的遗民的行为取向,应是一则很有引用价值的思想材料,遗憾的是未被赵园发现。

序记文三篇。代表作是《创建朝阳书院序》。该序记叙了朝阳书院修建始末,对岐山县令茹仪凤在礼乐文化发祥地肇兴书院、博文约礼大加赞叹,最精彩的一段是梳理书院历史并阐发讲学意义。

---

① 李因笃:《受祺堂文集》卷三,第13页。

> 书院之建昉于宋儒,所以通庠序之穷,而辅其所不及也。近代科名日重,而获之者或忘其源。积渐至于公卿,驱车结驷,甚且过庙宫而不下,求所谓仕优则学者邈焉。夫庠序以养天下之人才,非专为科名设。其初盖准贴括之法,束之一途。若曰:"舍是,科名无繇致也。"今反以科名为鹄,视博士之门居之去之,不异逆旅。故庠序乃日趋于敝,国家有所用非所养之叹,而士亦无解于学与政达。当是时,贤者欲起而救之,舍书院不可。且岐固周之丰镐之所基命也。先王之大经大法,至周略备。游于斯者,相与博综而讨论之,力行积学,去圣道不远矣。其侧于学宫者何?曰:"蔽于习闻而不稽古,好称古而非今,学者之大患也。远之则趋向分,而是非易起,势必至于交病。近之则有观,而兴互剂其偏而裨其所不足。即使束修负笈者,无守残袭陋,泥一家之师说。而尊经学古之士,密迩宫墙,聆弦歌而有怀,瞻俎豆而作肃,日敛其骄心逸气,循循博文约礼之中,事贤友仁,以成其德,庶不致放言高蹈,薄弃制科。故曰:"择地之宜,其寓意甚深也。①

他首言书院之开端及其创建宗旨,批评近代士人唯科举功名是图的功利态度,对于学问反而漠视,也不满于当时士人"蔽于习闻而不稽古,好称古而非今"的两种走极端的不良学风,认为书院讲学乃是转变学风、尊经重道、博文约礼的必要途径,肯定了朝阳书院在文化故地昌明学术所具有的特别意义。此外,《雁塔题名碑序》记录了康熙二十六年(1687)陕西科举考试之后官方仿照唐朝举行的雁塔题名活动,积极阐发该项活动的文化意义,对于人才辈出,文化兴隆的发展局面深表欣慰。《董使君重建郡堂新城序并诗》记录了西安知府董使君修建西安府公署的经过,赞其体恤民生的品格。二者均能反映出清初陕西文教事业的振兴态势。通过上述分析可以看出,这些序文基本采用了夹叙夹议的笔法,其特色在于叙述简要凝练,议论精警有力,具有很强的思想性和深厚的文化意味。

(五)杂记文

李因笃的文集当中存有一些内容不一的记叙文,可以概括称之为杂记文,总计十七篇。较有价值的是数篇记录人物活动的记叙文。其中论及关学

---

① 李因笃:《受祺堂文集》卷三,第4页。

大儒李颙有两篇。

如《许使君捐俸置周至养贤田记》叙述康熙二十三年（1684）陕西督学许孙荃捐献俸禄购买田地给著名学者李颙一事的过程。文中开篇即称"古之君子穷而在下，君大夫必有以养之"①，结合孟子等人的案例，阐发官员有责任养贤的论点。之后叙述李颙之安贫乐道曰："其人贞隐山庄，屡却征聘，縻之爵禄不屈，望之宾客不前。馈之兼金，奉之台廪，复固辞。而家素贫。饭粥恒虞弗给。忍饥而不出户。质之先生，先生永日肃歌，渊渊声出金石。观之当代，圣主当虚前席以听。"展现了李颙清介不屈的品格。许孙荃闻之，捐献俸禄特意买田给李颙，虑及李颙之为人，只告诉李颙之子，未敢告以实情。李因笃认为，礼贤下士、振兴文教，捐俸为公非为私，接受赠田，小则体君恩而全士节，闻之天下后世，则形成风气，故而撰文予以宣扬。

第二篇是《隐士庄拟山堂记》，该文重点记录了富平县令郭传芳为李颙在富平军寨村修建住宅拟山堂的始末，旨在嘉许郭传芳尊贤养贤的善举。文中赞颂李颙"起自孤寒，独立不倚，孝友忠爱"，推为"天下士"，故将所居之处尊称为隐士庄拟山堂，言其所居可以比拟宋代学者讲学之山堂，意在褒扬李颙隐逸淡泊、弘扬学术的高尚气节。这些文章对于宣传李颙的优秀品格、营造良好的社会文化氛围具有积极推动的作用。

余下作品内容多是记录重修文物古迹、祠庙事宜。其中有两篇与关学密切相关。一篇是《重修宋张诚公横渠夫子祠记》，叙述了凤翔府重修张载祠庙的经过及其文化意义，同时梳理关学源流，纵论关学的历史影响，力倡关学振兴。另一篇是《重修下马陵记》记叙了重修董仲舒墓一事，主旨在于借颂扬董仲舒的思想成就之际，欣慰于儒学传统得以传承发扬。这两篇文章，所记事件本身不大，李因笃见微知著，援引经史，从时代的高度阐发事件的学术文化意义，旨在宣扬儒家思想，延续文化传统，体现出学者所具有的宏阔的眼光和清醒的责任意识。另有五篇碑记文，如《重修荐福寺碑》《重建王将军庙碑》《底店镇重修中庙碑》《重茸韩真人行祠兼昭格前楼并山门碑记》等，分别记录了重修小雁塔、富平县的秦朝大将王翦祠庙、礼泉县底张镇中庙、西安韩湘子庙祠等事宜，阐发其社会文化意义。通过这些文章可以看出，至清朝康熙年间，随着陕西经济社会的稳定发展，官方开始重视文化遗产，各地宗教文化

---

① 李因笃：《受祺堂文集》卷三，第43页。

活动场所得以重建,陕西文化事业呈现出欣欣向荣的发展态势。

令人不解的是,李因笃山水诗作数量不少,山水游记仅一篇,题目是《清凉游记》,察其内容,名为山水游记,主要内容并非描摹山水风光,而是记录他的游览五台山的踪迹以及作诗概况,缺乏山水游记应有的优美灵动,与其数量不菲、境界超然的五台组诗作无法媲美,似在说明李因笃更善于用诗歌来抒情写景。

(六)书信

李因笃书信共存三十三封,主要写给他的亲友,其中有顾炎武、曹溶、徐乾学、陈维崧、刘体仁、孙承泽、乔莱、李良年、戴廷栻、魏象枢、项景襄、周有德、朱廷璟、张云翼、许孙荃、钮琇、曹鼎望、茹仪凤、颜光敏等人。这些信件内容充实,情感诚挚,既有友人间的关心问候,自己近况自述,又有诗文切磋、思想阐发,为了解李因笃的精神世界及其社会交游活动提供了珍贵的文献资料。例如,康熙十二年(1673),他在武昌期间,作《复顾先生》寄给顾炎武,信中曰:"因思丈夫具有血气,游客万不可为。入幕虽卑,犹自食其力,舍彼就此,亦云恶取其轻者耳。"①表明自己宁愿入幕自食其力,不愿作游客仰人鼻息。又《答李隐君书》曰:"古之君子其自待必严,与人必慎,终身落落寡合,必不依违迁就,以苟一日之名。"②从中可以感受到李因笃自尊自律的品格。前后有八篇致许孙荃的书信,其中就杜诗学、音韵学、乐府诗、乐律等相关问题展开探讨。

李因笃的散文影响不是很广,年代久远,久为世忘。但是,陕西后辈文人对其景仰有加。例如《受祺堂文集》的第一篇序言评价曰:"雄文健笔,上规马、班,下躏王、李,为一代风会之所开,为百年后进之领袖者,略见于此。"第三篇序言称曰:"其文则记序传志,出入迁、固之间,策疏兼取贾、董,六朝以下未尝取则焉,其源远流长,不特此也。……故其为文事详而笔简,才雄而义醇,宗经而不流于迂,上下古今而不失之诞。当时,若宁都魏氏、商邱侯氏,各以古文名家,使先生出其所长,与之角胜中原,正未可知,谁执牛耳。"一致称赞李因笃的散文取法司马迁、班固、贾谊、董仲舒等秦汉散文大家,事实丰富而用笔凝练,才学雄富而思想醇正,宗法儒学经典却不迂腐,纵横古今而不失

---

① 李因笃:《受祺堂文集》卷三,第5页。
② 李因笃:《受祺堂文集》卷四,第41页。

之狂诞,以其所长,可与当时的古文大家侯方域、魏禧相媲美。文集编者富平籍文人冯云杏又赞曰:"读之奥衍鸿博,力追秦汉,经经纬史,是关世用,李北地、文太青之后而后罕有其俦。"赞其文章内容奥博,风格雄健,直追秦汉,出经入史,是继明朝李梦阳、文翔凤之后陕西文坛的一代领袖。上述言论对李因笃的散文成就作了概要评述,肯定了李因笃在清初陕西文学史以及清初散文界的历史地位,揭示了李因笃散文的总体艺术特色,如宗法秦汉、风格雄健,贴近现实关乎世用,出经入史,文化底蕴深厚等,这些特色多数已在此前关于各类散文的评析中作过阐发,此不赘述。

总而言之,李因笃是清初陕西著名的散文作家,其散文具有较高的艺术成就。马积高认为:"清初散文作家或者本身就是提倡经世致用之学的学者,或者受其感染,大都注意研经、治史、留心世务,自然有些意见要发表,故论说性的著述和文章增多。"出现了"论说文、记事文(包括写人)的大发展和小品文的衰落与蜕变。"①综观李因笃散文,正是以论说文、记叙文而见长,内容贴近社会事务,未见有个人抒情言志、表现性灵的小品文,体现了这一时代趋势。

李因笃存留的散文数量虽然不多,却有重要的历史文献价值。他的文章贴近社会现实,记录了明末清初诸多人物、事件以及相关社会发展状况,蕴含着丰富真实的历史信息。他所撰写的诸多关于文人学者的传记、墓志铭、诗文集序言和往来书信,为深入考察当时陕西文学、关中理学等思想文化活动以及陕西与各地域之间的文化交流提供了重要参考依据。此外也有傅衣凌、李刚、田培栋等多位学者从李因笃的文章中翻检出一些关于陕西的土地、商贸、移民、生态状况的记载,作为考察陕西社会经济发展变迁的学术史料。

---

① 马积高:《清代学术思想的变迁与文学》,长沙:湖南人民出版社,2002年版,第28页。

结语　李因笃与清代关学

明清之际,关学中兴,李因笃与李颙、李柏并称"关中三李",被尊为清初关学大儒。"三李"交谊密切,气节共尚,但从贡献而言,三人各有所长。简而言之,李因笃对关学既有传承,更有其独到的拓展和创新之功。主要贡献表现在如下三个方面。

一、坚守传统,继承发扬关学精神

李因笃幼承家学,因父亲遗教而得以与关学结缘。入清后,他坚守气节,抗清不成而闭门读书为学,成为知名大儒,后来又坚决辞职翰林院检讨,归乡奉母,以其实际行动践行了关学重视道德操守的传统风骨。在学术研究上,他早年更多致力于经学,对于理学包括关中理学留意不多。但是作为关中学人,他与其时的关中理学领袖李颙以及王弘撰、李柏等人常相往来,以兄弟相称,并为王弘撰的理学著作《正学隅见》作序。至其晚年,他先后在关中书院、岐山朝阳书院讲学,拜访关学鼻祖张载的祠庙,见其祠庙衰败,便积极致信官府力倡修复。待祠修缮一新后,他又欣然作文《重修宋张诚公横渠夫子祠记》,梳理关学源流,表达了他对关学的赞誉以及振兴关学的文化使命意识。他盛赞张载肇始关学、与二程同倡理学之功,肯定明代关学家吕柟、王恕、孙丕扬、温纯等人在王阳明心学风行天下之时,对程朱理学正统的坚守,称誉冯从吾对关学宗脉的整理盘点。面对陆王学派援佛入儒等现象,他积极呼吁:"抚周原之故地,崇关学之大防,以翼以严,俾荡亡返者,闻风而自止。"要求恢复关学正宗。据宋振麟《朝阳书院奉迎李太史子德先生会讲录序》所记,李因笃岐山讲学主倡"礼教""诚信""审几",体现了他对张载关学主张"明庶物、察人伦、皆穷理也"(《张子语录》)等传统精神的认同。此外,李因笃的思想中实学色彩和民本思想,一如张载当年之探讨井田、军事、天文等学问,正是关学"经世致用""民胞物与"的学派本色。

二、顺应时代,丰富拓展了关学空间

学界对于关学的内涵和边界,长期以来存在不同的说法。方光华《关学及其著述》概括为三种。第一种是指北宋张载所创建的关学学派,与二程之洛学、周敦颐之濂学、朱熹之闽学并称宋代理学四大流派。张载之后,关中地区理学绵延不绝。至明朝末年,冯从吾编成《关学编》,把关学渊源追溯至上古,把关学传承延续到明末,将关学的内涵由宋代理学的一个派别拓展为关中理学的总称,涵盖关中地区传播的各种理学,此为第二种说法。清代王心敬等人作《关学续编》,张骥作《关学宗传》,将关学内涵进一步拓展为关中儒学的总称,包括理学、经学以及实学、考据学等学术思想,这是第三种说法。客观而言,李因笃的理学建树较少,以至于王心敬未将他列入《关学续编》之列,有的更多称其为文学之士,如贺瑞麟则称"二曲理学,天生文学,雪木则高隐"(《清澼文集》卷十三)。事实上,李因笃是因纠正理学空疏之弊才致力于经学,并因经学解读需要进而研究音韵学,由此成为几与顾炎武相比肩的清初经学名家和音韵学家。他对致良知等心性修养学说着墨无多,但对漕运、货币等事关国计民生的政经大事颇为用力。他集学者与文人于一身,并将经学、史学、实学研究与其文学创作和文学研究紧密结合,无论是诗文作品还是诗学批评,始终贯穿着"温柔敦厚""兴观群怨"等儒家诗学精神。他的诗歌善用经史典故,富有学者之诗的魅力。屈大均赞曰:"孔德长律以十三经、二十一史熔铸成篇,词无空设,悉有典故。"因此,李因笃的学术思想更加适用关中儒学这一说法。需要指出的是,他的学术选择与同一时期依然主攻理学的李颙等关中学人大异其趣,但从全国范围来看,却与清初理学衰落、经学复兴、实学思潮方兴未艾的时代风气相一致。他对《诗经》《春秋》、汉代诗歌、杜甫诗歌等古籍进行整理、校勘、注疏,他在策论文中旁征博引,正是运用了清代新兴的考据学治学方法。依此我们可以认为,李因笃在经学、史学、实学、音韵学诗学等学术领域的努力及其取得的成就,是对关学的丰富和拓展,使得关学能够继续跻身时代前沿,从而为关学开创发展的新空间做出了独到而重要的贡献。

三、广泛交游,促进了关学与海内学术界的交流

李因笃为人豪爽热情,喜好交游,对于关学学人的往来交流多有促进。他与李颙、李柏、王弘撰等关学同人素以兄弟相称,彼此互通声气,时有聚会。例如,康熙十四年(1675)至十七年(1678),李颙避乱来富平居住,李因笃经常过访论学谈道,并在生活上多加帮助。王弘撰、康乃心等关中学人则纷纷

闻讯而至,相与谈学,关学声势一时再度兴盛。在此期间,顾炎武也因老友李因笃的邀约来到富平访问。他们共同倡议在华山上修建朱子祠以崇祀朱熹,却因清廷突如其来的博学鸿儒征召而被迫搁浅。直至李因笃从京师辞职回来以后,重新筹措谋划,顾炎武等人才再度聚首华山,最终在地方政府的支持下,完成了朱子祠的修建。这一盛举犹如一杆矗立的旗帜,成为学人聚会的新中心,有力地活跃了关中思想文化氛围。

不仅如此,李因笃之得时代风气,开创关学新天地,与其多年南北游走、广泛交游的经历也有一定关系。他从顺治十七年(1660)起走出关中,先后在固原、雁门、武昌等地坐馆入幕,得有机缘往来山西、京师、河北、湖北等地,结识顾炎武、傅山、朱彝尊、曹溶、阎若璩等海内学界名流,学术视野大为开阔。如他研究音韵学即受顾炎武的启发,而屈大均见李因笃著《九经大全》即建议他不要"我注九经",而要"九经注我"。王弘撰评述李因笃的这段学术飞跃的经历曰:"圭组之英,蓬荜之彦,俱与交欢。傅青主、顾宁人、朱彝尊辈尤以古道相砥砺。著述日富,叩其所蓄,如海涵地负。而敦尚义气,鉴拔人伦,有倜傥非常之概。丁未(按:康熙六年,1667年)返秦时,已弃诸生、当事诸公知者争为倒屣。"随着游历范围的扩大,他的学养和知名度也相应递增。特别是康熙十八年(1679)应征博学鸿儒期间,他与一大批荟萃京师的海内文化精英交流订交,博得"关西夫子"的尊称。他也积极宣传关学。让海内学界更为深入地了解关学,例如常年隐居的李柏正是经由李因笃在京师的数度推介才让学界获知到他的才学造诣。与此同时,海内学者也从他那里汲取了不少营养。例如顾炎武、朱彝尊著述中多处引用借鉴了李因笃的观点。一些学者受李因笃的直接和间接影响而与关学走得更近。顾炎武晚年卜居关中,傅山到访富平、屈大均从陕西游历到山西,陕西学者与山西学者之间的密切往来,如此等等,李因笃都发挥了至为重要的桥梁和纽带作用。清末关学学者贺瑞麟《频阳书院五先生赞》之赞李因笃曰:"国朝大文,归养一疏。汲引后学,交纳名儒。关中三李,独契中孚。"也对李因笃之助推关学的内外交流予以肯定。

附录

李因笃生平活动简表

关于李因笃的家世生平,民国学者吴怀清撰写了《关中三李年谱·天生先生年谱》,规模闳富,博览典籍,引证精详,为了解李因笃生平提供了最为详备的文献资料,尤其是在相关人物注释、诗文系年、传记文献等方面颇有成就,不足之处在于对李因笃的生平活动本身叙述过于简单,多属行踪的概略勾勒。今在吴怀清所著年谱的基础上,根据李因笃诗文以及相关人物的文献,仔细梳理李因笃的生平行迹,重点描述其文学活动。

崇祯四年辛未(1631)一岁

李因笃,字天生,更字孔德,又字子德。七月初五日丑时,出生于陕西西安府富平县韩家村(今陕西省渭南市富平县薛镇韩家村)。

祖籍山西省洪洞县,金、元年间,先人李义甫为躲避战乱,迁至陕西美原县韩家村定居。元世祖至元元年(1264),美原县并入富平县,遂称富平人。经过几代繁衍,至李允夫,家业逐渐振兴。再经李溢、李磐、李廷弼,至李因笃高祖李朝观,经营粮盐,往返于边塞与淮扬间,豪富一时,为富平北乡四大姓之一。李朝观晚年因与另一豪绅争夺田渠,因官府判决不公而自尽,其子李希贤暨李因笃曾祖奔赴京师申诉,昭雪冤案。祖父李效忠为武举,家业复振,娶妻杨氏,未育,侧室任氏生三子,长子李映林,即李因笃之父,师从关学大儒冯从吾,忠孝德行,闻名乡里。

李因笃母亲田太孺人,富平董村人,性善贤明,出身缙绅之家,外祖父田时需,明诸生,外叔祖田时震,曾任山西御史。

崇祯五年壬申(1632)二岁

崇祯六年癸酉(1633)三岁

冬十一月,弟因材生。

崇祯七年甲戌(1634),四岁

夏四月二十六日,父亲李映林病卒,享年二十七岁。一月后,祖父李振武不堪丧子之痛去世。

八月,李自成农民军从安康车厢峡突围,杀出秦岭,关中大乱。李因笃祖母杨氏率族人避于楼中,遭农民军火焚,共八十一人遇难。其时,李因笃随母亲、弟弟前往董村外家探亲,幸免于难。家道从此中落,母子三人遂寄居外家。

崇祯八年乙亥(1635)五岁

从外祖父田时需就塾,授读《大学》《中庸》《论语》《孟子》《尚书》《孝经》等,过目成诵。

崇祯九年丙子(1636)六岁

高迎祥为陕西巡抚孙传庭所败,被俘牺牲,李自成代为闯王。四月,皇太极即帝位,改国号清。

崇祯十年丁丑(1637)七岁

母亲田太孺人取出李映林所读之书以及明末关学大儒冯从吾小像,勉励其继承父志,李因笃涕泣叩拜,发愤读书。

崇祯十一年戊寅(1638)八岁

通制义,能文章。

崇祯十二年己卯(1639)九岁

崇祯十三年庚辰(1640)十岁

作《云台诸将论》,为外祖父田时需所赞赏。在外叔祖田时震家参加宴饮,即席背诵贾谊、董仲舒策论,举座皆惊。

崇祯十四年辛巳(1641)十一岁

应童子试,知县崔允升叹为"旷世才也",拔置第一。陕西提学汪乔年按试,取入邑庠。

是年正月,李自成农民军攻破洛阳,杀福王朱常洵。二月,攻破襄阳。七月,清兵攻锦州,围松山。八月,陷锦州。

崇祯十五年壬午(1642)十二岁

崇祯十六年癸未(1643)十三岁

食廪饩。

十月初七日,李自成农民军破潼关,入西安,进而占领关中地区,逼诸生出试。李因笃遂弃衣冠,屏举子业。一意经学,旁通《左传》《国语》《史记》《汉书》暨唐宋诸大家,专力古文辞,尤好为诗歌。

是冬,从外祖父田时需避乱富平北山中。时大顺政权以输饷为名,拷索缙绅金帛。田时震遭遇传檄,其子田而腴以身代父,羁押于长安狱中。

崇祯十七年暨顺治元年甲申(1644)十四岁

奔走塞上，欲起兵反清，无人响应，归而闭户读书，研读经学。

喜好诗歌，常与刘汉客、宋振麟等人游处。

田而腴被杀于山西解州安邑红芝驿。

顺治二年乙酉(1645)十五岁

与华阴学者、文人王弘撰订交于长安。

顺治三年丙戌(1646)十六岁

顺治四年丁亥(1647)十七岁

冬十月初五日，葬父亲李映林于韩家村新阡。

顺治五年戊子(1648)十八岁

游西安青门，住明秦藩王九世孙、明清之际关中文学领袖朱谊㳟家。遍游长安，仿照杜甫作《秋兴八首》，为时人称颂。前明昭信校尉郭民止喜纳宾客，经郭介绍，与邠州(今彬县)县令苏东柱、伏羌县令赵志忾相识订交。

顺治六年己丑(1649)十九岁

李因笃早年诗文被毁，生平无从细考，吴怀清《天生先生年谱》中顺治六年至顺治十六年为空白。

顺治七年庚寅(1650)二十岁

顺治八年辛卯(1651)二十一岁

顺治九年壬辰(1652)二十二岁

顺治十年癸巳(1653)二十三岁

顺治十一年甲午(1654)二十四岁

顺治十二年乙未(1655)二十五岁

春游泾阳，与泾阳诸位文人相游处。

《受祺堂诗集》(以下简称《诗集》)卷十三《陶世丈暨从孙德符招同子实、季徣、次典、公励、少文、又陶饮薛尔至集饮余旧尝憩此别来二十有六年矣述德兴怀以属和者》，按：此诗写于康熙十年，故推为该年所作。

顺治十三年丙申(1656)二十六岁

顺治十四年丁酉(1657)二十七岁

顺治十五年戊戌(1658)二十八岁

顺治十六年己亥(1659)二十九岁

春，外祖父田时需卒，后游于青门。

住南郊兴善寺，王弘学之子王宜亨(字伯贞)成进士，授礼部观政，前来拜访。

与刘六茹、黄仲珍、张延暇、陈飞溟、广东上人、慧澈上人、刘汉客等交游唱酬。

至三原,秋游礼泉,在池阳送苏东柱赴任。

冬,经赵志忭、苏东柱推荐,赴固原泾固道陈上年署坐馆,授读陈上年之子陈立。因趣味相投,与陈上年定昆弟交。

顺治十七年庚子(1660)三十岁

十二月,随陈上年调任山西雁平兵备,赶赴雁门道驻地代州就任。途中顺道归省,随即经山西洪洞等县,朝拜三皇庙、尧庙、舜庙、禹庙、皋陶庙,于年底抵达代州。

顺治十八年辛丑(1661)三十一岁

春日,游雁门关、前明三边总督孙传庭故园。

前往山西保德看望时任知县的苏东柱。

张鼎铨擢升四川威远令,来代州拜访,有诗赠之。

秋,与十六舅田而燧、弟子陈立、陈上年侄子陈正同游五台山三日,作诗百首,并作《清凉游记》。

为杨白石作诗序。

长女生。

康熙元年壬寅(1662)三十二岁

春日归乡省亲,暮春返回代州。吴谱曰:"是年诗缺",故本年事迹无多。

康熙二年癸卯(1663)三十三岁

顾炎武入山西,在大同拜见其时兵备大同的山西按察副使曹溶,访傅山于太原松庄,游五台,过代州,与李因笃订交。顾、曹、李三人相聚于陈上年府中。李因笃作《雁门邸中值宁人先生制二十韵以代洗爵》诗一首、《咏怀五百字奉亭林先生》,顾炎武作《酬李处士因笃》。

得傅山信,有诗。

是年接妻子张孺人来代州,居道署内。子李陈生,旋殇。

三原诗人杜恒灿自山西潞安寄诗至。

寄诗西安知府叶承桃。

康熙三年甲辰(1664),三十四岁

春与表弟田宏量、赵鼎彝之弟赵苍篆、陈正、陈直、陈立等人游柏林寺、冯如京庄园、孙传庭庄园。

李大春应公车选,过代州,作诗赠之。

曹溶入京斋表,作诗赠之。

顾炎武在汾阳学者朱之俊处查阅图书,作诗以寄。

夏游太原,与山西贵池籍学者刘廷銮同游晋祠。

山西按察使王显祚招饮,与傅山、刘廷銮、米襄、陈立、田世安等人在太原崇善寺宴饮。

前往崞县西七十里闹泥驿,住文殊寺,参观忻州西南程婴墓。

接傅山来信,派人接刘六茹来代州。

康熙四年乙巳(1665),三十五岁

春,随陈上年入京朝觐,途经大同、繁峙、易州、涞水、涿州、良乡,游览平陉关、赵武灵王墓、紫荆关、召公祠、荆轲山、张飞故里、卢沟桥。入都,拜祭明十三陵。离京返代,经保定,拜祭汉昭烈帝刘备庙、廉颇庙、前明御史金毓峒侍御墓、明宁夏巡抚韩文墓。

王弘撰在华山购独鹤亭,作诗寄之。

宋振麟、刘汉客应邀来代州,相与诗酒唱酬。题刘汉客的《三十行乐图》。

送宋振麟入京应铨选。

傅山来代州过访,并植梅花于陈上年尚友斋中。

赴太原,访米襄。

八月,苏东柱病故,经沙泉、田家洼前往吊,作诗挽之。

年底,张鼎铨来雁门。

致信朱廷璟,赞其诗文,时朱廷璟新任粤西观察。

康熙五年丙午(1666),三十六岁

春,送张鼎铨西归。

应赵鼎彝招,与刘汉客、宋振麟等人饮于柏林寺,分韵赋诗。

自代州返回陕西,过太原,与时入山西布政使王显祚幕的朱彝尊订交。

抵家,出游西安。应西安知府叶承桃之邀,作《京兆人文序》。

结识西安都阃张梦椒。

五月初二日,和李楷、杜恒灿、王弘撰、王宜辅等陕西文人一道与屈大均、颜光敏、沈荃等人聚会,诗文酬唱,屈大均盛称在座有"十五国客"。

陪屈大均游览未央宫故址、荐福寺、慈恩寺、杜甫祠,其后携屈大均回富平家中,屈大均登堂拜母。与屈大均、刘六茹、田而珏、田自佣等人上王翦墓饮酒赋诗,屈大均劝其研读张载《西铭》。

六月,携屈大均至山西代州,客陈上年府。经李因笃介绍,屈大均与代州守将赵匡鼎姐姐的夫家侄女、前明榆林参将王状猷之女王华姜成婚。

六月,顾炎武、朱彝尊至代州过访,与李因笃一起筹资在雁门北部垦荒。

寄诗傅山之子傅眉。

过汾阳,访学者朱之俊、胡庭、胡同兄弟,有诗赠之。

回陕,经华阴,晤见华州刺史王文韩,答应王弘撰之子王宜辅为弟子。

与西安知府叶承桃、陕西巡抚贾汉复、陕西总督白如梅、蒲城县令邓永芳相会。

冬,王宜辅之弟王宜辑补博士弟子员,因作《王山史先生次子仲和补博士弟子员序》以贺。

自陕西返回山西,再访朱之俊。

送冯如京任湖广荆西道。

长至日送曹溶回大同,在雁门关上与曹溶、屈大均、俞汝言彻夜饮酒,分韵赋诗,曹溶推为"长律第一"。

过应州,拜见知州傅登荣。

康熙六年丁未(1667)三十七岁

送曹溶赍捧,有诗赠之。

过蔚州,拜见魏象枢,有诗。

入京师。夏,与屈大均、纪映钟等宴饮于时任刑部尚书的京师文坛盟主龚鼎孳府中。

与程可则相识。

表兄田本沛升福建督学,作诗送之出都。

应户部主事渭南南廷铉相邀,在南宅小住,作《南氏家传》七卷。

九月,陈上年裁缺去,遂携家归陕,屈大均作诗、序文相赠。

过应州,结识北游的阎尔梅,有诗互赠。

过太原,与太原知府傅镇邦辞别。

过祁县,与县令、华州人王帷筹相晤。

过安邑,与县令赵讲村相晤,时刘六茹在赵府。

与王弘撰相会于张梦椒署中,时王弘撰掌关中书院。欲兄事王弘撰,王辞谢不得,遂纳拜。

关中书院修葺一新,开馆讲授,《京兆人文》刊行,有诗赞之。

有诗答曾畹。

冬,过郭民止草堂。郭之次子郭正始时补弟子员,纳为弟子。

康熙七年戊申(1668)三十八岁

家居,送朱廷璟任广西海门任,有诗赠行。

杜恒灿去世,赴三原吊丧,与赵季襄、侯恽、梁舟相会。

出潼关过山西,过河北稷山,至京师,与顾炎武同寓慈仁寺。至昌平,拜谒怀宗攒宫。

顾炎武因"黄培诗案",二月十五日先行出都,回济南自动投案。

夏,应龚鼎孳招饮,时屈大均、纪映钟在座,其后作诗寄怀。

六月三日,送屈大均归南海,作诗赠行。

出都,过代州,登白人岩,饮于孙氏庄园。

返家。顾炎武自山东狱中致信求助,复冒暑入京师,多方活动。

秋,过德州,应程先贞招饮。

至济南,与顾炎武相见。因病返保定,顾炎武有诗相赠。九月二十日,顾炎武被保出狱。

秋,在河北定州遇前往京师的王弘撰。

过保定,经安肃,拜见安肃令梁舟。

西归,复出关,至霍州度岁。

康熙八年己酉(1669)三十九岁

元日,由霍州经灵石抵保定,应陈僖招饮。

二月一日,与顾炎武会于保定。

三月,入都,与顾炎武重会于京师。清明节,同谒怀宗攒宫。

会李良年,题其《灌园图》。

南廷铉赠《春秋意林》。

与诗人程可则会。

前往山东新城,访新城县令、门人王宜辅。

在京师,赠别张勇仲子、张云翼之弟张云翮。

南廷铉升川西观察,有诗赠行。

秋季抵里,旋游青门,与汪开美、于潜等文士交游。

十月二十五日,王弘撰三兄王弘嘉殁,作《王公云隐先生墓表》。

应西安都司张梦椒招饮。

还家度岁。

康熙九年庚戌(1670)四十岁

春初,送南廷铉任职四川威远令。

正月十一日,与表叔石建明等亲友相聚。

出潼关南游,经河南灵宝、杞县,过安徽泗州、太和、凤阳,至扬州。游览华阴庙、周公庙、苏秦墓、周大夫苌弘墓、鄩阳谒萧相国祠、柳下惠先生故里、闵子词、虞姬墓等名胜古迹,有诗纪行。

在扬州晤见张恂、王岩和程邃等人。

归途经河南项城,拜见县宰、陕西铜川人习全史。

初秋归里。七月晦日,过镜波园,与朱廷璟、朱树滋父子相唱和。

出游青门,中秋应张梦椒招饮,与汪开美等文士聚荐福寺。

结识咸宁县令郭传芳,集董仲舒祠宴饮。

过访郭民止。

往泾阳,为县令王际诗集作《五吟草序》。

冬日,泾阳侯恽家中,与数位文友屡次雅集酬唱。

是年冬,其女季嬴、子李泗殇。

康熙十年辛亥(1671)四十一岁

春,赴三原,与侯恽、赵季襄、赵元深、王焯、宋振麟等人雅集于翠竹山房、畹园。

至耀县,呈诗县令王尔谦,与众文友登凌远阁。

送同乡王象天就任湖广督学。

秋,游青门,与张梦椒、郭传芳、于潜、廖邵镐、王宜辅、郭又璞等人宴集交游。

康熙十一年壬子(1672)四十二岁

经张梦椒介绍,入湖广按察使高翼辰幕。旋迎夫人张孺人来武昌。

临潼王孙蔚时任湖北粮道,与之经常诗文唱酬。

中秋,应王象天邀与同乡集饮。

寄信顾炎武、李良年,时顾炎武在山西,李良年在贵州。

冬,往荆州,返武昌度岁。

推荐宋振麟来湖北,入高翼辰幕。

康熙十二年癸丑(1673)四十三岁

元日,在武昌,谒孔庙。

王象天卒,作诗挽之。

遣使侯陈上年于保定。

程邃之子来访,作《高歌行》赠之。

得顾炎武信,有诗相寄。

端午日,子爵生,宋振麟作诗相贺。

中秋同宋振麟、田宏量聚会。

九月,乘舟经岳家口、泽口、赵家台、瓦子湖至荆州,旋还武昌。

寄诗淮安张劭。

三藩乱起,与宋振麟携家眷回陕。

康熙十三年甲寅(1674)四十四岁

里居。郭传芳、张梦椒等人欲荐其入仕,拒辞。屏居北山下,时有军机事务相参赞。

郭传芳擢任富平县令,作诗志喜。

赠诗永寿县令张琨。

有诗寿奉先县令李国亮之母。

有诗赠华州知县祝圣陪。

康熙十四年乙卯(1675)四十五岁

春游青门。

八月,郭传芳迎李颙至富平军寨村,以避兵乱。

康熙十五年丙辰(1676)四十六岁

郑端备兵神木,有诗赠之。

郝斌擢升西延司马,陪郝斌前往黄龙山,有诗赠之。

送四川总督周有德还高平,有诗赠之。

张梦椒因病告假归雁门,有诗赠之。

夏四月出关,经代州抵京师,住张云翼家,时张云翼擢升廷尉。与茹仪凤、王宜辅、张云翼雅集唱酬。

梁铉招饮,时梁侯补封事,有诗赠之。

秋,出都,顾炎武作诗赠行,相约次年来关中。

过保定,题陈上年《宗祀图》。

戴廷栻来书,有诗赠答。

过代州,张梦椒病故,作诗挽之。中秋日,应冯云骧之子招饮。过孙传庭庄园,有诗记之。

返家。母亲田太孺人前去外家,坠马伤股,遂归家侍奉。

时与李颙相往来,作《隐士庄拟山堂记》。

康熙十六年丁巳(1677)四十七岁

春,赴凤翔,与川陕总督周有德会。

过扶风,与学者王豫嘉会。

北上延安,延绥城堡厅同知谭吉璁见贻《榆林志》,有诗记之。

中秋,按约定前往华阴迎接顾炎武,顾因雨受阻未至,怅然作诗以记。

九月三日,顾炎武入华阴,住王弘撰家,随至富平访李颙。遂迎顾炎武至家。顾炎武登堂拜母,作诗《过李子德》四首,题李因笃家庭柱曰:"文章来国士,忠厚与乡人。"李因笃作《亭林先生肯访山村留宿见赠四时用韵奉答》。

同田宏量等人集于田若琬斋中,夜饮。

与廖镐、汪开美、杜恒焴会于青门。

赠诗西安府通判茹珍,兼寄其子茹仪凤。

朱廷璟卒,与李颙、顾炎武、王弘撰、朱廷璟之子朱树滋以及富平本地数位文士相与会聚。

大女儿季嬴去世。

陈上年幽死梧州,棺椁归乡,亲往保定凭吊。

康熙十七年戊午(1678)四十八岁

正月二十一日,康熙帝谕内阁召博学鸿词科考试;二十三日,内阁奉谕诏告内外,命在京三品以上及科道官员、在外督抚布按各举所知,征聘学行兼优、文辞卓越、无论已仕未仕之人,并定于明年三月考试。内阁大学士项景襄、李天馥、大理少卿张云翼荐李因笃,以母老病辞,不许。

春,富平县令郭传芳派人接顾炎武从太原至富平。三月,李因笃遣家人至曲周接顾炎武之嗣子衍生及其老师李云沾来富平。

七月,偕茹仪凤一同北上,抵京师,住张云翼府。数次陈情于通政司,不纳。总宪魏象枢密疏代陈,亦不报。李因笃先后投诗内阁大学士李天馥、项景襄、中书舍人高士奇等人,恳请帮助。

与朱彝尊会,时朱彝尊应博学鸿词荐举至京师。

与大学士冯溥屡次过往,并招饮。冯溥七十寿辰,作诗以贺。

与给事中高层云交,有诗赠之。

冯云骧应博学鸿词荐举至京师,作诗为冯祝寿。

谭吉璁应博学鸿词荐举至京师,为谭作《守榆纪略序》。

孙枝蔚应博学鸿词荐举至京师,与之相会于李天馥宅。

与陆陇其会。

与傅山、阎若璩相游处,相与论学,作《阎再彭先生六秩并追飨丁孺人序》。

康熙十八年己未(1679)四十九岁

投诗魏象枢,时魏任刑部尚书,魏代为上疏,未见纳。

二月四日,应王士禛招饮,与潘耒、邵长衡、董俞等人宴集。

赠诗施闰章。

应汤斌之请,为其"潜庵"题诗。

保和殿大学士、礼部尚书杜立德来诗,有诗奉答。

二月十一日,应曹广端招,与徐轨、孙枝蔚、邓汉仪、尤侗、彭孙遹、李念慈、汪楫、朱彝尊、李良年、王嗣淮、陆嘉淑、沈皞日、陆慈云、杨还吉、李澄中、顾景星、吴雯、潘耒、董俞、田茂遇、吴学炯等人宴集园亭,有诗纪之。

陈维崧应博学鸿词在京,互有赠诗。

赠诗翰林院掌院叶方蔼。

二月十二日,应兵部尚书宋德宜招饮。

三月一日,博学鸿词科于体仁殿举行考试,应试者一百三十四名。

三月二十九日,一等二十名,二等三十名,李因笃名列一等第七名。

五月十七日,授翰林院检讨,旋请乞养,呈具吏部及通政司,皆不纳。

托王弘撰代向翰林院掌院学士叶方蔼请归终养,王弘撰拜见叶方蔼不遇,遂过访王士禛相商,王士禛嘱其作一札与叶,允为当面转达。次日送王弘撰归陕。

过冯溥万柳堂,题诗。

有诗答丘象随。

有诗呈王泽宏。

应沈荃招集,观赏康熙帝御赐书信。

张云翼迎娶宁夏巡抚赵良栋女还朝,作诗纪之。

有诗祝翰林庶吉士李涛初度。

方象瑛重葺健松斋,为赋纪之。

至午门,冒禁上《乞终养疏》,康熙皇帝感念其诚,恩准其归乡奉母。

呈诗李蔚。

题徐轨《枫江渔父图》。

尤侗夫人去世,作赋挽之。

秋,出京西还。京师同僚友朋如张英、陈维崧、汤斌、魏象枢、潘耒、尤侗、庞垲、方象瑛、钱中谐等作诗送行。朱彝尊在慈仁寺饯行,作词赠李因笃。

曹溶以丁忧未应博学鸿词科,在浙江家中闻李因笃归养,作诗相寄。屈大均在番禺闻李因笃辞职归陕,作诗赞之。

过山西并州,与顾炎武相会于天宁寺。

过太原,见傅山。

抵家。

郭传芳迎傅山来富平,与之相聚。

冬,赴青门,拜见陕西巡抚杭爱。

康熙十九年庚申(1680)五十岁

春游三原。

刘有德转来朱彝尊信札。

郭传芳升任四川达州知州,作诗赠之。

秋游青门,寓西郊,作诗赠万年县令李凤翔。

作诗祝陕西提学叶映榴之母寿,并作《叶太史公督学陕西岁科两试他山集序》。

母亲田太孺人以李因笃五十无子,命立弟李因材次子李渭为嗣。

康熙二十年辛酉(1681)五十一岁

陪嗣子李渭应学使试,入邑庠,住咸宁县令李凤翔宅。

翰林院检讨汪霦典试陕西,邀李因笃同游曲江。

寄诗沈荃。

七月十日,朱子祠堂破土动工。八月,顾炎武自华阴前往山西,经运城抵曲沃,途中遭受风寒患病。十月,得顾炎武书,作诗问候。

康熙二十一年壬戌(1683)五十二岁

正月初八,顾炎武病逝于山西曲沃,辞世前作绝笔诗《酬李子德二十四韵》,李因笃九日晨得报,哭以诗百韵。

春,康乃心来访,赠其外舅路一麟画兼赋诗。

二月二日,游三原,应张恂招饮,与宋振麟等人同游孙思邈祠、郑白渠。

游泾阳,过李念慈宅。

应泾阳张子远招饮酒,赋海棠诗。

二月十一日,应张又韩兄弟招饮述园。

为王弘撰撰六十寿序。

寄诗陕西学政俞琛。

康熙二十二年癸亥(1683)五十二岁

靖逆侯张勇入觐,作诗以贺。

夏,李凤翔升任兴安(今安康)知府,为其作《李笃庵墨林草序》。

为纪念顾炎武,王弘撰将顾炎武曾借居之"学易庐"改名"顾庐",因作《题无异先生顾庐三首》以纪。

冬,十月,再至兴安。后还家度岁。

康熙二十三年甲子(1684)五十四岁

春,应川陕总督希福、西安知府董公之聘,主关中书院讲席。与陕西布政使希格等人相会。

秋七月十一日,母卒,遂停讲学。

冬十一月二十三日,葬母于韩家村东原新阡,送葬者近万人。

赴青门报谒,寓荐福寺。

康熙二十四年乙丑(1685),五十五岁

春,至岐山,报谒县令茹仪凤。

在县公署喜晤李柏,作诗以记。

偕茹仪凤游五丈原、凤翔东湖、苏轼祠,作诗刻于石上。

应凤翔太守曹鼎望招饮,与蓝谢青、汪开美等人同游凤翔东湖,相与唱酬。

七月,迎至朝阳书院,与诸生会讲一月,至母周年祭日止。许孙荃、茹仪凤皆亲临听讲,作《朝阳书院会讲录》刊行。

七月二日,游周公庙,与茹仪凤、岐山教谕刘榭会。

与茹仪凤等人游五丈原,拜谒诸葛亮祠。

陕西学宪许孙荃过富平来访,为许孙荃之子许梦麟诗集《茁斋集》作序。

仿杜甫作《存殁口号》一百二首,怀念诸友。

康熙二十五年丙寅(1686)五十六岁

延请宋振麟至家,常相唱酬。

夏四月,李柏来富平家中拜访,与宋振麟等相唱和。

张云翼擢升福建陆路提督,做长歌赠之。

五月,应曹鼎望邀至凤翔,与地方官员、文士相与唱酬。

六月二十四日,孙李楠生。

七月,过岐山、扶风,游法门寺、织锦台,归家。

八月,游青门,寓督粮道许无功署宅,旋还家。

冬十月,母忧阙,告病,陕西巡抚图尔辰遣赵不敏验视后,据入奏。

题潘耒之兄潘柽章之枕流草堂。

蒲城屈复来访。

康熙二十六年丁卯(1687)五十七岁

春,得部谘予告,赴西安报谢抚藩臬公。

夏,许孙荃偕富平县令胡镜水、潘耒之弟潘浣涛来访。

题许孙荃所藏宋琬手书的诗册。

题康乃心之澹园。

李楷次子李瓒从朝邑来访。

冯云骧抵任陕西督粮道,有诗赠之。

康熙二十七年戊辰(1688)五十八岁

春,应许孙荃邀,与朱树滋同往西安青门,许孙荃偕冯云骧等人来访。

许孙荃刊行东荫商《亿略》,因作《许使君刊东云雏孝廉亿略序》。

夏,送许孙荃、许梦麟回安徽,寄诗潘耒。

前往华阴,与康乃心同住王弘撰家,编订顾炎武遗诗。游五凤阁。

在华阴县令府上与王梓相见,有诗赠之。

十二月一日,次孙李阳生。

康熙二十八年己巳(1689)五十九岁

春,早起为人作记,右臂舒缓不能屈,自此患病瘫痪,语言蹇涩,行路须杖。然终日凭几读书,或改正旧稿,无异旧时。

寄诗康乃心之弟康叔方。

　　　　送表侄田若琬谒选。
　　　　冬杪，白水县令钮琇来访。
　　　　撰《康孟谋手录汉诗评序》。
康熙二十九年庚午(1690)六十岁
　　　　宋振麟来访，有诗唱酬。
　　　　翰林院检讨崔如岳造访。
　　　　邀杜恒灿之弟杜恒焴来家中整辑诗稿。
　　　　为钮琇诗集作序。
康熙三十年辛未(1691)六十一岁
　　　　钮琇修葺白水县门思齐楼竣工，作诗赠之。
　　　　许孙荃卒，作诗挽之，并作墓志铭。
康熙三十一年壬申(1692)六十二岁
　　　　寄诗陕西学宪高使君、白水县令钮玉樵等。
　　　　冬，病情渐重。十一月二十二日卒。子渭请后事，先生正色曰："吾年逾六十，不为夭，汝辈勿过哀。吾虽列缙绅，家无余财，丧葬勿逾礼。汝奉母安贫，强学问，勿旷废。孙同吾钟爱，善教之。"索水沐浴，闭目而逝。
　　　　康熙五十五年丙申(1716)去世后二十四年，安葬韩家村。

图书在版编目(CIP)数据

李因笃评传/高春艳,袁志伟著. —西安:西北大学出版社,2014.12

(关学文库/刘学智,方光华主编)

ISBN 978-7-5604-3536-7

Ⅰ.①李… Ⅱ.①高… ②袁… Ⅲ.①李因笃（1631~1692）—评传 Ⅳ.①B249.9

中国版本图书馆 CIP 数据核字(2014)第 313469 号

出 品 人	徐　晔　马　来
篆　　刻	路毓贤
出版统筹	张　萍　何惠昂

李因笃评传　高春艳　袁志伟　著

责任编辑	王学群　　装帧设计　泽　海
版式统筹	刘　争
出版发行	西北大学出版社
地　　址	西安市太白北路 229 号　　邮　编　710069
网　　址	http://nwupress.nwu.edu.cn　　E-mail　xdpress@nwu.edu.cn
电　　话	029-88303593　88302590
经　　销	全国新华书店
印　　装	陕西向阳印务有限公司
开　　本	720 毫米×1020 毫米　1/16
印　　张	17
字　　数	267 千字
版　　次	2015 年 1 月第 1 版　2015 年 1 月第 1 次印刷
书　　号	ISBN 978-7-5604-3536-7
定　　价	35.00 元